"十三五"普通高等院校创新型规划教材

U0610244

大学生 安全防范教程

主　编　吴少伟　丁　晓

副主编　安　宁　颜金鹏

编　者　周卫娟　张黎娟　吕培亮

DAXUESHENG
ANQUAN
FANGFAN
JIAOCHENG

现代教育出版社

Modern Education Press

图书在版编目(CIP)数据

大学生安全防范教程/吴少伟,丁晓主编. —北京:
现代教育出版社,2018.12（2021.9重印）

ISBN 978－7－5106－6794－7

Ⅰ.①大… Ⅱ.①吴… ②丁… Ⅲ.①大学生—安全
教育—高等学校—教材 Ⅳ.①G641

中国版本图书馆 CIP 数据核字(2018)第 278651 号

大学生安全防范教程

主　　编：吴少伟　丁　晓
责任编辑：张一莹
封面设计：华夏沃米
装帧设计：华夏沃米
印　　刷：天津市蓟县宏图印务有限公司
出版发行：现代教育出版社
邮　　编：100011
地　　址：北京市朝阳区安华里 504 号 E 座
电　　话：010－64246373（编辑部）
　　　　　010－64256130（发行部）
开　　本：787mm×1092mm　1/16
印　　张：11.5
字　　数：258 千字
版　　次：2019 年 8 月第 1 版
印　　次：2021 年 9 月第 2 次印刷
书　　号：ISBN 978－7－5106－6794－7
定　　价：43.00 元

前　言

　　安全是指没有危险、不受威胁、不出事故、不受侵害的状态。安全教育是高校教育的重要内容，也是大学生知识体系不可或缺的一个组成部分，贯穿人才培养的全过程。发生安全事故，不仅伤害个别大学生，而且牵动家庭、学校、社会，还会影响学校其他大学生的情绪，影响正常的教学秩序，甚至影响局部地区的社会稳定。由于安全事故并非时刻都会发生，也并非人人都会亲身经历，因此不少大学生在思想上常常疏忽大意，行为上往往缺少防范。从对大学生群体中发生的一些安全事故的分析来看，大学生虽然文化知识水平较高，但因涉世未深、社会经验不足和缺乏安全防范意识，安全事件时有发生。有的忽视交通安全，造成安全事故，留下终生遗憾；有的违反学校的规章制度，在宿舍内使用违章电器，酿成火灾；有的放松对世界观的塑造，养成小偷小摸的恶习，久而久之滑向了犯罪的深渊；有的政治立场不坚定，迷失了方向，为敌所用，危害国家安全；有的误入邪教，荒废学业，走上邪道，酿成人生悲剧。

　　安全事故固然可怕，但更可怕的是对防范和应对安全事故的无知，尤其是对血的教训的冷漠。当在安全事故中逝去的生命造成的创伤尚未抚平时，当血迹和眼泪尚未擦干、遗憾记忆犹新时，我们会惊异地发现，同样的隐患就存在于自己的身边，同样的悲剧随时都可能上演。生命就像一支蜡烛，若不珍惜，它就会熄灭。隐患处处有，安全须时时记。

　　大多数大学生一直生活在父母和老师的呵护之中，缺乏必要的预防和应对外来侵害、灾害事故方面的基本常识和经验，安全防范意识和能力比较欠缺。发生安全事故时，理智应对，能够化险为夷，把损失降到最低，对大学生而言尤为重要。教育部等部门的调查结果显示，尽管大学生因安全事故伤亡甚多，但其中的绝大部分大学生的非正常死亡是可以通过采取预防和应急处理措施避免的。现在的大学生普遍缺乏自我保护的意识、知识和能力，因此，安全事故导致的意外伤亡很容易发生。

　　基于上述考虑，本教材在编写过程中充分考虑大学生的现实盲点与心理需求，尽力避免流于形式的简单说教，使用大量在大学校园中或者在大学生身上发生的典型案例，对这些案例进行分析，并针对案例中存在的安全问题给出安全防范措施，从而扩展大学生的眼界、增强大学生的安全意识，使大学生学会必要的安全防范措施。

　　相对而言，大学生安全教育方面教材的编写难度较大，主要因为其覆盖面广，时效性强，相关问题错综复杂。囿于编者的眼界与阅历，本教材在编写过程中虽然查阅了大量资料，但对很多涉及大学生的安全问题可能尚未发现或者未能深入挖掘剖析；有些案例的时效性不是很强，典型性不够；一些复杂的问题交叉较多，有个别重复现象，如"滋扰"与"性侵犯"、"交通安全"与"户外运动安全"、"网络安全"与"交友安全"等。建议使用本教材的教师根据教学的现实情况对教学内容进行适当调整，勿拘于教材安排顺序。

最后，向使用本教材的所有教师和学生表示感谢，也请各位同人不吝赐教。

编　者

目　录

第一讲 认识安全防范教育的意义

每当新学期开始，都有相当一部分学生怀揣着梦想走进大学校园。他们正处于人生成长的关键时期，面临着学习、生活、恋爱、升学、就业等一系列人生重大课题。大学生（特别是新生）虽然热情奔放、性格直率，但社会阅历少，缺乏处世经验，对安全事故的防范能力差。而且，当代大学校园并非世外桃源、象牙塔，社会上的各种风气时时吹动莘莘学子的心。

一、大学生公共安全的现状

近二十年来，我国的高等教育事业有了长足的发展，由精英化向大众化转变。经过连续扩招，我国在校大学生人数从 1998 年的 643 万人增加到 2016 年的 3 709 万人，少数经济发达地区，如北京、上海和天津，已经开始步入高等教育普及化阶段。由于高等教育事业的快速发展，高校的学生管理工作面临许多新的问题和挑战，管理对象数量巨大、管理形式多样化、管理内容复杂化，公共安全问题已成为高校学生管理的重点和难点。

📖 典型案例

2016 年 8 月，即将踏入大学校门的 18 岁女孩徐玉玉，19 日接到了一通诈骗电话，结果被骗走了为去大学准备的费用 9 900 元。得知被骗后，她郁结于心，最终导致心脏骤停。虽经医院全力抢救，仍于 8 月 21 日不幸离世，让人扼腕。

随着网络的发展，网络诈骗尤其是所谓的"校园贷"，对不谙世事的大学生造成的伤害事件日益增多。据中国高教保卫学会对 13 个省、自治区、直辖市的 76 所高校进行的调查，1999 年至 2000 年，我国高校发生的各类案件达 9 278 宗（不包括自行车被盗案），非正常死亡 164 人。其中北京、南京、武汉、重庆 4 个地区的高校中，被杀害的教授、学生达 16 人。据有关部门统计，近年来，高校每年非正常死亡人数约占学生总数的十万分之五至十万分之七。至于失窃现象，近年来单车、书包、手机、钱包等物品被盗成为热点和焦点话题，更是破案工作的难点。严峻的社会治安状况直接影响高校校园的安全。

因此，加强对大学生公共安全方面的教育，提高大学生的安全防范意识，使大学生掌握安全方面的知识和应对突发事件的措施及办法，对确保大学生安全，维护高校稳定、社会稳定有着重大意义。

二、加强学校安全管理与大学生安全教育的必要性

安全贯穿人类历史发展的全过程。在现实生活中，人类无时无刻不将安全作为生存的基础。安全是社会发展的前提，是个体发展的保障。在安全与避害方面，古代先哲已留下了宝贵的思想。例如，"祸兮，福之所倚；福兮，祸之所伏""千丈之堤，以蝼蚁之穴溃；百步之室，以突隙之烟焚""防微而杜渐，居安而思危""宜未雨而绸缪，毋临渴而掘井""小过不生，大罪不致"等，这些思想对于如今正确处理安全问题仍有深刻的启示和借鉴意义。

从古至今，人们都对安全问题给予了极大的关注。特别是近几年，涉及高校和高校学生的凶杀、他杀、自杀等案件逐年增多，且有不断上升的趋势。例如，马加爵、薛荣华两起杀人案使在校学生的人身安全、合法权益受到侵害，使学校正常的教学、科研秩序受到严重影响。

大学校园治安、刑事案件的频发固然与严峻的治安形势等外部因素有关，但当事人的安全防范意识及自我保护能力较差，也是不可忽视的重要因素。当今社会是一个高速发展和高度开放的社会，随着经济和世界接轨，我国的教育领域也逐步和世界接轨。在校大学生的生活空间不断扩展，与社会各个领域的接触、交流也不断增多。在校期间，大学生除了正常的学习、生活外，还会走出校园参加各种各样的社会活动，甚至自谋职业。在这样的情况下，缺乏社会经验尤其是缺乏安全常识的大学生，势必会成为各种不安全问题和事件的受害者。所以，加强大学生的安全教育、增强大学生的安全意识和自我保护能力，已成为全社会的共识，有着迫切的必要性。

三、大学生安全教育的主要内容

在日常生活中，安全教育的内容极其广泛。但针对大学生这一特殊群体，应在分析和总结所发生的校园案件的基础上，有的放矢，重点针对以下方面的内容积极开展安全教育工作。

（一）网络安全教育

涉及大学生的网络安全问题主要有两种：一种是参与网上的违法犯罪行为，另一种是网上购物或网上交友被骗，使自己的人身、财产安全受到网络违法犯罪行为的侵害。随着计算机技术的飞速发展，利用网络进行的违法犯罪行为日益增多。为此，首先，应当加强网络法律知识的教育，使大学生通过学习，认识到哪些行为在网络上是非法的，是法律严令禁止的，以免由于欠缺网络法律知识，参与网络违法犯罪活动。其次，应加强网络安全教育，增强大学生的自我保护意识，使大学生懂得如何在网络中保护自己，不轻信他人，不随意接受他人的邀请，或将自己的相关信息告诉他人，以免上当受骗。

（二）治安防范教育

经调查，校园内的易发案件大多为被盗、被抢、被骗等，这些案件通常是因大学生日常安全防范意识薄弱造成的。因此，一方面，必须加强大学生保管财物的意识，使大学生学会识别不法分子的盗窃、诈骗、抢夺、抢劫伎俩，在遇到此类情况时懂得保护自己及自

己的财物等；另一方面，必须加强关于社会形势及当地治安形势的教育，使大学生通过对社会环境的了解，增强抵御社会不法行为侵害的能力，学会在社会环境中保护自己。

（三）消防安全教育

大学校园是一个人员极为密集的居住、学习场所，消防安全教育显得尤为重要。在加强大学生消防安全教育方面，首先，应加强大学生安全用电教育，预防电气火灾的发生；其次，应加强大学生安全用火教育，预防明火火灾的发生；最后，应加强大学生安全逃生教育，使大学生掌握必要的消防安全逃生知识，在遇到火灾时能够保持冷静，审时度势，选择最有效的逃生方式，保护自己及他人的生命安全。

（四）交通安全教育

我国每年因交通事故失去生命的人数众多，因此，交通安全教育在大学生安全教育方面同样扮演着重要角色。一方面，应当组织大学生学习交通安全常识及交通安全法规，使大学生在懂得交通安全知识的同时，养成遵守交通规则的良好行为习惯；另一方面，强调大学生的交通安全意识，如过马路时应集中注意力，不要听音乐或看书，以免发生交通事故。

（五）交友安全教育

交友是人类的心理需要，但有的大学生却笃信"多个朋友多条路""四海之内皆朋友""为朋友两肋插刀"等，在交友过程中缺少必要的常识和足够的警惕，或盲目自信、失去原则，或轻信他人、滥交朋友，结果自食苦果。因此，加强大学生交友安全教育，使大学生学会识别及防范交友陷阱显得尤为重要。

（六）地震、滑坡、泥石流等自然灾害的防范教育

人们虽然无法控制诸如地震等自然灾害，但是可以在日常生活中学习一些遭遇自然灾害时的自救方法，以便在危急关头派上用场。

（七）心理健康教育

由于生活节奏加快、社会压力增大，尤其是学习压力、经济压力、就业压力以及家庭环境和个人经历等，一些大学生产生了心理问题。大量研究统计表明，相当一部分大学生的心理都存在不良反应和适应障碍。近些年，大学生心理障碍的发生率呈上升趋势，主要表现为焦虑、恐惧、忧郁、冷漠、偏执、暴躁、消沉等，情绪色彩和偏激行为十分强烈。因此，要特别重视大学生的心理安全教育，培养大学生健康的心态。要有针对性地对大学生进行人际关系教育、环境适应教育、健康人格教育、心理卫生知识教育、挫折应对教育及心理疾病防治教育，把安全教育与心理咨询有机地结合起来，有目的、有针对性地做好安全防范教育，使大学生安全教育迈上新的台阶。这对提高大学生的心理素质，预防大学生产生心理问题及促进大学生健康人格的全面发展与完善，有着十分重要的作用。

（八）防传销教育

传销的危害十分巨大，主要包括以下四个方面：第一，给参与者造成严重的财产损失。

传销的实质就是诈骗，是极少数人敛财的把戏，绝大多数参与者都会血本无归，甚至倾家荡产。第二，助长和膨胀了一些人不劳而获、一夜暴富的心态。传销组织通过编造谎言，让不少急于求富的人心生幻想，相信天上会掉馅饼，最终落入传销陷阱难以自拔。第三，严重影响社会稳定。有些参与者被骗后走投无路，对社会产生怨恨情绪，聚众闹事，甚至引发抢劫、杀人等刑事案件。第四，冲击社会诚信和伦理道德体系。传销的一个重要特点就是"杀熟"，参与者为骗钱不惜将朋友，甚至父母、配偶都拉入传销的泥潭，导致人与人、人与社会的信任度严重降低，极大地破坏了社会诚信道德体系。大学生应该学会辨别传销谎言、识别传销陷阱，学会从传销组织中逃出的方法与采取的措施。

（九）防滋扰、防性侵害教育

此类安全事故的滋事者大多是一些顽劣、行为不轨的青少年，这些人往往只顾满足眼前的欲望而不顾后果，容易受偶然的动机和本能支配。他们自制力差，小小的精神刺激即可使其陷入暴怒和冲动之中。有些滋事者结成团伙，蛮横无理，为所欲为，称霸一方。入校滋扰者，有的事先有明确的目的，有的并无确定目标。一些地处城乡接合部或周围居民点密集的院校，受滋扰的程度一般会更严重一些。更有一些犯罪分子利用大学生涉世之深，缺少社会经验，在其放松警惕的情况下对其进行性侵害。社交性性侵害的实施主体在实施侵害前都是有计划的，常常利用机会或创造机会把正常社交引向性侵害。

（十）户外运动安全教育

大学生一般远离家人，相对自由的独立生活为其参与旅游、漂流等户外活动提供了便利。对于大学生来说，旅游和探险具有很大的吸引力，特别是到人迹罕至的地域。户外运动安全事故的发生地点多是不向游人开放的区域，由于安全意识不强，很多大学生没有充分认识到可能出现的危险，在能力储备、设备和心理准备不足的情况下就贸然探险。大学生对大自然的好奇是可以理解的，但其长期在学校生活，缺乏野外生存能力，因此在户外运动中极易出现安全问题。

（十一）饮食卫生安全教育

在大学生这一特殊群体中大力开展饮食与健康的知识宣传，可以增强他们主动关注饮食卫生、安全饮食的意识，纠正盲目饮食、随意饮食、不卫生饮食的坏习惯，从而解决其身边存在的饮食安全与卫生问题，并且养成良好的饮食卫生习惯。

（十二）实习、实训以及求职安全教育

实习生、学校与企业如果忽视各种安全防范措施，就易出现事故。虽然学校与企业采取了一些措施，但调查显示，实习生伤害事故发生率仍呈逐年上升趋势。

随着大学毕业生就业形势的日益严峻，针对大学生就业的求职陷阱也越来越多，如虚设职位、收取高额手续费、不兑现承诺等。

求职安全教育应主要包括以下两方面内容：一方面，组织大学生系统地学习《中华人民共和国劳动法》《中华人民共和国合同法》及人力资源和社会保障部的相关条例和当地政府的规章制度，使大学生在就业时学会保障自己的合法权益；另一方面，教育大学生学会识别虚假招聘信息,通过正规就业渠道寻找工作,不要相信收取高额费用的中介机构等,以规避就业陷阱。

(十三)法律法规、校纪校规教育

法律法规、校纪校规教育是增强大学生法律观念和纪律观念的重要方法。对大学生开展法律法规、校纪校规教育,应针对与其日常生活密切相关的现实情况,充分发挥高校公共基础课、法学专业课、相关法制教育和校纪校规专题讲座等的作用,坚持课堂教学和社会实践相结合。要与公检法执法机关建立共建关系,通过举办讲座、知识竞赛、模拟法庭等活动激发大学生学习法律法规和校纪校规的热情,切实增强大学生的法律意识和纪律观念,帮助大学生养成遵纪守法的良好行为习惯。

(十四)防暴防恐教育

校园暴力事件屡见不鲜,其中造成大学生重伤甚至死亡的事件不在少数。一方面,部分大学生自身存在心理问题。这些大学生表面正常,实际却存在一定的心理障碍,长期积累后有可能爆发。另一方面,一些大学生的暴力倾向和戾气从一个角度折射出了社会的浮躁和失序。在这样的社会环境中,世界观尚未成熟的大学生容易形成是非不分、崇尚暴力的错误观念。另外,目前因个人情绪爆发而导致的反社会行为造成的恐怖活动日益增多,大学生也应学习如何防范恐怖活动。

(十五)国家安全与保密意识教育

当前,我国面临的国际环境复杂多变,安全形势不容乐观。主要表现为境外敌对势力和间谍情报机构为达到分化、西化我国的目的,一方面,利用各种渠道,以公开或秘密的方式,传播西方的政治和经济模式、价值观念以及腐朽的生活方式,培养和平演变的"内应力量"。另一方面,采取金钱收买、物质利诱、色情勾引等手段,或打着学术交流、参观访问、洽谈业务等幌子,刺探、套取、收买我国国家和单位的秘密。

国家安全既包括国土安全、主权安全、政治安全、经济安全、国防安全、国民安全等传统内容,也包括文化安全、科技安全、金融安全、信息安全等新内容。部分大学生对国家安全存在着种种模糊的认识,如对国家安全还停留在军事、战争、国防、领土、情报、间谍这样一些传统的、局部的认识上。因此,迫切需要对大学生进行全方位的国家安全教育,以丰富其国家安全知识,使其树立新的国家安全观。

四、大学生应全面学习和掌握安全知识

近年来,发生在大学校园中的安全事故,说明了一个显而易见的道理,即大学生进入了大学校门并非进了保险箱,如果放松对自己的要求,无视法律和校纪校规,随时都有滑入泥坑的危险。每个大学生都将走入社会,都离不开安全,一生都要学法、用法,增长安全与法律知识,在法律规定的范围内活动。

第二讲　网络安全风险及其防范

随着科技的发展，网络技术也日新月异，网络信息也变得日益复杂，大学生要注意对网络信息进行辨别，远离不良信息，文明上网。

一、上网聊天交友注意事项

📖 典型案例

江苏某大学女生小雪在网上认识并爱上了一位毕姓男子，在毕某的邀请下，她多次去哈尔滨跟其约会并同居。一次约会中，毕某得知小雪的家境很好，其父母准备送她出国深造，他觉得这是送到嘴里的"肥肉"，不能轻易放掉。就在小雪出国前夕，毕某再次将小雪约到自己的住处，实施他的敲诈计划，在没有达到目的的情况下，竟与同伙将小雪掐死。

【案例分析】

因网络存在匿名性、虚拟性等情况，一些犯罪分子通过各种方法取得涉世未深的女大学生的信任，其目的不外乎伤害女大学生以发泄私欲或骗取钱财。因此，女大学生要充分认识网络世界的虚拟性和险恶性，对网络"恋情"多一份清醒，少一份沉醉，时刻保持警惕。

【安全防范】

在网络这个虚拟世界里，一个人可以以多种身份出现，也可以以多种面貌出现，但善良与丑恶往往结伴而行。受沟通方式的限制，网络中交往的双方缺乏多方面、真切的交流，唯一的交流方式就是电子文字，而这些会掩盖一个人原本的素质，为一些居心叵测者提供可乘之机。因此，大学生在网络上聊天交友时，必须把握慎重的原则，不要轻易相信他人。

（1）上网聊天交友时，尽量使用虚拟的 E-mail 或 ICQ、OICQ 等方式，尽量避免使用真实的姓名，不轻易告诉对方自己的电话号码、住址等个人信息。

（2）不轻易与网友见面。许多大学生与网友在网络上交流一段时间后，感情迅速升温，不但告知自己的真实姓名、电话号码，而且会有一种强烈的见面欲望。

（3）与网友见面时，尽量不要一个人赴约，要有自己信任的同学或朋友陪伴，约会的地点尽量选择在公共场所，时间尽量选择在白天，不要选择偏僻、隐蔽的场所，以免发生危险时难以寻求他人帮助。

（4）聊天时，不轻易点击来历不明的网址链接或文件。有些链接或文件携带有攻击性质的黑客软件，会强行关闭聊天窗口，导致系统崩溃或电脑被植入木马病毒。

（5）警惕网络色情聊天、反动宣传。聊天室里汇聚了各类人群，其中不乏好色之徒，他们的言语间充满挑逗，对不谙世事的大学生极具诱惑力。他们也会在聊天室散布色情网站的链接，换取高点击率，从而对大学生的身心造成伤害。也有一些组织或个人利用聊天室进行反动宣传、拉拢、腐蚀，这些都应引起大学生的警惕。

二、浏览网页注意事项

🗃 典型案例

2001 年 6 月，某大学一男学生王某跟随一女学生进入卫生间，偷窥其隐私，被当场抓获。后在该学校保卫部门，王某交代了自己长期以来在网络上浏览色情图片，对异性产生了强烈的好奇心，一时冲动才做出了这种事情。

【案例分析】

该案例反映了大学生青春期心理健康与自我调整的问题。处在青春期的大学生都想更多地了解异性，通过学校的青春期教育可以获得此方面的知识。但一些大学生却热衷于浏览黄色网站来寻求刺激，接收了一些不正当的内容，导致心态失衡，甚至发生心理障碍；有的还会按照自己的想法做出违法行为，严重的会触犯国家法律。色情网站对处于青春期的大学生有较强的吸引力，同时具有很强的腐蚀作用。浏览色情网站会给大学生的身心健康造成伤害，甚至会使一些大学生走向性犯罪的道路。

【安全防范】

浏览网页是上网时做得最多的一件事，通过浏览网页，可以掌握大量信息，丰富自己的知识、经验，但同时需要注意以下事项。

（1）在浏览网页时，尽量选择合法网站。互联网上的各种网站数以亿计，网页的内容五花八门，绝大部分网页的内容是健康的。但许多非法网站为达到一定的目的，不择手段，利用人们的好奇心理，在网页上放置一些不健康甚至反动的内容。

（2）不要浏览色情网站。大多数国家都把色情网站列为非法网站，我国相关部门将色情网站列为扫黄打非的对象。浏览色情网站，会给自己的身心健康造成伤害，长此以往迟会走上性犯罪的道路。

（3）浏览 BBS 等虚拟社区时，很多人喜欢在其中发表言论，有些人喜欢发表带有攻击性，或者反动、迷信的内容；有些人则是好奇；有些人喜欢在网上打抱不平。这些行为容易导致自己的 IP 地址泄露，易受到他人的攻击，还有可能触犯法律。

三、网络购物注意事项

（一）网购假冒伪劣产品

🗃 典型案例

王某是天津某大学大三的学生，她在淘宝网上看到一条信息，某名牌手机只卖 850 元，比市场价便宜近一半，她立即与商家取得了联系。商家说，他们正在做活动，消费者必须买四部同样的手机，才能享受每部 850 元的低价。王某打起了小算盘：这手机很便宜，先从网上买来，再适当加价卖出去，还能小赚一笔。于是，王某按照商家的要求先后汇了 4 000 元到其指定账户。过了数周手机仍然没有寄过来，王某这才意识到自己上当了。

【案例分析】

上述案例是最为常见的网上购物陷阱个案。被价格低廉的商品所吸引，往往是受害者上当受骗的主要原因。天上不会掉馅饼，如果网上商品的价格与市场价相比有很大的差距，那么一定要小心谨慎。在网上交易时，切不可贪小便宜，以免上当受骗，给自己造成财产损失。现在的一些大学生迷恋网络游戏，试图通过游戏赚取一些收入，但游戏中也存在着欺诈行为。类似的情况时有发生，多掌握一些网上交易的安全注意事项对大学生而言有百利而无一害。

【安全防范】

随着信息技术的发展，电子商务逐渐进入人们的日常生活，人们对网络的依赖性逐渐增强，网络购物也成了一种时尚。但也有人在网上购买刻录机，收到的货物却是乌龙茶。因此，网上购物时应注意如下方面的问题。

（1）选择合法的、信誉度较高的网站交易。进行网上购物时必须对该网站的信誉度、安全性、付款方式，特别是以银行卡付费的安全性进行核实，防止个人账号、密码遗失或被盗，造成不必要的损失。

（2）一些虚拟社区、BBS 里面的销售广告只能作为参考。在进行二手货物交易时，更要谨慎，不可贪图小便宜。

（3）避免与未提供足以辨识和确认身份资料（缺少登记名称、负责人名称、地址、电话）的电子商店进行交易。若对该电子商店感到怀疑，可通过电话或询问当地消费团体查询该电子商店的信誉度等基本资料。

（4）当电子商店所提供的商品价格与市价相距甚远或明显不合理时，要小心求证，切勿贸然购买，谨防上当受骗。

（5）进行网上交易时，应打印出交易内容与确认号码的订单，或将其存入电脑，妥善保存交易记录。

（二）网购遭遇安全陷阱

典型案例

上海一高校学生顾某在网上购买一款打折商品时，卖家通过聊天工具发给他一个压缩文件，要求其确认款型。顾某打开压缩文件时看到系统提示"该文件已损坏"，但他当时并没有在意，而是重新回到购物网站上进行付款操作。蹊跷的是，后来顾某购买该商品所支付的 300 元钱却被打入另一个陌生账户。

【案例分析】

12321 网络不良与垃圾信息举报受理中心副主任说，顾某接收的文件就是时下被举报最多也是最流行的购物木马。这类木马能监视中毒电脑的浏览器，在受害者付款时劫持其在网上支付的资金。截至目前，12321 网络不良与垃圾信息举报中心接到与网络购物相关的举报中，购物陷阱是数量最多的网络违法行为之一。

【安全防范一】

在进行网络购物时，根本不需要接收压缩文件。如果确实需要查看商品图片，可要求卖家发送 jpg 等格式的文件，而不是压缩包或 exe、scr 等可执行程序的文件格式。

欺诈网站的一般套路：首先，通过论坛、博客、微博等渠道散布虚假信息，并设计一些关键词进行搜索引擎优化，诱骗受害者访问；其次，公布一个客服电话，再通知受害者向银行账户直接汇款；最后，受害者汇款后未收到商品，诈骗团伙反而以各种借口要求受害者继续汇款，如"汇款系统冻结，需要继续充值来解冻"等。

【安全防范二】

记住官网域名，仔细对比打开的网页是否与官网一致。所有正规的购物网站都支持通过第三方在线支付平台或网银系统进行付款。如果卖家要求直接向某个银行账户汇款，必然是诈骗网站，应该立即拒绝，并向当地公安机关举报。

进行网上购物时，还要认真核实银行付款页面，如果发现疑点，应立即停止支付。一般银行交易地址的前缀是 https，这表示已进入安全链接。同时页面右下角会出现一个金色小锁标志，双击即可查看该站点所使用的安全信息。

加强安全意识，安装安全软件。查询网站信息时，如果显示的是国内中奖信息，而服务器 IP 却在国外，即可判定其是钓鱼网站。如果域名没有在国家相关部门备案，说明该网站不正规，需要谨慎对待。

四、网络求职陷阱及其防范

📖 典型案例

骗术一：

骗取资料出售牟利。大学生张某在一个招聘网站上看到沿海某省重点高中招聘教师，他在该网站填写了自己的详细资料的一个星期后，开始频繁收到垃圾短信和邮件。原来这是非法网站，他们以招聘为幌子，骗取求职者的详细资料，再出售给中介公司牟利。

骗术二：

利用照片赚取点击率。长相不错的大学生王某听说某航空公司通过网络招聘空姐，于是按照要求寄去自己的资料和艺术照。半个月后，王某并没有等到该航空公司的复试通知，却在其网站上看到自己的照片被命名为"某少妇玉照"，点击次数竟高达 2 万次。

骗术三：

骗取报名费。许多求职者在招聘网站上填写资料后都会收到索要报名费或者考试费的电子邮件，而一旦将钱汇出，通常没有"下回分解"。

骗术四：

拉人做传销。大学生周某通过求职网站被一家公司录用了。到该公司上班时，周某被告知必须交 5 000 元户口费。交钱后他才知道，要上班还要先拉 5 个人前来"工作"。

骗术五：

模糊概念，偷梁换柱。大学生夏某通过网络应聘到某私立高中任教，签合同时，该校承诺待遇从优，月薪 5 000 元包食宿，年终福利另算。当夏某正式上班时才发现该校食宿条件恶劣，以前承诺的待遇也无法落实，但是迫于高额违约金，有苦难言。

【案例分析】

进入夏季，各高校迎来了应届毕业生求职的高峰。网络招聘效率高，即时性和针对性强，因此很多企业的招聘都通过网络进行。与此同时，一些非法网站也利用毕业生求职心切进行诈骗等违法活动。面对各种网络招聘的骗局，大学生一定要保持谨慎，以免上当受骗。

【安全防范】

首先，应进入信誉良好的专业人才网站求职。各教育部门的官方网站大多开办了招聘专栏，且会对招聘单位进行比较严格的审核，因此这些网站发布的信息较为真实。一些大型的专业人才网站也有严格的审查制度，很少出现欺诈的情况，一些不知名的小网站则容易出现违法招聘行为。

其次，凡是附加了"报名费""考试费"等条件的网站，一定要高度警惕。按照规定，这些费用是不能收取的。填写个人资料时，最好不要留下自己的详细住址和手机号码，一般只留下自己的电子邮箱即可，对详细的个人信息尽可能做一些必要的保留。

最后，对招聘单位的实际情况也要了解清楚。投递简历前，可以通过应聘单位所在城市的熟人，去打听该单位的状况，或者通过工商部门、学校就业指导中心核实单位的真实性。复试时，要通过各种渠道对应聘单位进行实地考察，以了解该单位的发展前景。签订就业协议书或者劳动合同时，一定要注明双方谈妥的福利、保险、食宿条件等，以免产生纠纷时空口无凭。

五、网络客服陷阱

网络客服陷阱即利用大多数人贪小便宜的心理，假借腾讯公司的名义，利用 QQ（或 QQ 群）大批量发送中奖信息。然后利用高额的奖品、奖金，诱导不知情的用户向其汇款，从而达到诈骗的目的。为了能够更大程度上获取用户的信任，诈骗者往往还会对自己进行一番包装，如将用户名修改为"10000"或"QQadmin"。其最终目的是将用户的钱骗到手，如图 2-1 所示。

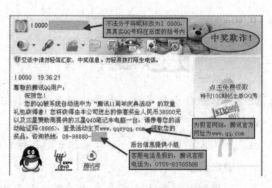

图 2-1　QQ 中奖诈骗信息例举

📖 **典型案例**

QQ 上遇故知，本来是件让人高兴的事，可随即朋友的一番话，却让你非常揪心："我 ×× 生病了，×× 癌，还欠些钱，想向老朋友先借点，日后必还。"然后，又问了其他朋友的联系方式。遇到此类情况，很多大学生都会考虑先借给"朋友"一些钱。其实，这是诈骗者利用 QQ 设下的一个圈套。诈骗者首先用不法手段窃取一个用户的 QQ 密码。然后，利用这个 QQ 向其每位好友发送诈骗信息。一般来说，大多数人对自己的好友都不存在戒心。因此，这种诈骗手段的成功率相对较高，如图 2-2 所示。

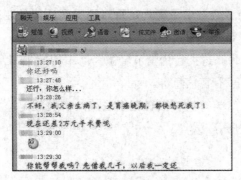

图 2-2 QQ 盗号利用熟人诈骗案例

【安全防范】

对于这类情况，先不要急于应答，最好通过电话直接和朋友联系。确定真是棘手的事情，再伸出援手也不迟。

六、网瘾综合征

网瘾综合征，简称 IAD，即人们平常所说的"网瘾"，是一种现代心理疾病。网瘾综合征患者因为缺乏社会沟通和人际交流，将网络世界当作现实，脱离时代，与他人没有共同语言，从而出现孤独不安、情绪低落、思维迟钝、自我评价降低等状况，严重者甚至有自杀想法和行为。

典型案例

成都某高校一大学生沉迷于网络游戏，其每日作息时间安排为：13：00 起床吃午饭；14：00 去网吧玩网络游戏；18：00 晚饭在网吧叫外卖；晚上，通宵玩网络游戏；第二天早上 9：00 回宿舍休息……该大学生把所有的空余时间都用来打游戏，同学间的聚会和活动都拒绝参加。两个月以后，他发现自己的思维跟不上同学的节奏，脑子里想的都是游戏里发生的事，遇到事情会首先用游戏的规则来思考。他开始不适应现实生活，陷入了深深的焦虑之中。

【案例分析】

大学四年是十分宝贵的求学黄金期，如果大学生沉迷于游戏，不仅会耗费大量的时间、精力和金钱，而且游戏中的一些不良因素会影响自己的思维和观点，从而造成恶果。

【安全防范】

适当地玩网络游戏可以加强思维活跃度，但是过犹不及，要把握好玩游戏的度，要把更多的课余时间花在从事社交活动以及学习活动上。

七、有害信息的传播

互联网有害信息，是指在互联网上可能对现存法律秩序和其他公序良俗造成破坏或威胁的数据、新闻、知识等事实。对于在互联网上编造、传播有害信息的行为，国家已颁布一系列相应的法律法规予以严厉打击和遏制。自 2017 年 6 月 1 日起施行的《互联网新闻信息服务管理规定》对有害信息做出了明确的规定。但是，高校中仍存在大学生频频触"界"

现象。对于这些现象，轻者会被给予警告，重者则受到法律的制裁。按性质和事故情节的轻重，有害信息的传播主要分为两大类。

第一类：一般违法行为。这类行为情节轻微，尚不构成犯罪，但在大学生中较为普遍，主要包括查阅、复制或下载有害信息等。

第二类：犯罪行为。这类行为直接触犯了法律的有关规定，主要包括利用互联网捏造事实、散布谣言、攻击政府等。

📖 典型案例

2004 年 9 月，网民"Roswell"和"出世作"先后在外地网站论坛发表文章，称某大学城里发生四起强奸案，有四名女大学生被民工强奸。这些谣言在该大学城高校的部分学生中流传，并出现多个版本，导致人心惶惶。对此，公安部门迅速组织警力进行调查核实，确认整个大学城各高校的治安情况十分稳定，均未发生恶性案件，更没有发生网上所说的女大学生被强奸案件。调查结果充分证明，所谓"大学城内有女学生被民工强奸"纯属恶意的谣言。经深入调查，民警查获在网上散布谣言的网民"Roswell"和"出世作"分别是某大学的学生顾某和蔡某。面对民警的调查，两人都承认在网上发布了上述谣言。然后警方对两人依法进行了处罚。

【案例分析】

顾某和蔡某发布"大学城内有女生被民工强奸"的恶意谣言，不仅败坏了大学城的声誉，而且使部分学生及家长惶恐不安，影响了社会安定，两人的行为已触犯了法律。

八、侵犯知识产权

据统计，获取信息是人们上网的最主要目的，但在获取信息的过程中，有些人忽视了知识产权的问题。在大学生中这一情况较为普遍，包括非法下载、使用他人享有著作权的软件、影视和音乐作品，抄袭他人的论文，窃取他人的技术成果等。

📖 典型案例

镇江一高校两名在校生郝某和邹某，通过私设的《传奇》网络游戏服务器（简称私服）销售会员卡和自制的游戏装备，两年多时间非法获利近百万元。郝某和邹某同为计算机专业的学生，2003 年年底，邹某从网络上下载了《传奇》盗版服务端程序，安装在其租用的上海某公司的服务器上，开始非法经营私服游戏。邹某和郝某先后租用校内的 3 户套房，申请了三条光纤宽带，架设运行 43 台服务器从事《传奇》私服，非法营业额达 130 多万元，两人分别获利 38 万余元。

【案例分析】

私服是指未经版权拥有者许可或授权，以不正当手段获得游戏服务器端口安装程序而设立的网络服务器。上述案例是一宗最为常见的网络软件侵权行为，案例中，郝某和邹某的行为直接损害了正版厂商的市场份额和利润。

九、侵犯个人隐私

随着网络技术的发展，人们在享受网络信息的同时，个人隐私安全也遭到了前所未有的威胁。一方面，从事信息服务的经营者不遗余力地收集包括个人信息在内的各种信息。另一方面，用户有时不经意泄露的自己或家庭的私生活秘密地被他人收集、利用和传播。为此，有关网络隐私的话题越来越引起社会各界的关注。由于身份的特殊性，大学生也往往成为被侵犯网络隐私的一大群体。

📖 典型案例

　　某学院 20 岁的华裔学生张某 2006 年 7 月涉嫌诱拐两名女生，并且通过网络散播其裸体照。此事败露后，张某被捕且被控多项罪名，具体包括身份盗窃、欺诈、强迫他人和盗窃等。张某惯常使用的手法是通过网站物色对象，入侵受害人的计算机，登录受害人的私人网页，获得背景资料后，以受害人的身份联络其朋友，并以各种借口先要求对方传给他一些个人照片，然后进一步要求对方的比基尼照或内衣照，最后则要求更大胆的裸照。如果对方不从，张某则会把先前到手的普通照片合成裸照，以把合成的裸照通过互联网散播为由逼迫对方就范。

　　【案例分析】

　　本案例中，张某将受害人照片或录像资料放在网络上传播，给当事人带来了极大的伤害，造成了严重后果，属于侵犯个人隐私。

十、依法文明上网，恪守网络道德

　　大学生是网络时代的主体人群，信息安全与大学生息息相关。大到国家机密，小到个人信息，都是大学生应该注意的问题。学会使用校园网络激励自己学习，对大学生掌握更多的知识及实现自身价值至关重要。

　　1. 学习计算机网络安全法律法规，依法文明上网

　　根据相关规定，互联网新闻信息服务单位登载、发送的新闻信息或者提供的时政类电子公告服务，不得含有下列内容：

　　① 违反宪法确定的基本原则的。

　　② 危害国家安全，泄露国家秘密，颠覆国家政权，破坏国家统一的。

　　③ 损害国家荣誉和利益的。

　　④ 煽动民族仇恨、民族歧视，破坏民族团结的。

　　⑤ 破坏国家宗教政策，宣扬邪教和封建迷信的。

　　⑥ 散布谣言，扰乱社会秩序，破坏社会稳定的。

　　⑦ 散布淫秽、色情、赌博、暴力、恐怖或者教唆犯罪的。

　　⑧ 侮辱或者诽谤他人，侵害他人合法权益的。

　　⑨ 含有法律、行政法规禁止的其他内容的。

　　2. 健全身心素质，恪守网络道德

　　在网络世界中，应注意恪守以下礼节：

　　① 记住人的存在。

　　② 网上网下行为一致。

③入乡随俗。

④尊重他人的时间和观点。

⑤给自己在网上留个好印象。

⑥分享自己的知识。

⑦平心静气地争论。

⑧尊重他人的隐私。

⑨不滥用权利。

⑩宽容。

自由和自律是基本的网络礼仪和网络道德，基本的网络礼仪、网络道德是对网络人的约束。作为大学生，无论在任何场合，都应保持言行和人格的统一。唯有如此，网络才能真正地成为为每个生活于其中的人提供充分享受自由与乐趣的媒体世界和交流平台。

十一、提高法律安全意识，预防网络犯罪

在网络这个虚拟的世界中，一些网站或个人为达到某种目的，往往会不择手段，套取别人的个人资料，甚至银行账号、密码。

（1）不要轻易相信互联网上的中奖等信息。某些不法网站或个人利用一些人贪图小便宜的心理，常常通过公布一些诸如 E-mail、ICQ、OICQ 号码中奖的信息，然后通过要求对方邮寄汇费、提供银行卡卡号或个人资料等方式，套取对方的个人钱物、资料等。

（2）不要轻易相信互联网上来历不明的测试个人情商、智商、交友之类的测试软件。这类软件大多要求提供个人真实的资料，多为网络陷阱。

（3）不要轻易地在网上注册自己的电话号码。一些受害者在网络上注册成功后，不但要缴纳高额的电话费，而且会受到一些来历不明的电话、信息的骚扰。

（4）不要相信网络上公布的快速致富的窍门。"天下没有免费的午餐"，一旦相信这些信息，就有可能赔钱甚至血本无归。

网络为人们带来巨大便利的同时，也被一些不法分子利用。近些年来，网络犯罪率不断增长。一位社会学家说："互联网是一个自由且易隐蔽身份的地方，网络犯罪的隐秘性非一般犯罪可比，而人类一旦冲破了某种束缚，其行为就可能近乎疯狂，潜伏于人心深处的邪恶念头便会无拘无束地发泄。"有的大学生学习了一些计算机的知识后，急于显示自己，会寻找一些网站的安全漏洞进行攻击，肆意浏览网站内部资料或删改网页内容，无意间触犯了法律；也有的大学生依仗自己的技术水平高人一等，利用网络从事违法活动，最终走上不归路。

（1）正确使用互联网技术，不要随意攻击各类网站。随意攻击各类网站，一方面，会触犯相关的法律；另一方面，可能会引火上身，被他人反跟踪、恶意破坏、报复。

（2）不要存在侥幸心理，自以为技术高明。互联网技术博大精深，没有掌握全部技术的完人。作为一名大学生，更要时刻保持谦虚的态度，不在互联网上炫耀自己或利用互联网实施犯罪活动。

十二、防范利用计算机信息系统的破坏行为

计算机信息系统的出现，是人类历史上一次重要的信息革命。从 1946 年诞生至今，经历了科学计算、过程控制、数据加工、信息处理等应用发展过程，功能逐步完善，现已进入普及应用阶段。互联网技术的应用，使得原本在空间、时间上分散、独立的信息，形成庞大的信息资源系统。网络资源的共享，极大地提高了计算机信息系统中信息的有效使用价值。

在我国法律管辖的范围内，所有利用计算机信息系统及互联网从事活动的组织或个人，都不得进行违法犯罪活动，否则，必将受到法律的制裁。

（一）关于计算机病毒

"病毒"是生物学领域的术语，是指能够自我繁衍并传染的使人或动物致病的微生物，人们借用它来形容能够自我复制并破坏计算机信息系统的恶性软件。

关于计算机病毒的定义，众说纷纭，莫衷一是。

《中华人民共和国计算机信息系统安全保护条例》第二十八条规定："计算机病毒，是指编制或者在计算机程序中插入的破坏计算机功能或者毁坏数据，影响计算机使用，并能自我复制的一组计算机指令或者程序代码。"这是一个具有法律效力的定义。

计算机病毒实质上是一段可执行程序，具有广泛的传染性、潜伏性、破坏性、可触发性、针对性和衍生性，传染速度快等特点。早期的计算机病毒多是良性的，偏重于表现自我而不进行破坏。后来的恶性计算机病毒则大肆破坏计算机软件，甚至破坏计算机硬件，最终导致计算机信息系统和网络系统瘫痪，给人们造成各种损失。计算机病毒可被预先编制在程序里，也可通过软件、网络或者无线发射的方式传播。

在我国，故意制作、传播计算机病毒等破坏性程序属于违法犯罪行为，要受法律制裁。

（二）保护计算机安全的措施

（1）注意防止计算机盗窃案件。在高校中经常会发生计算机盗窃案件，盗窃者趁大学生疏忽、节假日外出、夜晚睡觉不关房门或外出不锁门等机会，偷盗台式电脑、笔记本电脑或掌上电脑，或者拆走申脑的 CPU、硬盘、内存条等部件，给大学生造成学习困难和经济损失。

（2）注意防止火灾、水害、雷电、静电、灰尘、强磁场、摔砸撞击等自然或人为因素对计算机的危害，保证计算机运行环境和辅助保障系统的可靠性、安全性。曾有一篇《新电脑也有大麻烦》的报道：一户人家花了 1 万多元买了一台名牌电脑，没用 20 天电脑的主板就坏了。维修人员认为这是静电引起的，是人身静电烧毁主板，电脑公司不承担保修义务。所以静电不得不防。

（3）防止计算机病毒侵害计算机。使用正版软件，避免使用盗版或来路不明的软件。下载免费软件时要慎重，注意电子邮件的安全性。不要自己制作或试验病毒。重创世界计算机界的 CIH 病毒，是一个台湾大学生制作的，给全世界带来了非常严重的电子灾难。

（4）如果把计算机接入互联网，就必须小心"黑客"的袭击，后面的"防黑十招"一定要学会。

（5）选用正版杀毒软件，选用可靠的、具有实时（在线）杀毒能力的软件。

（6）养成备份文件的好习惯。首先，要备份系统软件，重要的软件要多备份并进行保护，有了备份就能迅速恢复被病毒破坏或因误操作被破坏的系统。其次，要备份重要数据，硬盘不是永不消失的保险数据库。例如，某高校一位研究生把毕业论文存储在笔记本电脑里，没有打印和备份，后来该笔记本电脑不慎丢失，因此，他几个月的心血全白费了。另外，病毒也会破坏硬盘或数据。

（7）给计算机买个保险。据《中国经济时报》报道，中国人民保险公司开始在全国范围内推广计算机保险。此险种，包括计算机硬件损失保险、数据复制费用保险和增加费用保险（设备租赁费用保险）等，主要承保火灾、爆炸、水管爆裂、雷击、台风、盗抢等导致的硬件损失、数据复制费用和临时租赁费用。风险较难以控制的病毒、"黑客"侵害问题，则列入责任免除条款。

（8）树立计算机安全观念，心理上要设防。网络虽好，可是安全问题丛生，网络陷阱密布，"黑客"伺机作案，病毒层出不穷，网络秩序欠佳，需要特别小心。不要以为"我是高手我怕谁"，须知天外有天，网上"杀手"多如牛毛，一不小心就会被人"黑"了。

（9）保护计算机安全的其他措施：

①最好选购与周围人的计算机有明显区别特征的产品，或者在不被人轻易发觉的地方留有显著的辨认标志。

②当要和计算机分别较久时，如寒、暑假等，最好把计算机另存他处。

③不要将计算机密码泄露给他人，并经常更改密码。

④在有条件的院校，可将计算机寄放到专门的保管场所。

（三）防止"黑客"攻击的十种办法（"防黑十招"）

①使用正版防病毒软件并且定期升级更新，以防"黑客"侵入计算机系统。

②如果使用数字用户专线或者电缆调制解调器连接互联网，就要安装防火墙软件，监视数据流动。尽量选用最先进的防火墙软件。

③不要按常规思维设置网络密码。密码最好由数字、字母和汉字混排而成，令"黑客"难以破译。另外，还要经常性地变换自己的密码。

④对不同的网站和程序，要使用不同的密码，不要为了省事而使用统一密码，以免被"黑客"破译后产生多米诺骨牌效应。

⑤对来历不明的电子邮件、亲友电子邮件的附件或邮件列表要保持警惕。收到邮件后，应首先用杀病毒软件查杀，确定无病毒后再打开。

⑥尽量使用最新版本的互联网浏览器软件、电子邮件软件和其他相关软件。

⑦去声誉好的专业网站下载软件，以确保安全。

⑧不要轻易在他人的网站留下自己的电子身份资料，尽量避免被电子商务企业储存自己的银行卡资料。

⑨只向有安全保证的网站发送个人银行卡资料，注意寻找浏览器底部显示的挂锁图标或钥匙形图标。

⑩注意确认所要浏览网站的地址，保证输入的字母和标点符号绝对正确，防止落入网络陷阱。

第三讲 防 盗

🗄 **典型案例**

学生宿舍晚上睡觉未锁门，两部手机不翼而飞

2013 年 12 月 1 日，某高校宿舍，有两名学生晚上睡觉前将手机放在宿舍书桌上充电，其中有一名学生深夜起床上卫生间时看见手机还在，但第二天早上起床后发现两部手机被盗。校保卫部通过调查了解到，自开学以来，该宿舍学生在大多数晚上睡觉时都是不锁门的。由于该宿舍学生安全防范意识薄弱，晚上睡觉长期不锁宿舍门，给伺机作案的犯罪分子留下了可乘之机，直接导致手机被偷。

运动场随意放置贵重物品，导致手机失窃

2010 年 11 月 28 日下午 4 时左右，大学生史某到运动场打篮球时，将装有手机的外衣脱下后，随意放在运动场上，在打完球后发现手机被窃。

接到报案后，保卫处老师到现场查看，已无可疑人员。据史某反映，当时在球场上曾有一名留飞机式发型的男性青年，通知其接听电话并看见其放置手机的过程，后不知去向。在运动场上随意存放手机，没有采取措施加以防范，是导致史某手机被窃的主要原因。

【案例分析】

通过对校园中一些常见案件的分析可知，一些大学生虽然文化水平较高，但因踏入社会时间较短、社会经验不足、缺乏安全防范意识、法制意识淡薄，从而导致一些失窃案件的发生。据统计，发生在大学生中的失窃和上当受骗案件占在大学生中发生治安案件的 75% 以上。而这些案件绝大多数是由大学生自身安全防范意识淡薄、思想麻痹、财物保管不当、轻信他人、交友不慎导致的。这些案件，有的造成了大学生的财产损失，有的甚至危及大学生的生命安全。例如，在宿舍没有随手关门、锁门的习惯；夏季开门休息；高档、贵重物品，如笔记本电脑、手机等随意乱放；现金不及时存入银行或将银行卡密码告诉他人，将银行卡与身份证放在一起等。这些行为习惯一方面可以诱发犯罪，另一方面为不法分子提供了便利，是导致校内失窃案例发生的重要原因。

【安全防范】

盗窃，是指以非法占有为目的，秘密窃取国家、集体或他人财物的行为，是一种最常见、为人民群众深恶痛绝的违法犯罪行为。盗窃案在高校发生的各类案件中占 80% 以上。

以作案主体进行分类，盗窃案可分为外盗、内盗和内外勾结盗窃三种类型。有的大学生对

自己要求不严，人生观和价值观扭曲，不顾家庭和自己的经济承受能力，盲目攀比；有的大学生法律意识淡薄，参与赌博，输了钱连日常生活都难以为继，这是导致高校盗窃案件常发、多发的原因。

一、高校盗窃案件的特点

一般盗窃案件有以下共同点：实施盗窃前有预谋准备的窥测过程；盗窃现场通常遗留痕迹，如指纹、脚印、物证等；盗窃手段和方法常带有习惯性；有被盗窃的赃款、赃物可查。

由于高校客观场所和作案主体的特殊性，高校盗窃案件通常有以下具体特点。

（1）时间上的选择性。盗窃分子作案必然选择作案地点无人的空隙。例如，学生都去教室上课时，盗窃分子便会伺机进入宿舍；下课后或节假日期间，实验室、办公室、财会室、计算机室通常处于无人状态，盗窃分子便会乘虚而入。

（2）目标上的准确性。高校中的内部盗窃案件比较多。财会室、计算机室的位置，盗窃分子都掌握得一清二楚；哪个学生有钱或有贵重物品，经常放在何处，是否锁在箱子中或柜子里，钥匙放在何处，盗窃分子也基本上了解。

（3）技术上的智能性。高校盗窃案件的盗窃分子一般为高学历、高智商的人，他们有的就是大学生，智商较高，盗窃技能高于一般盗窃分子。他们经常会用被盗对象的钥匙开被盗对象的锁，或用易拉罐皮制作"万能钥匙"进行盗窃活动。

（4）作案上的连续性。正是由于盗窃分子比较狡猾，加上被盗对象疏于防范，所以盗窃分子第一次作案很容易得手。"首战告捷"以后，盗窃分子往往产生侥幸心理，加之破案有一定的滞后性，盗窃分子极易屡屡作案从而形成一定的连续性。

二、学生宿舍被盗案易发时间

1. 新生刚入学期间

这时的新生对周边环境和人员都比较陌生，相互之间缺乏照应，防盗意识薄弱，防范措施不到位。加之此时宿舍内走动的人员较多，很多盗窃分子就会选择在这一时段行窃。另外，此时新生大都携带较多的现金，这也是盗窃分子选择在此时段作案的一个重要原因。

2. 放假前后

放假前，大学生都忙于复习应对考试，防范意识下降。此时，很多大学生会收到家里寄来的财物。放假期间，留校的大学生较少，往往是整栋宿舍楼（区）只有几间宿舍有人，防范意识相对薄弱，此时盗窃分子很有可能乘虚而入。

3. 上课、晚自习、清晨期间

其中以大学生上午上第一、二节课为高发时间。上课时间，大学生大都去上课了，此时宿舍人员最少。而晚自习时也可能因一些宿舍的大学生都已外出，从而使盗窃分子有可乘之机。而清晨案发时间多为凌晨3时至5时大学生熟睡期间。

4. 夏秋季节

夏秋季节由于天气炎热，不少大学生在午休、晚睡时，除了大开窗户外，连宿舍门也照开不误。殊不知在大开"通风之门"时，也为盗窃分子打开了"方便之门"。

5. 重大节假日或大型校内活动期间

重大节假日，很多大学生都去参加各种活动或结伴旅游，这时盗贼可能会假装找人伺机行窃或深夜潜入宿舍行窃。在举办大型校内活动时，外来人员剧增，流动人员较多，大学生大都去参加活动，这也使宿舍盗窃案发生的可能性增加。

三、学生宿舍盗窃案件的主要作案手段和特点

在高校发生的盗窃案件中，盗窃分子采取的方法和手段主要有溜门盗窃、顺手牵羊盗窃、网络及技术盗窃、利用钥匙入室盗窃和利用信用卡（存折）进行盗窃等。

（一）溜门盗窃

利用这种盗窃手段实施的盗窃案件大多发生在学生宿舍，作案分子利用门未锁而溜进室内进行盗窃。在室内有人的情况下，盗窃分子如果是陌生人，则会以找人或推销商品等借口来掩盖自己的真实目的；如果是熟人，则会以找同学或"串门"为由，稍作攀谈后离开。

📖 典型案例

2006年3月至5月，某高校保卫部陆续接到学生手机在宿舍内被盗的报案十余起。保卫部门经过布控和蹲守，终于将嫌疑人于某抓获。经审讯，于某交代其于早晨6点至7点溜入学生宿舍，看准有学生去洗漱，其他学生正睡觉而门未锁的时机溜门入室，将放在明处的手机迅速盗走，屡屡得手。

2008年4月，某高校保卫处通过调查，将盗取同学存折后取走现金的关某抓获。在审讯时，关某还交代其曾五次到附近宿舍"串门"，趁门未锁而室内无人之机，共盗走手机两部、现金1 300元、数码相机一部的犯罪事实。另外，关某还交代，一次他在宿舍正欲实施盗窃时，该宿舍学生回来，他盗窃未遂，便借口"串门"稍作交谈后溜走。

【案例分析】

以上两个案例中，盗窃分子都是采取"溜门"的手段作案。大学生宿舍中，几个人同住一室，相互间有很大的依赖性，在安全防范上大多数有麻痹心理。

【安全防范】

为了避免自己和他人的财产受损失，要养成随手拿钥匙、随手锁门的好习惯，这是对自己负责，也是对他人负责。

（二）顺手牵羊盗窃

利用这种作案手段实施盗窃的案件多发生在教室、图书馆、食堂等公共场所，盗窃分子利用物品在、人不在，或物品在、人睡觉伺机实施盗窃。除了一些惯偷之外，还有一些人见财起意而临时实施盗窃，所以往往带有随机性。

📖 典型案例

　　2017年11月至2018年5月初，某高校食堂中午就餐时间陆续发生丢失书包的案件十余起。该校保卫处经过调查和蹲坑守候，于2018年5月中旬将正在食堂实施盗窃的学生田某当场抓获。经审问，田某交代他于2017年11月的一天，在食堂看见有人用书包占座位，书包内有200元现金，便见财起意，将书包顺手偷走。一段时间后，未见东窗事发，尝到了甜头的他便使用同样的手段在食堂、教室、图书馆屡屡作案，共作案十余起，盗得现金数千元、手机5部。

　　2010年12月，某高校保卫处接到学生报案，称其放在书包里的现金、存折及其他物品在教室内丢失。保卫处迅速派人调取校园监控录像，将准备取钱的犯罪嫌疑人廖某抓获。廖某交代了其盗窃该同学现金、存折和其他物品的事实。保卫处又查出廖某在浴池、教室、图书馆、食堂等处偷窃他人的钱物、书包、手机、数码相机、钢笔、书籍等物品，作案达数十起。

　　【案例分析】

　　构成犯罪的基本要素是犯罪主体、犯罪客体、犯罪的主观方面和客观方面。如果大学生都能做好安全防范，保管好自己的钱物，犯罪分子就无法作案，或因犯罪成本过高而自动放弃作案。犯罪分子将作案地点选在食堂、教室、图书馆，选在大学生去吃饭和教室内的大学生只顾自己，不管其他与己无关的事情时下手，给大学生造成财产损失的同时，也给公安和学校保卫部门破案造成了一定的困难。以上两个案例足以说明这一点。

　　【安全防范】

　　大学生在生活中应时刻提高防范意识，在各类公共场所，不要将自己的物品放在某处就离开或睡觉；书包及贵重物品要随身携带，也可请同学看管，不给犯罪分子可乘之机。

（三）网络及技术盗窃

　　在高校中，利用这种手段实施的盗窃案件主要体现在网络中。作案分子主要利用计算机知识，破译他人的网络账户及密码，或偷记他人的网络账户及密码，然后盗用他人的网络账户上网。

📖 典型案例

　　2009年5月，某同学报案称其手机账户被人盗用，发生费用1 000余元。保卫部门经过调查发现，此案是计算机专业学生张某利用自己的专业知识，非法破译该同学的手机账户及密码后，在其他计算机上浏览黄色网站并下载黄色读物，结果产生了高额费用。

　　【案例分析】

　　互联网在大学生的学习和生活中已经非常普遍，除了网络账户被人盗用的案例外，还有计算机被"黑客"攻击而无法正常使用的案件发生。要避免类似的案件发生，首先应完善自己的计算机软件系统，加装防火墙。另外，应注意保护好自己的网络账户及密码。

（四）利用钥匙入室盗窃

　　作案分子主要利用以前作案时盗得的钥匙或事先配好的钥匙入室盗窃。

📥 典型案例

2007 年 10 月，某高校大学生报案称发现宿舍走廊有一个刚从女生宿舍出来的形迹可疑的男子。校保卫部门将该男子抓获后进行盘问，经查，该男子系某单位工人，因有恋物癖，经常到男女生混住的宿舍和宿舍背后阳台盗窃女生的内衣等物品，这次是利用上次在该宿舍作案盗得的钥匙再次到该宿舍作案。

2009 年 9 月初，大学生孟某报案称其宿舍门和其柜子被撬，共丢失现金 320 元、MP3 一部。保卫部门经过现场勘察，确认门上和柜子上的撬痕均系伪造。此案最终查明系住在该宿舍的郑某所为。一日，郑某没带钥匙，便向同宿舍的孟某借钥匙先回宿舍。孟某将自己的钥匙串借给郑某后，郑某见其中有孟某柜子的钥匙，便偷配了一把，几日后偷偷溜回宿舍实施了盗窃并伪造了现场。

【案例分析】

上述两个案例说明，钥匙一定要随身携带，不可随便借给他人。在许多已被查证的案件中，据犯罪嫌疑人交代，偷拿、偷配被害人的钥匙，许多天后再把钥匙送回去，被害人也没有察觉。这说明在大学生中，随处乱放钥匙、对自己的钥匙保管不周的现象是相当普遍的。所以，妥善保管自己的钥匙非常重要。另外，一旦发生盗窃案件，应尽快报警，为公安部门提供最有价值的线索，力争早日破案，以免助长犯罪分子的嚣张气焰。

（五）利用信用卡（存折）进行盗窃

这类盗窃案件的盗窃分子大多是利用同学、朋友的特殊关系得到盗窃对象的信用卡（存折）及密码，伺机进行盗窃。因为有"关系好"这层假象，所以这类案件还有一定的隐蔽性。

📥 典型案例

2009 年 5 月，王某和同学秦某到保卫部门报案，称王某带密码的存折被人取走 3 000 元。校保卫处经过大量调查和取证，最终将此案破获，犯罪嫌疑人原来是和王某一起报案的秦某。通过审讯，秦某交代他和王某是很好的朋友，曾两次陪王某到银行取钱，在王某输入密码时，他就暗自记下王某的密码，而且他知道王某的存折就放在宿舍的书桌内。过了几天，秦某趁王某宿舍无人之机，将王某的存折盗走后去银行将存折内的 3 000 元提出。

【案例分析】

以上案例中的犯罪嫌疑人就是利用了同学、朋友的关系作案，有一定的隐蔽性。案例中，王某在输入密码时对秦某没有丝毫戒心，在秦某被拘留后，王某还不愿相信这个事实。

【安全防范】

大学生要提高防范意识，不给盗窃分子可乘之机。在生活中，大学生要注意保护自己的密码，不要把他人熟知的如自己的生日等作为密码，同时也要尊重他人的隐私。另外，要妥善保管自己的现金和贵重物品，不要放在明处。大量现金最好存入银行，随用随取；少量现金和贵重物品要锁在柜子里或随身携带，避免不法侵害的发生。

四、学生宿舍防盗要点

(一) 学生宿舍防盗知识

1. 做好宿舍的坚壁工作

门窗是窃贼侵入的主要路径，加固门窗虽不能彻底防止盗贼侵入，但可以增加盗贼作案的难度，滞延作案时间，便于发现盗贼和遏制犯罪。因此，加固门窗，做好宿舍的坚壁工作是防止盗贼侵入的重要手段。发现门锁、门、窗户有损坏时，应马上通知管理人员维修。

2. 养成离开时随手关、锁门的习惯

据调查，有不少大学生在暂时离开宿舍（如去洗衣服、到其他宿舍借资料等）时往往是不关、锁门的，大演"空城计"，而盗贼就有可能在此时乘虚而入。

3. 注意保管自己的物品

尽量做到"物品入柜"，不随意将贵重物品置于桌上等显眼处。放假离校、实习期间应将贵重物品带走或交由同学保管。现金数额较大时要及时存入银行，切不可贪图方便而将现金放在宿舍。现金存入时应加密，最好不定期更换银行卡密码。身份证尽量避免与银行卡放在一起。

4. 对可疑人员应提高警惕，但要注意方法

可疑人员大都有以下特点：四处走动、东张西望、一直盯着某处。当遇到这类人员时，应大胆上前询问其单位，来做何事，找何人，所找学生所在年级、专业等问题，若其答非所问或神情慌张，应及时通知保卫部门。在这一过程中，要注意防范对方"狗急跳墙"，行凶逃跑。另外，在询问时，不能随意搜身，更不能肆意打人。

5. 保管好宿舍的钥匙

谨记宿舍的钥匙关系到整个宿舍的安全，切不可随意将宿舍钥匙交给他人或将钥匙放在门口、窗台上。若确需将其他钥匙借给他人，应将宿舍钥匙取下。若宿舍钥匙丢失，应及时通知其他同学，必要时换锁。

📚 典型案例

长春某高校学生周某在课余时间习惯到相邻宿舍与同乡韩某聊天，时间久了，周某便成了韩某宿舍的常客。有一天，周某趁韩某去水房洗衣服将钥匙放在桌子上之机，迅速偷配了一把韩某宿舍的钥匙。此后，韩某宿舍便经常出现丢东西的现象。周某在韩某宿舍人缘很好，经常帮助寻找，同时大骂盗贼可恶，因此韩某宿舍的人并没有怀疑周某。有一天，韩某宿舍的同学到校外实习，周某又趁机进入韩某宿舍行窃。正在周某翻箱倒柜之时，保卫处的巡逻人员将其抓获。经审，韩某宿舍发生的十余起被盗案件皆是周某一人所为。后来周某被学校开除学籍，同时被司法机关追究刑事责任。

【案例分析】

韩某不注意保管自己的钥匙，对外人没有防范意识，放任周某在自己宿舍逗留，为周某留下了偷配钥匙的机会。同时周某掌握了韩某宿舍人员的活动规律，所以盗窃屡屡得手。如果韩某宿舍的人早对周某经常来本宿舍有怀疑，周某就可能不敢在其宿舍盗窃。

6. 不要留宿他人

教育部明确规定，不得在学生宿舍留宿他人。留宿他人，一方面违反教育部的规定，另一方面会为自己乃至整个宿舍的安全埋下隐患，给宿舍造成不必要的损失。

7. 团结友爱，互相帮助

事实证明，舍友间团结友爱、宿舍间相互照应，在一定程度上可预防盗窃案件的发生。

（二）应对宿舍出现可疑人员的方法

如果在宿舍内发现可疑人员，要做到处理适宜，既不冤枉好人，造成矛盾，又不放过坏人，导致损失，可从以下几方面做起。

（1）发现可疑人员应主动上前询问或秘密观察，态度应和气，询问要细致。如果来人确有正当理由，一般都能讲得清楚，如来探亲访友的多半能说出其要找学生的姓名及所在院系、年级、班级等基本情况；如果来人支支吾吾，应特别注意，并进一步盘问，必要时还可帮其找人，以便证实。

（2）可疑人员的回答疑点较多，如所说的专业、班级有误，或要找的人根本不存在，神色慌张，左顾右盼等，必须进一步盘问，必要时可问其姓名、单位，然后要求查看其身份证、工作证、学生证等证件。为避免矛盾，也可将其带到宿舍门卫处或保卫部门，由值班人员出面询问。经核实身份无误，又未发现盗窃证据，可由值班人员记录其单位、姓名、来舍时间后让其离去。

（3）如果可疑人员经盘问疑点很多，不肯说出自己的真实身份或携带物品疑是赃物、作案工具等，应设法将其拖住，同时马上报告学校保卫部门，由保卫部门尽快查处。

（4）盘查时要注意的问题：一是态度始终要和气，即使可疑人员因气愤与自己争吵，也应按宿舍管理规定与其说理，切不可动手；二是不能随意对可疑人员进行搜查，必要时可请其将口袋或包中的物品拿出；三是如果可疑人员真是盗窃分子，还要防止其突然行凶或逃跑。

（三）如何应对突遇盗贼的情况

1. 要保持必要的警惕性

如果缺乏起码的警惕性和心理准备，一旦突遇盗贼就会惊慌失措、束手无策。有的盗贼进宿舍见门没锁，就会认为自己有机会行窃，如果宿舍内有人或被盘问就以找人等借口搪塞蒙混。如果缺乏应有的警惕，就很容易被盗贼蒙骗。

2. 因地发挥集体力量

宿舍楼内大多数情况下或多或少都留有一部分学生，不管认识与否，只要听说宿舍里有盗贼，大多会挺身而出。在宿舍里发现盗贼后，要根据当时的具体情况设法尽快告知其他同学，并及时采取防止盗贼逃脱的有效措施。如果盗贼未被惊动，应一面守住门或通道（包括后窗），一面就近叫同学帮忙，以抓住盗贼。如果盗贼已被惊动，则应大呼"抓小偷"，并让门卫或值班人员关上宿舍大门，同时招来同学一起抓贼。

3. 鼓足勇气，以正压邪

盗窃分子做贼心虚，在学生宿舍这种寡不敌众的特定环境中，绝大多数是不敢轻举妄动的。如突遇盗贼正在作案，应克服恐惧心理，鼓足勇气，一面尽快拿起手边可以用以自卫的工具，如棍子、酒瓶、凳子、砖头等，堵住其逃跑的出路，大声呵斥、警告对方，对对方形成威慑，同时大喊"抓贼"招来同学援助。如果盗贼胆敢行凶，可进行正当防卫。一般只要拖延一两分钟，同学和门卫值班人员就会赶到。

4. 随机应变，注意安全

在援兵未到之前，要和盗贼保持一定的距离，谨防盗贼狗急跳墙、行凶伤人，以能阻止盗贼逃跑为目的。万一盗贼侥幸逃脱，应紧追其后盯住目标，同时呼叫"抓贼"。校园内师生众多，只要盗贼不脱离视线，就有机会抓住他。如遇两个以上的盗贼结伙作案，在他们分头逃跑时，要集中力量抓住其中一个。盗贼若团伙作案，被发现后行凶伤人、夺路而逃的可能性更大，应随机应变，注意安全。

5. 沉着冷静，急而不乱

突遇盗贼正在作案一定要沉着冷静，采取对策。有时盗贼虽能冲出宿舍，但不一定能逃出宿舍。学生宿舍大多只有一个出口，如果其他同学闻声出来得快，来不及逃走的盗贼往往会溜进厕所、阳台、空房等处躲藏。这时首先要尽快安排同学守住宿舍出口和所有能够逃走的通道，如后窗、可翻越的围墙等，防止盗贼趁乱逃跑。在追赶和搜寻盗贼的过程中，要注意盗贼可能会"贼喊捉贼"以蒙混过关。

6. 抓住窃贼，妥善处理

抓住盗贼后，最好的办法是采取强制措施将其控制住，同时通知学校保卫部门来人处理。必要时可直接将盗贼扭送学校保卫部门。抓住盗贼后要注意：一是不能疏忽大意，预防盗贼乘机逃走或猝起伤人；二是强制程度要适当，不能随意殴打、辱骂盗贼，如将盗贼打伤、致残或致死，要承担法律责任。

7. 观察并记住盗贼的特征

在无法当场抓获盗贼的情况下，应记住盗贼的特征，包括年龄、性别、身高、胖瘦、相貌、衣着、口音、动作习惯，身上的痣、瘤子、斑、文身、残疾等，以及其佩戴的戒指、手镯、项链、耳环等各种饰物的情况，以便向公安、保卫部门提供破案线索。

五、公共场所防盗要点

1. 图书馆

（1）严格遵守图书馆的规章制度。遵守图书馆的规章制度，不仅有利于保持图书馆的整洁、有序，对于预防盗窃案件的发生也有重要作用。

（2）在公共阅览室中，切不可将贵重物品、现金随意放在桌上或椅子上，以防盗贼顺手牵羊。

（3）需暂时离开时，应将现金、贵重物品带走或交由同伴代管，且离开的时间不宜过长。

（4）不可用书、衣服等物品占位。这种行为既有违公德也非常危险，因这种行为发生的盗窃案件在图书馆被盗案件中占比很大。

2. 体育场所

（1）尽可能不携带过多现金或贵重物品，避免和减少个人财产损失。

（2）若有保管处，应将物品交由保管处保管；若无保管处，则应将物品集中置于显眼处由专人看管或轮流看管，不能随意乱放。

（3）对形迹可疑的人应提高警惕。对那些东张西望、只注意他人物品或在他人物品周围徘徊的人，要特别注意，必要时可上前询问，但态度应和气。

（4）离开前应清点物品。这样不仅可以避免遗漏物品，还可在物品被盗或者丢失时及时报告保卫部门，有利于保卫部门迅速组织人员进行围堵，抓获盗贼，找回被盗物品。

3. 饭堂

（1）排队（特别是买饭票、为饭卡充值）时，应注意周边环境，提高警惕。特别是背书包的同学，应注意身后的变化，以防有人浑水摸鱼。

（2）随身物品不随意置于身旁、身后，离开时应记得将物品带走。

（3）饭卡不随手置于桌上，饭卡最好加上密码，必要时设立一次最高消费额。

（4）若发现饭卡丢失，应立即挂失。

六、常见的校园自行车问题

自行车能为大学生带来很多方便，但也是最容易丢失的财物之一。那么，应如何防范自行车被盗呢？下面几点对于防范自行车丢失有一定帮助。

1. 离车上锁并选择高质量的车锁

防范自行车被偷盗，最重要的是克服麻痹思想，随时随地锁车尤为重要，这也是防范自行车被偷盗的基础。无论何时何处，即使暂时离开，也必须给自行车上锁。虽然上锁并非就能完全防止被盗，但至少能给盗贼造成一定的困难。因为无论是车子上没有锁具还是大意忘锁或嫌麻烦不锁，都会为见财起意、顺手牵羊的盗车贼提供便利。

购置防盗性能较好的车锁尤为必要。最常见的蟹形锁因铁皮薄、梁细易被撬、被砸变形而开；"U"形锁外壳虽厚但互开率高，安全性能也较低；蛇形钢丝锁对偷车贼的剪线钳毫无应对能力。如果同时使用两种类型的车锁，其防范效果一般不是简单的叠加，因偷车贼也并非携带齐全各类工具。有专家建议可使用与摩托车车锁类似的能锁住车把的隐形锁。目前已经研制出的"要偷车必须破坏锁，锁坏了车就不能骑"的车锁一体的防盗锁，大大提高了自行车的安全系数。另外，车锁失灵或钥匙丢失应更换新锁。

2. 再好的车锁对自行车来说也并非绝对安全

采取扛走或将车拉走的方法偷盗自行车的案件也时有发生，因此，不乱扔、乱放是防范盗窃的关键，特别是新型、高档的名牌自行车。午休时间或晚餐期间都是自行车丢失案件的高发时段。夜间把自行车放在楼梯间也并不安全。随意将自行车停放在街边路口、商店门旁、车站附近，也没有安全保障，最好是把自行车存放在有人看管的存车场所。

3.存车莫忘索取存车牌

曾有报道，某人将自行车存放在存车处，第二天取车时发现自行车被盗，而看守人却称"丢了自认倒霉"。这提醒我们，将自行车存入存车处时应问清最长存车时间并索取存车凭证。存车处收取看管费就要对自行车的安全负责，若自行车丢失，车主有索取赔偿的权利，而存车牌是存车、交费的唯一证据。所以存车要选择实行车牌制度的存车处，而且不要忘记索取存车牌。

4.别贪便宜购买赃车

自行车被偷案件日趋增多的原因之一就是盗而能用、偷而能销，这说明有关部门在管理方面仍存在漏洞。大学生不要贪便宜到非法市场购买赃车，买旧车时应注意查验核对，以防自行车被人追回给自己造成经济损失。另外，购买赃车等于为自己或他人的自行车再次被偷埋下祸根。

防范自行车被盗需要全社会共同努力，公安机关须加大管理和打击力度，看护人员须增强责任心，每个公民都应提高防盗意识。

七、被盗后应注意的问题

（1）保护现场，立即报案。宿舍发案先报给辅导员或班主任，同时报保卫部门。

案发现场是盗窃分子实施犯罪行为的客观反映，是盗窃证据的重要来源。使盗窃现场保持案件发生、发现时的状态，这对公安、保卫人员迅速、准确地分析判断案件、确定侦查范围、收集证据具有非常重要的意义。

保护现场应注意：①封锁现场，不准任何人进入，并迅速向保卫部门报告。②不得翻动窃贼可能接触过的任何物品，不可心急去查看物品的丢失情况。③若现场在室内，不得触摸窃贼可能留下痕迹的门、柜子、窗等处。

（2）若发现可疑人员，应立即组织同学进行围追堵截。进行围追堵截时：①立即派人向保卫部门报告。②可疑人员还在室内的，应立即退出门外并上锁，同时派人守候。③应大声呼叫，充分发动周围的师生。④一定要注意安全，以防可疑人员狗急跳墙。可疑人员要行凶时，若有把握制服可疑人员，应大胆利用身边的物品如木棒、砖头等进行反击；若无法进行捕捉，应围而不捉，等候保卫人员的到来。⑤抓获可疑人员后，应立即扭送保卫部门，切不可随意打人。

（3）全面、客观地回答保卫人员提出的问题。

（4）积极主动地向保卫人员提供线索。

（5）如发现银行卡被盗或可能被盗，应尽快到银行挂失。

预防和打击校园盗窃是每个大学生应尽的责任。增强防盗意识，了解校园内盗窃犯罪的基本情况、规律和特点，掌握防盗的基本常识，是做好防盗、保证安全的基础。

八、如何保护个人财务安全

保管现金最好的方法是将其存入银行。数额较大的现金一定要及时存入，千万不可怕麻烦或者能拖则拖。存钱时要注意保护密码，以防银行卡丢失或被盗。

贵重物品不使用时最好锁在抽屉或柜子里，以防被顺手牵羊或乘虚而入者盗走。放假离校时应将贵重物品随身带走或托由可靠的人保管，不可留在宿舍。住在一楼的学生睡前应将现金及贵重物品锁入抽屉，防止被人"钓鱼"。宿舍钥匙切不可随手丢放。价值较高的贵重物品最好做上特殊记号，即使被盗，将来被找回的可能性也大些。

发现银行卡丢失时，应立即去银行挂失，然后到学校公安保卫部门报案，但不可声张，要细心观察、寻找，向保卫部门提供线索和有关情况。

📖 典型案例1

2005年10月，某高校大学生张某到保卫处报案称其放在密码箱准备交学费的5 000元被盗。校保卫处经过侦查，确认是张某的同宿舍的同学、老乡李某作案。李某交代，因和张某关系特殊，两人经常在一起，张某的各种密码他都熟悉。由于知道张某的密码箱内有5 000元钱学费一直未存入银行，李某趁自己一人在屋内时将5 000元现金盗走。

【案例分析】

张某被盗的最大隐患在于其没有及时将5 000元现金存入银行，其次是密码箱的密码为他人所知。从该案例可以看出，张某的防范意识较弱。作为在校大学生，多掌握一些防盗知识，提高自身的防范能力，有百利而无一害。

📖 典型案例2

某高校大学生刘某课间到教师办公室办事，当时教师办公室的门开着，但室内无人。刘某进屋后发现老师黄某的包挂在椅子靠背上，打开包后发现包内有一张存折和黄某的身份证，存折的密码与身份证的后六位数相同。刘某迅速拿着黄某的存折和身份证到学校附近的银行将存折内的11 000元全部提出。此案破获后刘某受到了应有的制裁。

【案例分析】

存折被盗窃的主要原因：一是黄某将存折放在包内，并置于无人看管的办公室内；二是黄某把存折和身份证放在一起；三是将身份证的后几位数字设定为存折密码。应从该案例中吸取教训，提高防盗意识。

第四讲 防 骗

9月3日，正是某高校新生报到的时候，某高校新生张婷（化名）遇到3个打扮成学生模样的男子，3人自称来看同学，分别来自北京大学等三所高校。3人告诉张婷，他们住在喜来登饭店，因钱花光了，所以面临被赶出来的境地。其中一男生李龙（化名）说，想和叔叔联系打钱过来，希望能借用张婷的银行卡。张婷想，遇到有困难的人理应帮助对方，于是告诉对方："我卡里有5 100多元钱，你们打在我卡里吧。"李龙当即便与叔叔联系，在电话里，李龙把对张婷说的话说了一遍，然后说打3万元钱到卡里，并在电话里说了张婷的银行卡卡号。随后，李龙3人让张婷陪同一起去取款机上看钱到了没有。但是查询了数次都发现钱没到账。李龙3人提出拿银行卡到学校对面的取款机上查询。张婷又和3人到校外取款机上查询，钱还是没到账。李龙顺手拿过银行卡说："奇怪，怎么还没到账？"随后又将银行卡还给了张婷，之后3人借故离开了。3人离开后，张婷觉得他们有点奇怪，于是拿出银行卡检查，却发现这张银行卡并非自己的那张。她急忙到银行查询，发现这是张废卡，而自己卡上的钱已被转走。张婷这才明白自己被骗了，立即到派出所报案。

【案例分析】

在一些高校，诈骗分子多是以"借用银行卡打钱"等名义进行诈骗。他们多选择以入校新生尤其是女生为目标，先以学生的身份取得受害人信任，再取得对方的同情，然后实施诈骗。还有一类，是利用交通、通信不便对大学生的家长进行诈骗，即他们利用掌握到的信息，与大学生的家长联系，称其是对方儿子（女儿）的同学，并以"你儿子（女儿）现在出车祸了，在医院，需要钱"这类方式骗取大学生家人的信任，诈骗钱财。

【安全防范】

预防诈骗，要不贪钱财，不贪小便宜；保守自己的信息和秘密；慎重交友，不感情用事。首先，要加强安全防范意识；其次，由于涉世未深，在交友方面一定要慎重，对于一些利益的诱惑要懂得拒绝。不可轻信在社会上结识的朋友，尽量不要轻易地将在社会上刚认识的朋友带到宿舍，做到防患于未然。大学生入校后交友时，尤其是结交校外朋友时，一定要慎重，不要轻易将自己的家庭情况、电话等信息透露给对方，也不要轻易表露自己的同情心，当对方提出需要帮助时，可找自己的班主任或到学生处寻求帮助。另外，晚自习后尽量不要到偏僻的树林或校外偏僻的地方，以免发生意外。

📚 典型案例 2

叶某为某高校 2016 级学生，一日，叶某在上课时不断收到一个陌生号码发来的短信，短信的内容杂乱无章，不知所云。之后，这个陌生号码还不断打来电话，叶某接起电话后，对方又无人应答。面对恶意骚扰，正在专心听课的叶某无奈之下将手机关机。

与此同时，叶某的父母也接到了陌生人的电话。对方声称自己是叶某学校的老师，叶某今天在学校发生意外，此刻正在医院抢救，急需他们汇钱到指定的银行账户。放下电话，叶某的父母心急如焚，立即给叶某打电话，而此时叶某的手机正处于关机状态。虽然担心叶某的安全，但是叶某的父母仍感觉事有蹊跷，于是给叶某所在学院的学工办老师打电话询问情况。学工办老师听了事情经过后，立即派人寻找叶某，结果发现叶某安然无恙，正在教室上课。

这时，大家才恍然大悟，原来这是一场精心策划的骗局。

【案例分析】

学生家长接到陌生电话或短信，称其子女发生了意外，急需钱进行抢救，让家长汇钱到指定的银行账户。家长的第一反应便是给子女打电话，而子女的手机因为骗子的骚扰已处于关机状态。有些家长慌乱之中来不及核实情况就匆忙汇钱，导致上当受骗。

【安全防范】

针对上述情况，在此给出一些建议：平时要和父母保持密切的联系，告知父母自己在学校的情况。同时给父母留下室友、班主任和辅导员老师的电话号码，以便父母遇到紧急情况时，可以与自己取得联系，核实情况。此外，也应告诉家人关于这类诈骗的知识，谨防被骗。

📚 典型案例 3

2016 年 9 月至 10 月，一无业男青年徐某冒充某高校工作人员，制作假材料和身份证明，以收取学生军训费的手段，在几所高校对新生或低年级未军训的学生进行诈骗，共骗得 3 000 多元。

【案例分析】

徐某利用新入校的大学生警惕性不高、入学时间短、不熟悉情况、没有社会经验等弱点，轻易诈骗得手。

【安全防范】

在校生，尤其是新入学的大学生，不要轻易相信陌生人进行的收费、帮助联系入党和推荐做学生干部等事情，遇事要先和辅导员联系或报告，弄清情况后再做决定。

📚 典型案例 4

2017 年 7 月，某高校两名男女同学在运动场由于动作过于亲密，被一名自称是老师的人以纠正不文明现象为名严厉批评并查扣手机、书包等物品。两人觉得自己有短处，没敢申辩，眼睁睁看着自己的物品被拿走。

【案例分析】

冒充学校工作人员是骗子惯用的伎俩，所以在校大学生对扣押自己财物且自己不认识的"老师"，一定要注意，不要被骗。

📖 典型案例 5

2015 年 4 月，某高校保卫处将涉嫌诈骗的男青年姜某抓获。经过审查，姜某交代其是社会上的无业人员，曾在某职校读过一年书。他经常上网聊天，网名很多，在网上自称是某高校的学生，父母都是公安局的，家庭条件较好，先骗得女性网友的好感，然后约女性网友见面。见面后，先以花言巧语、小恩小惠进一步骗取女性网友的信任，然后便谎称自己最近有病或有其他事急等用钱，没时间回家取钱等向网友借钱，以欺骗手段分几次骗取某高校两名女同学 7 750 元及手机等，骗取另一高校女生牟某 480 元。

【案例分析】

此案例说明：对于不了解的人，在没有经过调查核实的情况下，不可盲目地相信对方的自我介绍，也不要轻易地进行财物交往。

📖 典型案例 6

2018 年 3 月，陈某到学校保卫处报案称自己前几天收到一条手机短信，内容是自己的手机号在某公司举行的 SIM 卡抽奖活动中获得了一等奖，有丰厚的奖品，让他通过所留下的咨询电话号码与该公司联系领取奖品的事宜。陈某与对方联系时，对方告诉他中的是一台电脑，公司将按陈某所提供的地址将电脑邮给陈某，但要先将邮寄费、个人所得税等费用共计 1 000 元汇到公司的账号，收到汇款后即邮寄电脑。陈某信以为真，便向对方提供的账号中汇了 1 000 元。过了两天，当陈某打电话询问是否收到汇款时，对方告诉陈某，由于公司职工弄错了，他中的是特等奖，奖品是一辆价值 30 余万元的汽车，让他补交邮寄费、个人所得税等费用 26 000 元，款到发货。陈某才觉得自己上当被骗了，遂决定报案。

【案例分析】

目前大学生使用手机相当普遍，短信业务也成为手机业务的重要组成部分。一些不法之徒乘机经常大量向他人手机中发送代办文凭、证照及中奖之类的短信息，有些社会经验不足的大学生便轻易相信，一步一步地走进犯罪分子事先设置好的陷阱。俗语说"天上不会掉馅饼"，在遇到类似情况时，千万不要相信也不要去理会这类短信息。

【安全防范】

社会环境日趋复杂，各类犯罪分子往往在年轻幼稚、思想单纯的大学生身上打主意，借结交之机、推销或招聘之名，变换手法，施展骗术，引诱大学生上当。大学生也要掌握一定的防骗手段来进行自我保护。

一、大学生在交往中容易上当受骗的原因

在当今的大学校园，大学生上当受骗的情况时有发生，究其原因，主要有以下几个方面。

1. 思想单纯，分辨能力差

很多学生都经历过十年寒窗，与社会接触较少，思想单纯，对一些人或者事缺乏应有的分辨能力，更缺乏刨根问底的习惯，对于事物的分析往往停留在表象或根本就不去分析，给了诈骗分子可乘之机。

2. 感情用事，疏于防范

乐于助人是我国的优良传统，是值得继承和发扬的。但如果不假思索地帮一个不相识或相识不久的人，是很危险的。遗憾的是，有不少大学生总是存着幼稚、不做分析的同情、怜悯之心，一遇上那些自称走投无路急需帮助的"落难者"，就会被其花言巧语蒙蔽，继而慷慨解囊，自以为做了一件好事，殊不知已落入诈骗分子设下的圈套。

3. 有求于人，粗心大意

每个人都免不了求他人相助，但关键是要了解对方的人品。有些大学生在有求于人，而有人愿意"帮助"时，往往会急不可待，完全放松警惕，对于对方提出的要求往往唯命是从，很自觉地满足对方的要求。

4. 贪小便宜，急功求成

贪心是诈骗对象最大的心理缺点。很多诈骗分子之所以屡试不爽，很大程度上是利用了人们的这种不良心态。诈骗对象往往被诈骗分子提出的"好处"和"利益"深深吸引，自以为可以用最小的代价和付出，获得最大的利益和好处，见利就上，趋之若鹜，对于诈骗分子的所作所为不加深思，也不做深入的调查研究，最后落得"捡了芝麻，丢了西瓜"的可悲下场。

二、校内诈骗作案的主要手段

1. 假冒身份，流窜作案

诈骗分子往往利用假名片、假身份证与大学生进行交往，有的诈骗分子还利用捡到的身份证等在银行开立账号提取赃款。诈骗分子为了既能骗得财物又不露出马脚，通常采用游击方式流窜作案，财物到手后立即逃离。还有的诈骗分子以骗到的钱财、名片、身份证、信誉等为资本，再去诈骗他人，重复作案。

📖 **典型案例**

2017 年 9 月，某学生宿舍住进了 6 个刚入学的新生，6 个人在互相自我介绍之后便将各自的姓名、籍贯都张贴在门上。一天中午，一个 20 多岁的人来到该宿舍，直呼宿舍内一个山东籍学生陈某的名字，自称是本校大三同专业的学生，也是山东人。陈某以为在异地遇见老乡，十分高兴，同宿舍其他人也为之庆幸。略作寒暄后，来人提出因住院需借一点钱，并说"在家靠父母，出外靠朋友"。陈某一听满口答应，随即掏出 200 元。此人激动地表示"真是人不亲土亲，如不嫌弃愿交个朋友"，说罢，立下借据。事后，陈某找遍校园，也找不到这个"老乡"。一年后，那个主动上门认老乡的人被公安机关抓获后，陈某才知道他是个专门诈骗的流窜分子。

2. 投其所好，引诱上钩

一些诈骗分子会利用被害人急于就业和出国等心理，投其所好，应其所急，施展诡计，骗取财物。

3. 真实身份，虚假合同

利用假合同或无效合同进行诈骗的案件，近几年也有所增加。一些诈骗分子利用大学生经验少、法律意识淡薄、急于赚钱补贴生活的心理，常以公司的名义、虚假的身份让大学生为其推销产品，事后却不兑现诺言、支付酬金，使大学生上当受骗。

4. 借贷为名，骗钱为实

有的诈骗分子利用人们贪图便宜的心理，以高利集资为诱饵，使部分教师和大学生上当受骗。

5. 以次充好，恶意行骗

一些诈骗分子利用教师、大学生经验少又苛求物美价廉的特点，上门推销各种产品而使师生上当受骗，或者利用网上购物的方式达到"不见面也行骗"的诈骗效果。

6. 招聘为名，设置骗局

为了减轻家庭负担，勤工俭学已成为不少大学生谋生求学的重要手段。诈骗分子往往利用这一机会，用招聘的名义对一些急于求职的大学生设置骗局，骗取介绍费、押金、报名费等。

📖 典型案例

应届毕业生董某想找到理想的工作，但缺少门路，四处奔波。经过托人，董某结识了一位自称与理想单位领导的儿子是好朋友的胡某。胡某声称只要董某交上 800 元介绍费，保证没有问题。董某向父母要来 800 元介绍费交给胡某后，胡某就再也没有出现过。

7. 骗取信任，伺机作案

诈骗分子常利用一切机会与大学生拉关系、套近乎，或表现出相见恨晚，故作热情，或表现得十分慷慨，以朋友相称，骗取大学生信任后伺机作案。

📖 典型案例

2018 年，一名大二女生在宿舍里接待了一个自称"老家厂里师傅同事的女儿"的陌生人，此人一口一个"师妹"，声称是特意前来"看望一下的"。这名女生出于对昔日师傅的信赖，根本没有细问，就留陌生人住下。殊不知这个陌生人是一个骗子，第二日她趁学生上课时，将该宿舍洗劫一番，盗走毛衣、大衣和数百元现金。

8. 编造谎言，骗取钱财

在车站、码头，甚至在校园内，经常有一些青年人假冒从外地来本地实习的学生，装出一副可怜相，借口与同行的老师和同学失散，而学校又急电让其乘飞机返校，借此骗取钱财，且屡屡得逞。有的诈骗分子还以大学生发生意外或生病急需用钱治病为由，骗取大学生家长的钱财，也往往容易得逞。

典型案例

2018 年 3 月，女大学生王某报案称：她在校门附近遇到一个 20 岁左右的男子，他主动与王某搭话，相谈甚欢，自称是四川大学某专业的学生，因为来宜宾找同学玩，手机停机了。该男子得到王某的同情后，便假意向王某借手机给宜宾的同学打电话，并让小王接听，对方证实了该情况。随后，该男子以需要接收考试资料邮件为由，向王某借手提电脑，说就在校门口收邮件。拿到手提电脑后，该男子给了王某 10 元钱，让其买两瓶饮料一起喝。王某到附近的学校超市买饮料回来时，该男子早已不知去向，王某方知受骗。

三、高校诈骗案件的预防措施

【重点提示】

①不要将个人信息及银行卡密码等轻易告诉他人或转借他人使用，防止被人利用。②在助人为乐、奉献爱心的同时，还要加强自我防范意识，提高警惕性，特别是不要轻易将财物借给陌生人。③慎对求职、应聘、培训等广告，谨防上当受骗。④交友要谨慎，任何时候都要避免以感情代替理智。⑤发现可疑情形时，在采取关闭手机等避险措施前，应及时告知父母、老师、保卫处或派出所。⑥在日常生活中，要做到不贪图便宜、不以不正当手段谋取私利。⑦上当受骗后要及时报案、大胆揭发，使诈骗分子受到应有的法律制裁。

1. 要有反诈骗意识

俗话说："害人之心不可有，防人之心不可无。"当然，"防人"并不是要搞得人心惶惶，而是要有这种意识。社会环境千变万化，大学生必须尽快适应环境，学会自我保护。要积极参加学校组织的法制和安全防范教育活动，多知道、多了解、多掌握一些防范知识，有百利而无一害。对于任何人，尤其是陌生人，不可轻信和盲目随从。遇人遇事，应有清醒的认识，不要因为对方说了好话、许诺了好处就轻信、盲从。要懂得调查和思考，并在此基础上做出正确的反应。不要把自己的家庭地址等情况随便告诉陌生人，以免上当受骗；不能用不正当的手段谋求工作和出国；发现可疑人员要及时报告。

2. 不要感情用事

诈骗分子的最终目的是骗取钱财，而且是在尽可能短的时间内骗走。因此，对于表面讲"感情""哥们儿义气"的诈骗分子（特别是遭受不幸的"落难者"、新认识的"朋友""老乡"），若提出钱财方面的要求，切不可被感情的表象蒙蔽，不要一味"跟着感觉走"，缺乏理智，要学会听、观、辨，即听其言、观其色、辨其行，要懂得用理智去分析问题。最好能对比一下在常理下应做出的反应，如认为对方的钱财要求不合实际或有违常理，应及时向老师或保卫部门反映，以避免不应有的损失。

人的感情是主体与客体的交流，既是主观体验，也是对外界的反映，应该包含合理的理智成分。如果只凭感情做事，往往容易上当受骗。交友最基本的原则有两项：一项是择其善者而从之。真正的朋友应该建立在志同道合、高尚的道德情操基础之上，是真诚的感情交流而不是简单的利益关系，要学会了解、理解和谅解。另一项是对于熟人或朋友介绍的人，要学会"听其言，查其色，辨其行"，不能"一是朋友，都是朋友"。对于"初相识的朋友"，不要轻易"掏心窝子"，更不能言听计从、受其摆布或利用。对于那些"来如风雨，去如微尘"的陌生人，不能轻信其言辞，应尽快查实其真实身份。对于未经查实或查实不明的，则不能为其提供单独行动的时间和空间，以避免给不法分子创造作案条件。

3. 特别留意过于主动自夸自己有"本事"或"能耐"的人，或者过于热情地希望"帮助"你解决困难的人

那些自称"名流""能人"的诈骗分子为了能更快地获取大学生的信任，以达到其不可告人的目的，大多会主动地炫耀自己的能力，而且他正在运用他的能力为大学生解决困难或满足其请求。遇到这种人时，应格外留意，因为其很可能是一个诈骗分子，而且正试图取得自己的信任。此时，大学生的反应在很大程度上决定了其是否会上当受骗。

4. 切忌贪小便宜

对飞来的"横财"和"好处"，特别是不太熟悉的人所许诺的利益，要深思和调查，尽可能克服贪小便宜和对突然到来的好处的追求。对于这些"横财"和"好处"，最好的方法是三思而后行。

5. 同学之间要相互沟通、相互帮助

同学之间相互沟通、相互帮助，不仅能增进同学间的友谊、营造良好的同学关系，而且，由于相互间的沟通和帮助增多，还能从同学那里学到经验，避免出现"当局者迷"的情况。

6. 服从学校管理，自觉遵守校纪校规

服从学校管理，避免让图谋不轨的外来人员进入宿舍。自觉遵守校纪校规，有利于降低接触诈骗分子的概率，避免上当受骗。

总之，诈骗分子行骗的过程可分为两个阶段：一是博得信任，二是骗取财物。对于诈骗分子和诈骗对象来说，第一阶段是最重要的，也是诈骗分子行为表现最为突出的阶段。虽然诈骗分子的诈骗手段多种多样，但只要树立较强的反诈骗意识，克服不良心理，对于问题保持应有的清醒，做到"三思而后行、三查而后行"，在绝大多数情况下是可以避免上当受骗的。

对于大学生而言，要增强防骗意识应做到以下几点。

1. 别等出事后才想起法律

不仅要在事后知道运用法律，在事前和事中更要具有法律意识。事前要履行完备的书面法律手续，不做口头协议，书面手续要力求细化。

2. 不轻易相信陌生人

在与他人交往时，对陌生人要时刻保持警惕。不要轻易回答陌生人提出的问题或相信其允诺，也不要轻易说出自己的身份、联系方式等，更不能随其独往。

3. 不幻想不劳而获

面对诱惑时，千万不要急功近利，任何时候都要想一想："他凭什么给我这么多好处？

这样做是否符合常理？"没有天上掉馅饼的事情，只要将对方许诺的利益做个分析，就会得出比较客观的结论。

4. 切忌感情冲动和意气用事

有很多诈骗分子专以"交友""恋爱""求助"为名，利用女性的爱心和情感行骗。对此，女大学生要注意分辨，当心甜言蜜语或慷慨义举后隐藏的不可告人的目的。

5. 一旦发现受骗，必须保持镇静

发现受骗后，应保持镇静，想办法及时掌握对方犯罪的证据，并迅速报案，同时防止打草惊蛇。有的大学生认为把钱追回来是关键，所以，在发现自己上当后便想"私了"，于是主动找上门去恳求诈骗分子返还财产。这是错误的做法，等于告诉诈骗分子骗局已经暴露，提醒其赶快逃匿。聪明的做法应该是：一面装作仍被蒙在鼓里，随时掌握对方的行踪；一面查明对方所骗财产的使用流向，及时报告公安机关。

四、大学生如何提防"马路骗子"

近年来，在诸多诈骗案中，"马路骗子"屡屡得手，在受骗的人中年轻人占大多数，其中不乏在校大学生。因此，作为在校大学生，应特别注意提防"马路骗子"。

（1）不要贪图小便宜。"马路骗子"诈骗得逞主要是利用了受骗者爱占小便宜的心理。

（2）不要在马路上向无证摊贩购买自己不了解合理价格和质量标准的商品。不要被货摊周围有人叫好、喊便宜，甚至争先恐后地抢着买所迷惑，他们可能是所谓的"托"。

（3）提防魔术行骗。许多魔术行骗看似公平，实则暗藏机关，一般人很难看出行骗者所做的手脚。稍有不慎，行骗者就有了可乘之机。因此，遇到摆摊的魔术，一定要更加谨慎，莫入圈套。

（4）不要轻易参与"马路骗子"的游戏活动。"马路骗子"往往利用受骗者的好奇心理或参与心理引受骗者上钩。例如，一些"马路骗子"在街头巷尾摆设游戏时，总是先引诱受骗者参与，设法使受骗者在参与中享受到乐趣，然后诈骗受骗者的钱物。

（5）警惕"马路骗子"利用封建迷信诈骗。一些"马路骗子"利用看病、算命骗钱，利用想尽快看好病的心理引受骗者上当。生病应去正规医院诊治，不要被迷信说法迷惑。

五、严防电信诈骗

（一）电信诈骗屡屡发生的原因

（1）犯罪隐蔽，不容易被抓。很多电信诈骗分子、团伙，简单租赁一套房或者在某个偏僻的山头，就可以铺设起一个诈骗窝点。一个诈骗窝点运转一段时间后，如果发现引人注意或有其他风吹草动，诈骗分子很快就会转移阵地。现实中，大规模的电信诈骗集团多把窝点设在境外。

（2）犯罪成本低，暴利驱使。电信诈骗除租房成本外，还有电脑、拨号软件、电话设备、通信及维护的成本。与骗取到的被害人少则几千元，多则数百万元的非法所得相比，这些成本根本不值一提。

（3）可复制性强。诈骗团队中不少原本被吸纳作为一线电话手的人员，虽然可能是第一次被哄骗出境或在境内从事诈骗，但是在诈骗团伙待了一段时间后，会喜欢上这种十分容易赚钱的方式。

（4）在我国，公民个人信息泄露的渠道太多，个人隐私买卖十分猖獗，犯罪分子只要花一些钱，就可以买到大量的个人信息。

近几年，我国司法机关明显加大了对电信诈骗、跨国电信诈骗团伙的打击力度，通过侦查、跨国司法合作，将许多犯罪嫌疑人从境外押送回国，或通过其他渠道采取法律手段控制，最终使犯罪嫌疑人接受刑事追索，有力地打击了电信诈骗团伙的嚣张气焰。中国银联日前利用大数据分析向社会发布安全提醒：电信诈骗案、盗窃银行卡、非法套现、冒用他人银行卡、网络消费诈骗形势依然严峻，其中超过 90% 是由于个人信息泄露引致，已成为犯罪的主要源头。除此之外，通过社交网络平台、欺诈 APP 软件、恶意二维码等进行的诈骗案件依然频发，移动互联网领域支付犯罪大幅增加。

（二）针对层出不穷的诈骗手段，如何保护自己的财产安全

中国银联专家建议：首先，上网时要"擦亮眼睛"，在正规渠道申请银行卡，谨防黑中介留取个人身份信息后伪冒办卡，并实施盗刷；警惕钓鱼网站，不点击短信中的链接，不在不明网站填写银行卡卡号、有效期、安全码、短信验证码等信息；警惕免费 WiFi，避免使用免费 WiFi 进行网络支付，以免被不法分子盗取用户名和密码；使用移动支付时，APP 上尽量只绑定小额银行卡，删除 APP 前，切记解除绑定的银行卡，以降低个人支付账户被盗用的风险。其次，消费时不要让银行卡离开自己的视线，警惕不法分子使用侧录器复制银行卡的磁条信息。最后，可将磁条卡更换为安全性更高的芯片卡。

中国银联专家建议，收款商户要通过正规金融机构及特定非金融机构申请 POS 终端机，核实签约主体是否持有"支付业务许可证"。无证机构通常使用"免手续费""费率封顶""一证办机"等广告用语，如与无证机构签约，有资金被截留、挪用、卷款跑路的风险。此外，收款商户需加强对财务人员与收银员的管理，合规经营，切勿参与不法套现活动。如为他人提供套现服务，或将面临非法经营罪的刑事处罚。

（三）时刻警惕电信诈骗

预防电信诈骗应注意以下几个方面。

（1）警方不会通过电话做笔录，《逮捕证》由警方在逮捕现场出示，不会通过传真发放，更不能在网上查到。公检法机关从未设立所谓的"安全账户"，更不会通过电话要求当事人转账汇款到"安全账户"。

（2）凡是亲友间涉及借款、汇款等问题，一定要通过拨打对方常用号码或视频聊天等方式核实对方身份后再做决定。

（3）当收到"银行卡密码升级""积分兑换""中奖"等含有链接的短信时，要通过银行、运营商的官方网站或拨打客服电话进行核实，不要轻易点击短信中的链接。

（4）求职时不要轻信网络上"高佣金""先垫付"等兼职工作，不要轻信未留固定电话和办公地址的招聘广告。

（5）漏题、改分、改档案、伪造资格证等行为本身就是非法的，坚持用自己的实力说话。

（6）在申请借款或分期购物时，要衡量自己是否具备还款能力。对于关乎自身信息、

财产安全的事，要多方求证，不要轻易相信他人的一面之词，透露个人信息，甚至将身份证借给他人使用。发现危险要及时报警。

（7）投资理财前，要对所投资的项目进行了解，多咨询评估，做到深思熟虑，谨慎对待。特别要警惕网络上各类标榜"低投入、高收益、无风险"的投资理财项目，切勿盲目追求高息回报，谨防被骗。

六、"庞氏骗局"的来源以及经典案例

（一）"庞氏骗局"的来源

"庞氏骗局"源自一个名叫查尔斯·庞兹（Charles Ponzi，1882—1949）的意大利人。他于1903年移民美国，在美国做过各种工作，一心想发大财。他曾因伪造罪在加拿大坐过牢，在因走私人口美国亚特兰大蹲过监狱。经过美国式发财梦十几年的熏陶，他发现最快速的赚钱方法就是金融。于是，从1919年起，他隐瞒了自己的过去来到波士顿，设计了一个投资计划，向美国人民兜售。

这个投资计划就是投资一种商品，然后获得高额回报。但是，庞兹故意把这个计划设计得非常复杂，让普通人根本搞不清楚。1919年，第一次世界大战刚刚结束，世界经济体系一片混乱，庞兹便利用了这种混乱。他宣称，购买欧洲的某种邮政票据，再卖给美国，便可以赚钱。由于政策、汇率等因素，普通人很难搞清楚国家之间的很多经济行为。庞兹一方面在金融方面故弄玄虚，另一方面设置了巨大的诱饵，他宣称，所有的投资在45天之内都可以获得50%的回报。而且，他还给人们"眼见为实"的证据：最初的一批投资者的确在规定时间内拿到了庞兹所承诺的回报。于是，后面的投资者大量跟进。

在一年左右的时间里，差不多有4万名波士顿市民成为庞兹赚钱计划的投资者，而且大部分是怀抱发财梦的穷人。庞兹共收到约1 500万美元的小额投资，平均每人"投资"几百美元。当时的庞兹被一些愚昧的美国人称为与哥伦布、马可尼（无线电发明者）齐名的最伟大的三个意大利人之一，因为他像哥伦布发现新大陆一样"发现了钱"。庞兹住上了有20个房间的别墅，买了100多套昂贵的西装，并配上专门的皮鞋，拥有数十根镶金的拐杖，还给他的妻子购买了无数昂贵的首饰，连他的烟斗都镶嵌着钻石。当某个金融专家揭露庞兹的投资骗术时，庞兹还在报纸上发表文章反驳该金融专家，说该金融专家什么都不懂。

1920年8月，庞兹破产了，他收到的钱按照他的许诺，可以购买几亿张欧洲邮政票据，事实上，他只买过两张。此后，"庞氏骗局"成为一个专有名词，意思是用后来的投资者的钱，给前面的投资者以回报。庞兹被判处5年有期徒刑。出狱后，他实施了几件类似的行为，因而在监狱里待了更长时间。1934年，庞兹被遣送回意大利，他又想办法骗墨索里尼的信众，但未得逞。1949年，庞兹在巴西的一个慈善堂去世。他——"庞氏骗局"的发明者死去时身无分文。

（二）以股票市场为例

投机性的股票交易牛市就是以"庞氏骗局"的方式制造出来的。通过一轮又一轮的资金投入抬高股价，依靠后一轮的资金投入给前轮的投资者提供收益，游戏一直持续着，直至没有新的承接者而崩溃。NASDAQ股票市场的大起大落就是一个最典型的例子。1998年

7月股指为 2 028 点的低位，到 2000 年 4 月一跃上升到 5 022 点的高位，而到了 2002 年 6 月又下跌到 1 300 多点。这个过程就是所谓的"IT 概念"下的一个"庞氏骗局"。对于单只股票而言，假如公司资产每股投入是 2 元，但能以 2.5 元发行，是因为人们预期这个公司有前途。发行之后还可以涨到 3 元，是因为人们看到它的业绩增长之后，提高了预期。但由此不断地提高预期，不断提高股价，那就完全偏离了现实基础。公司根本无法凭本身的经营获得如此高的利润来支付股民的红利，唯一可行的办法就是用后面投资者的钱去补，后面加入的投资者则用再后来的投资者的钱去补充……这样的支付系统就属于典型的"庞氏骗局"，其结果注定是要崩溃的。在我国的股市上，庄家形成了"庞氏群体"，进入股市的人并不在乎股票本身的未来业绩，而是期望"吃下家"以致富，所以已进入者希望有更多的新进入者。很多股民的心态也类似传销，明知各种"概念"是一个骗局，但希望自己买入后有更多的人进入，自己获利后股市再崩溃。

（三）以房地产市场为例

房地产业成长过程中极易出现地产价格"庞氏骗局"。由于土地价格的市场投机炒作，土地价格会出现成倍甚至几十倍的飞涨，日本的地产价格暴涨就是一个典型的例证。日本六大城市的地价指数，在 1980 年后的 10 年上涨了 5 倍，地价市值总额高达 4 000 万亿日元，相当于美国地价总值的 4 倍，土地单价为美国的 100 倍。1991 年以后日本地价暴跌，泡沫破灭。房地供需过程中，住房市场容易出现这样一个循环：从众的购房理念—带动住房需求和价格的攀升—带动房地产商的利润期望—进一步抬高房屋价格—消费者认为房屋是不会贬值的投资品，从而追高购买，使得房产价格不断提高，直至某一天购买房屋的资金难以为继，房产价格就会下跌。房产价格的下跌，必然导致一连串资产价值的大幅下降，直至银行贷款无法收回而导致金融危机。

（四）"庞氏骗局"的中国例子——德隆案

德隆集团 2001 年到 2004 年利用六家金融机构非法吸存 460 亿元资金。据报道，司法机关统计的六家金融机构 460 亿元的非法吸存额，实际仅占其总吸存额的一半。

德隆旗下的机构一直从事"保底委托理财"业务，法院裁定这种"保底委托理财"业务是一种变相的"非法吸收公众存款"行为，判决书认定："友联等金融机构……吸收公众存款 32 658 笔或与 693 个单位和 1 073 名个人签订合同，变相吸收公众存款 437.437 亿余元，其中未兑付资金余额为 167.052 亿余元人民币。"法院判决书认定"保底委托理财"（即承诺保底和支付固定收益获取客户资金的方式）其行为不符合证券市场的资产管理特征，与吸收存款还本付息的基本性质一致，应属变相吸收公众存款。

结局：德隆崩盘，唐万新被判刑。

由于股价完全脱离企业内在价值的支持，这一游戏要得以维持，必须确保委托理财业务融资额的持续扩张。与传销的性质相仿，传销的产品只是一个载体，其价值无关紧要，核心的是整个传销架构的搭建和资金链的金字塔效应。从 2001 年开始，由于中国股票市场的监管环境发生了根本变化，加上媒体的不断报道揭发，终使德隆旗下机构不断发生挤兑风波，引起银行警觉，最终导致资金链断裂，董事长唐万新被捕并判刑。

第五讲　防抢劫

📖 典型案例 1

2016 年 6 月，某大学连续发生几起抢劫案，被抢的均是正在恋爱中的学生，地点都是该校附近的树林、运动场等偏僻的地方，一时间人心惶惶。学校领导和保卫处非常重视，于是，保卫处的教师白天调查走访，晚上蹲守，有一天突然得到一条重要线索，有个同学反映：同学杜某这几天非常害怕，说有人要抢他，结果他和那个人打了起来，他可能把那个人给打坏了。保卫处立即找来杜某了解情况。杜某反映，5 月初的一天晚上 12 点多，他和女友在运动场上散步，突然从对面跑来一个男子，让他们把钱拿出来。杜某体质较好也很勇敢，就和该男子厮打起来，最后将该男子打倒并将其摔在石头上，该男子头部出血，受伤后逃跑。杜某见把其打伤，害怕地跑回宿舍，没敢报案。保卫处根据杜某提供的线索，经过大量调查、走访，最终将以李某为首的抢劫团伙共 4 人全部抓获。

【案例分析】

杜某和女友深夜在僻静处逗留，以致遇到抢劫者。杜某很勇敢，体现了当代大学生敢于和不法行为做斗争的一面。但杜某的害怕也暴露了许多大学生不知道在自身利益遭到不法侵害时如何正当防卫，因此大学生在学习之余还应多看看有关法律的书籍。

📖 典型案例 2

2013 年 4 月，大学生陈某在回宿舍的路上突然被一迎面过来的民工打扮的男子拦住，让其将钱拿出来。陈某意识到自己遇到了劫匪，立即将书包给了该男子，同时记下了该男子的体貌特征。之后陈某大声呼喊救命，该男子见已得手，便慌忙逃跑。陈某立即拿出手机报警，并观察该男子的逃跑方向。最终该男子在逃跑途中被迅速赶来的保卫人员抓获。

【案例分析】

陈某应该与其他同学结伴而行。但其处置方法是得当的：马上将少量钱物交出，避免受到人身伤害；及时报警并提供线索，也使保卫人员能够快速抓获嫌疑人。

📖 典型案例 3

某高校的一对恋人吃完晚饭后在学校的林荫小道散步，不知不觉天色已黑，二人就在远离人群的路边坐下聊天，突然窜出三个歹徒，强行将二人的书包、现金、手机等物品抢走。

【案例分析】

案例中的情侣被抢的原因：一是没有防范意识，以为学校内就是安全的；二是远离人群；三是逗留在无人的地方，给了抢劫者作案的机会。

【安全防范】

一、大学抢劫案及其危害性

大学抢劫是指以非法占有为目的，以大学生为侵害目标，使用暴力、胁迫或其他方法强行劫取财物的行为。

大学生涉世未深，缺乏社会经验，而且被抢劫后大多数不敢反抗，因此，容易成为犯罪分子选择的对象。这类案件在一定情况下往往容易转化为凶杀、伤害、强奸等恶性案件，对被害人造成精神伤害，甚至危及生命，严重影响被害人正常的学习和生活。大学生只有充分认识到抢劫案的危害性，不断提高自我保护能力，才能有效地防止人身伤害和财产损失，才能在遇到危险时采取恰当的防范措施，减少不必要的伤害。

二、大学抢劫案的特点

1.时间上的规律性

大学抢劫案一般发生在行人稀少、夜深人静及学校开学特别是新生入学时，具有一定的规律性。因为在行人稀少、夜深人静时，大学生往往孤立无援，但犯罪分子人多势众，易于得手；学校开学时，大学生一般带有一定数量的现金，特别新生入学时，有的新生及家长还带有较大数额的现金，为犯罪分子所垂涎。

2.地点上的隐蔽性

大学抢劫案一般发生在校园内较为偏僻或校园周边地形复杂、人少及夜间无路灯的地段。在这些地方，犯罪分子比较容易隐藏，不易被人发现，得手后也容易逃脱。

3.目标上的选择性

犯罪分子抢劫的主要目标是穿着时髦、携带贵重财物、独自行走的大学生，以及在无人地带谈恋爱的大学生情侣等。

4.人员上的团伙性

为了达到抢劫财物这一共同目的，一些犯罪分子往往结成团伙，共同实施抢劫。而且他们有明确的分工，有的专门物色抢劫对象，有的专门充当打手，有的则在抢劫前进行周密的预谋。

5.手段上的多样性

犯罪分子实施抢劫的手段通常有：抓住部分大学生胆小怕事的心理，对其进行暴力威胁或言语恫吓，实施胁迫型抢劫；利用部分大学生单纯幼稚的特点，设计诱骗其上当，实施诱骗型抢劫；采用殴打、捆绑等手段，实施暴力型抢劫；利用大学生热情好客等特点，冒充老乡或朋友，骗取抢劫对象的信任，继而寻找机会用药物将其麻醉，实施麻醉型抢劫等。

三、大学抢劫案件的预防措施

预防大学抢劫案件的发生，大学生要从思想上引起高度重视，严格遵守学校制定的有关安全规定，并自觉落实到具体的行动中，不给犯罪分子可乘之机。

1. 校纪校规要记牢

为确保学生安全，各高校都有相应的纪律规定，如不得擅自在外租房、按时就寝、不得晚归等。但总有一部分大学生不遵守校规，要么晚归，要么夜不归宿，这就给犯罪分子提供了机会。

2. 外出结伴不独行

犯罪分子实施抢劫的对象多为单行的大学生。因此，为了确保自身安全，大学生在外出时务必结伴而行，晚上尽量避免外出。

3. 仪表风度不装酷

有些大学生喜欢刻意装酷，这往往给被抢劫埋下祸根。

4. 携带现金不要多

现金是犯罪分子抢劫的最主要目标。大学生携带过多现金被犯罪分子发现后易被抢劫，务必高度警惕和注意。大量的现金一定要及时存入银行，学费最好通过银行汇兑，平时只带少量的零花钱。

5. 偏僻小道不能走

根据大学抢劫案的特点，大学生被抢劫多发生在比较偏僻、阴暗的地方。因而，为了避免不法侵害，应该选择校园内的大道，特别是在夜间，莫贪近路走一些偏僻小道。

6. 校外网吧要少进

避免光顾校外网吧，因为一些犯罪分子往往会对经常出入网吧的大学生实施抢劫。这类案件在校园周围常有发生。

四、遭遇抢劫的应对措施

1. 沉着冷静不恐慌

无论在何时、何地遭到抢劫，首先要保持镇定，克服畏惧、恐慌情绪，其次要有正义必然战胜邪恶的信念。只有这样，才能从精神和心理上压倒犯罪分子，继而以灵活的方式战胜犯罪分子。

2. 力量悬殊不蛮干

犯罪分子实施抢劫，一般都做了相应准备，要么人多势众，要么以凶器相逼，此种情况下，大学生不要鲁莽行事，以免被犯罪分子伤害。

3. 快速撤离不犹豫

俗话说"三十六计走为上策"，如果遇到抢劫，且对比双方力量后，感到无法抗衡时，可看准时机向有灯光或人员集中的地方逃跑。犯罪分子由于心虚，一般不会穷追不舍，可有效避免抢劫案的发生。

4. 巧妙周旋不畏缩

若已处于犯罪分子的控制之下无法反抗时，可先交出部分财物放松犯罪分子的警惕心，再向犯罪分子进行法制宣传教育或晓以利害，使其心理上产生恐慌，终止作案。或在犯罪分子心理开始动摇放松警惕时，看准机会反抗或逃跑。

5. 留下印记不放过

一旦遭遇抢劫，要注意观察犯罪分子，尽量准确地记下其特征，如身高、年龄、发型、体态、衣着、胡须、特殊疤痕、语言及行为等，还可趁其不备在其身上留下暗记，如在其衣服上擦墨水等，为公安机关侦破案件提供线索。

6. 大声呼救不胆怯

犯罪分子有其胆大妄为和凶悍的一面，更有其心虚的一面，只要把握机会及时呼救，一些抢劫案便可以得到有效的控制。

五、旅途中遭遇抢劫的应对方法

（1）当感觉有人在背后跟踪时，要注意这可能是犯罪分子要实施抢劫的征兆，应立即改变行走方向，并不断地向背后察看，使其明白其企图已被发现；要朝有人、有灯光的地方走，到商店、住户、机关等人多的地方寻求帮助；要记住跟踪者的体貌特征，及时向公安部门报告。

（2）如果遇到抢劫，要胆大心细、勇敢机智，想办法调动和团结身边的群众，与犯罪分子做斗争。如果单身一人，力量相差悬殊，则更要冷静，以保护生命安全为原则，损失不大时就"丢卒保车"。要尽量记住犯罪分子的身体特征（身高、年龄、衣服、文身等），及时向公安保卫部门报告。重要的是智取，利用犯罪分子的虚弱本质和心理进行智斗。

第六讲 防 火

📖 典型案例1

1994年12月8日下午，新疆维吾尔自治区教委"两基"（基本普及九年义务教育、基本扫除青壮年文盲）评估验收团到克拉玛依市检查工作，市教委组织中小学生在克拉玛依友谊馆为验收团举行汇报演出，部分中小学生、教师、工作人员、验收团成员及当地领导共796人到馆内参加活动。18时20分左右，由于舞台上方的7号光柱灯烤燃附近的纱幕，引起大幕起火，火势迅速蔓延，约1分钟后电线短路，灯光熄灭，剧厅内各种易燃材料燃烧后产生大量有毒有害气体，致使多人被烧或窒息，伤亡极为惨重。该场事故中共死亡325人，其中小学生288人，干部、教师及工作人员37人，受伤住院130人。

【案例分析】

经公安、消防、劳动等有关部门共同调查，新疆克拉玛依友谊馆"12.8"特大火灾事故是一起重大责任事故，造成火灾的直接原因是克拉玛依友谊馆人员及其主管部门负责人玩忽职守，对剧厅的管理严重违反国家有关消防安全法规，不重视公共场所安全消防工作。

📖 典型案例2

2008年11月14日早晨6时10分左右，上海商学院徐汇校区一学生宿舍楼发生火灾，火势迅速蔓延导致烟火过大，其中4名女生在消防队员赶到之前从6楼宿舍阳台跳楼逃生，不幸全部死亡。

【案例分析】

该火灾事故是由宿舍人员前一晚使用"热得快"停电后未拔插头，第二天早晨宿舍供电后因电流过大引起"热得快"发生故障，并将周围可燃物引燃所致。

📖 典型案例3

2007年1月11日，东北师范大学研究生宿舍2舍1楼发生火灾，浓烟将十一层高的宿舍笼罩，楼上百余个宿舍的500余名学生被困。在浓烟的威胁下，大部分学生采取用湿毛巾捂住口鼻、弯腰逃生等方式自救，但仍有个别学生因受不了浓烟的熏呛做出要跳楼的举动。危急时刻，消防队员及时制止，最终这几名学生被送至安全地带，消防人员救人与灭火同步进行。大火被扑灭，被困的500余名学生被成功疏散到安全地带。

典型案例 4

2003 年 11 月 24 日凌晨，位于莫斯科城区西南部的俄罗斯人民友谊大学学生宿舍 6 号楼发生火灾。火灾造成 41 名留学生死亡，近 200 人受伤。其中中国留学生烧伤 46 人，死亡 11 人。有几个中国学生在火灾发生后想乘电梯下楼逃生，结果困在电梯中被浓烟熏呛窒息而亡。

【案例分析】

案例 3 中的失火原因是该宿舍楼一楼干洗店的干洗机旁边的一堆衣物起火，火势很快蔓延，并迅速产生大量浓烟。案例 4 中的失火原因是电线短路。这两个案例要强调的是，火灾中个别大学生的不理智行为有可能导致危险加剧和事态扩展，需要引起重视。遇到火灾时一定要保持冷静，接受专业人员指导，才能尽快脱离危险。

典型案例 5

1994 年 12 月 31 日，吉林某学校教学楼一学生在室内吸烟，点烟后将未熄灭的火柴棒随手扔在木质地板上，掉进地板上的窟窿里，引燃了地板下的可燃物，酿成火灾。火灾烧毁教室 19 间、语音室 1 间、阶梯教室 1 间，过火面积 955 平方米，所幸未造成人员伤亡。

【案例分析】

一个不良习惯、一个小小的疏忽，就能酿成一场大祸。由此可见，养成良好的习惯是多么重要。

典型案例 6

2011 年 6 月 11 日，中央民族大学 28 号楼 6 层的一间女生宿舍发生火灾，着火后楼内到处弥漫着浓烟，6 层的能见度更是不足 10 米。着火的宿舍楼可容纳学生 3 000 余人，火灾发生时大部分学生都在楼内。所幸消防员及时赶到并将数千名学生紧急疏散，才没有造成人员伤亡。宿舍最初起火部位为物品摆放架上的接线板，当时该接线板插着两台可充电台灯及另一接线板。该接线板部位因用电器插头连接不规范，且长时间充电造成电器线路短路，火花引燃该接线板附近的布帘等可燃物造成火灾。事发后校方在该宿舍楼进行检查，发现 1 300 余件违规电器，其中最易引发火灾的"热得快"有 30 件。

典型案例 7

2009 年 3 月 10 日上午 11 时 45 分左右，上海大学嘉定校区第一教学楼突然起火，疑是电器使用不当引发的火灾。

【案例分析】

从案例 6 和案例 7 可以看出，校园内发生火灾的主要原因是违章用火用电、电气线路老化、人为违反消防安全管理制度和消防安全措施未落实。校园内一旦发生火灾，不仅会给国家和个人财产造成损失，而且会严重影响校园安全和校园各项秩序，甚至危及生命。防范校园火灾是每位师生员工的责任，决不能麻痹大意、掉以轻心。应吸取其他学校火灾事故的教训，在日常工作、学习、生活中，时刻敲响消防安全的警钟，从思想上树立牢固的消防安全意识，从我做起，严格执行各项消防安全制度，认真整改、消除消防安全隐患。只有做到警钟长鸣，才能确保校园长治久安。学生宿舍安全关系到每位同学的生命与财产安全，个别同学为了自己方便，无视学校规定，违规使用大功率电器，还和公寓安全检查人员打"游击战"，认为只要自己在使用电热壶、"热得快"等大功率电器时小心点就行了，不会出事。殊不知，正是这种侥幸心理导致了一次次事故。和谐、平安的校园环境需要每个大学生树立公共安全意识，防患于未然。

【安全防范】

　　大学校园里，火灾也是威胁师生安全的重要因素。隐患险于明火防范胜于救灾，责任重于泰山。了解、学习和掌握防火知识，协助学校做好防火工作，减少和杜绝火灾的发生，保障广大师生生命、财产安全，是每位大学生义不容辞的责任。

一、高校发生火灾的主要原因

1. 明火引燃

　　如在床上点蜡烛，吸烟者乱扔未熄灭的烟头和火柴等，在宿舍内焚烧杂物，在宿舍内使用煤气、液化气不当，使用煤油炉、汽油、酒精等易燃易爆物不当等。

2. 乱拉乱接电线和保险丝

　　如因电线短路或因接触不良发热而引起火灾；用铜丝或铁丝代替保险丝，使电路过载，发生故障时不能及时熔断而造成电线起火。

3. 使用电器不当

　　如灯泡靠近可燃物，长时间烘烤起火；使用电热器时，无人监管而烤燃起火；长时间使用电器不检修，电线绝缘老化、漏电短路而起火等。

4. 在宿舍使用大功率电器

　　高校宿舍内的线路是按日常照明、使用小收录机等情况设计的，如使用电炉、电饭煲、电热杯、"热得快"等大功率电器，常会导致电线过载发热而起火。

二、高校火灾隐患的发生地点和物品

　　（1）普通教室课堂上进行的实验和演示需用的火、电或化学危险物品。

　　（2）视听教室的演播室、电子计算机中心等所用吸音材料大多是可燃材料，且这些地方多安装有碘钨灯和聚光灯等照明设备。

　　（3）后勤维修用火用电较多，且经常使用易燃液体。

　　（4）实验室内贮有一定量的易燃、易爆化学危险品，如使用或保管不当，极易引发火灾。另外，在实验过程中常用明火进行加热、蒸馏等操作，使用电热仪器时用电量过大等都可能出现危险。

　　（5）学生宿舍、大教室、俱乐部、图书馆、食堂等人员集中的场所安全疏散出口不足，一旦发生火灾，容易被堵塞，极易造成人员伤亡。

　　（6）食堂、实验室、宿舍等场所用火、用电量大，特别是食堂以煤气、液化石油气等作为燃料，极易发生起火事件。

（7）有些大学生不遵守学校的安全规定，随意拉扯电源使用电炉做饭，使用电热杯或"热得快"烧水，使用电暖风或电热毯取暖，使用电熨斗熨烫衣物；有些大学生使用酒精炉、煤油炉做饭；还有些大学生夜间熄灯后点蜡烛看书，若使用不当或无人看守，极易引发火灾。

三、如何拨打火警电话

火警电话是火灾专用紧急电话，现在我国统一使用的火警电话号码是"119"。发生火灾时，第一，直接拨打119，打电话时要沉着冷静，然后报告学校的保卫部门。避免来回折腾，延误时间，以致酿成严重火灾。第二，当听到对方报"消防队"时，即可讲清着火的对象、类型和范围。第三，要注意对方的提问，并把自己的电话号码告知对方，以便联系。第四，当对方讲"消防队来了"，即可将电话挂断，并立即派人在校门口和消防队必经的交叉路口等候，引导消防车迅速到达火灾现场。

四、手提式干粉灭火器的使用方法

高校内现配备的灭火器多是手提式干粉灭火器，要学会其使用方法。

（1）使用手提式干粉灭火器时，应手提灭火器的提把，迅速赶到着火处。

（2）在距离起火点5米左右处放下灭火器。在室外使用时，应占据上风位置。

（3）使用前，先上下颠倒摇晃灭火器，使筒内干粉松动。

（4）若使用的是内装式或贮压式干粉灭火器，应先拔下保险销，一只手握住喷嘴，另一只手用力压下压把，使干粉从喷嘴喷射出来。

（5）用干粉灭火器扑救流散液体火灾时，应从火焰侧面对准火焰根部喷射，并由近而远左右扫射，快速推进，直至把火焰全部扑灭。

（6）用干粉灭火器扑救容器内可燃液体火势时，亦应从火焰侧面对准火焰根部左右扫射。当火焰被赶出容器时，应迅速向前，将余火全部扑灭。灭火时应注意不要把喷嘴直接对准液面，以防干粉气流的冲击力使液体飞溅，引起火势扩大，造成灭火困难。

（7）用干粉灭火器扑救固体物质火势时，应用灭火器喷嘴对准燃烧最猛烈处左右扫射，并应尽量使干粉灭火剂均匀地喷洒在燃烧物的表面，直至把火全部扑灭。

（8）灭火过程中，干粉灭火器应始终保持直立状态，不得横卧或颠倒，以免不能喷粉。干粉灭火器灭火后要防止复燃，因为干粉灭火器的冷却作用甚微，在着火点存在炽热物的条件下，被灭火的易燃烧物可复燃。

五、火灾的预防

（1）防止火灾发生的关键是做好火灾的预防。《中华人民共和国消防法》和各级政府、各级公安消防部门制定的消防条例和规定，以及学校的各项安全管理制度，是大学生必须遵守的准则。这些法律、法规和安全管理制度，都是对火灾事故教训的总结，必须认真学习掌握、严格执行、自觉遵守。

（2）在教室、实验室、研究室学习和工作时，要严格遵照各项安全管理规定、操作规程和有关制度。使用仪器设备前，应认真检查电源、管线、火源、辅助仪器设备等情况，如放置是否妥当、对操作过程是否清楚等，做好准备工作后再进行操作。仪器设备使用完毕应认真进行清理，关闭电源、火源、气源、水源等，还应清除杂物和垃圾。使用易燃易爆危险品时，一定要按照防火安全规定一丝不苟地进行操作。

（3）在宿舍时，应自觉遵守宿舍安全管理规定，不在宿舍内吸烟；不乱拉乱接电线；不使用电炉、"热得快"、电热杯、电饭煲等禁止使用的电热设备；不在宿舍使用明火；不将易燃易爆物品带进宿舍；使用的台灯不要靠近枕头、被褥和蚊帐等；不在宿舍内焚烧物品；发现安全隐患及时向管理人员或有关部门报告；爱护消防设施和灭火器材，不随意移动或挪作他用；室内无人时，应关掉电器和其他电源开关。这些是防患于未然的基本防火常识。

六、如何应对火灾

火灾通常分为三个阶段，即初起阶段、发展阶段和猛烈阶段。在初起阶段，火源面积较小，燃烧强度弱，易于扑救。只要发现及时，立即用灭火器材灭火，均能将火扑灭。

（1）大学生发现的火灾一般均在初起阶段，因此，发现起火时不要惊慌，要勇敢地以最快速、最有效的办法扑救。

常见的灭火器材有清水灭火器、二氧化碳灭火器、干粉灭火器、1211灭火器、1301灭火器等，每种灭火器都有各自的特点和使用方法。

清水灭火器：适用于扑灭一般及油类火灾，但不能用于扑救带电设备的火灾。使用时，将其倒置稍加摇动即可喷出。

二氧化碳灭火器：适于扑灭一般及电气设备火灾，但不能扑救金、钾、钠、镁、铝等金属物质的火灾。这种灭火器的开关有两种形式，一种是旋转式的，使用时像拧开水龙头开关一样；另一种是压握式的，使用时要先拔掉插销，用一只手拿好喷射气体的喇叭筒，另一只手压握手把（像自行车刹车一样）。

干粉灭火器：适于扑救一般及油类、有机溶剂和电器火灾。使用这种灭火器时，要先拔保险插销，然后压握手把，有喇叭状喷射筒的要将喷射筒对准燃烧物。

1211灭火器和1301灭火器：高效灭火器，适于扑救一般的液体、气体、电气设备、精密仪器、计算机房火灾。这类灭火器具有绝缘性好、对金属蚀性小、久存不变质且灭火后不留痕迹等优点，使用方法与干粉灭火器的使用方法相同。

在使用上述灭火器时，均应注意在确保自身安全的前提下尽可能靠近燃烧点，对准火焰的根部扫射推进，这样才能取得好的灭火效果。在灭火时，要尽量使自己处在上风位置。

（2）扑救火灾时，应先切断火场的电源和气源，同时转移火场及其附近的易燃易爆危险品，实在无法转移的应当设法降温、冷却。

（3）火灾的发展阶段火势较猛，应立即报119火警。报警时应沉着镇定，清楚扼要地讲明起火地点（单位、门牌号）、燃烧的物质、火势情况等，同时告知自己的姓名和联系电话，以便随时联系。报警完毕，应派人在校门口等候，以引导消防车迅速到达火灾现场。除了及时报119火警外，还应立即向学校保卫部门报告。

（4）发生火灾后，如果被大火围困，要保持头脑清醒，根据火势情况选择最佳的自救方案，争取尽快脱离危险区域。

七、发生火灾时的自救方法

1. 熟悉环境，临危不乱

大学生要对自己工作、学习或居住的建筑物的结构及逃生路径做到了然于胸，而当身处陌生环境，如入住酒店、在商场购物或进入娱乐场所时，为了自身安全，务必留心疏散通道、安全出口以及楼梯方位等，以便在关键时刻尽快逃离。

2. 保持镇静，明辨方向，迅速撤离

突遇火灾时，要保持镇静，千万不要盲目地跟从人流和乱冲乱撞。逃离时要注意朝明亮处或空旷的地方跑，要尽量往下面的楼层跑。若通道已被烟火封阻，则应跑向背向烟火的方向，通过阳台、窗台等出口逃生。

3. 不入险地，不贪财物

在火场中生命最重要，不要因害羞或顾及贵重物品，把宝贵的逃生时间浪费在穿衣服或寻找、搬运贵重物品上。已逃离火场的人，千万不要重返险地。

4. 简易防护，掩鼻匍匐

火灾逃生过程中，经过充满烟雾的路线时，可利用毛巾、口罩等物品捂住口鼻，匍匐撤离，以防止烟雾中毒、窒息。另外，也可以向头部、身上浇冷水或用湿毛巾、湿棉被、湿毯子等将头、身裹好后冲出去。

5. 善用通道，莫入电梯

规范标准的建筑物，都会有两个以上的逃生楼梯、通道及安全出口。发生火灾时，要根据情况选择进入相对安全的楼梯、通道。除利用楼梯外，还可利用建筑物的阳台、窗台、屋顶等攀到周围的安全地带；沿着下水管、避雷线等建筑上的凸出物，也可滑下楼脱险。切记：高楼层着火时，不要乘电梯。

6. 避难场所，固守待援

假如用手摸房门已感到烫手，此时一旦开门，火焰与浓烟势必迎面扑来。首先应关紧迎火的门窗，打开背火的门窗，用湿毛巾、湿布等塞住门缝，或用水浸湿棉被蒙上门窗，然后不停用水淋透房间，防止烟火渗入，固守房间，等待救援人员到达。

7. 传送信号，寻求援助

被烟火围困时，尽量待在阳台、窗口等易于被人发现和能避免烟火近身的地方。在白天，可向窗外晃动鲜艳的衣物等；在晚上，可用手电筒不停地在窗口闪动或敲击东西，及时发出有效求救信号。在被烟气熏呛失去自救能力时，应努力躲到墙边或门边，这样既便于消防人员寻找、营救，也可防止房屋塌落时砸伤自己。

8. 火已及身，切勿惊跑

火场中如果发现身上着了火，惊跑和用手拍打只会形成风势，加速氧气补充，促旺火

势。正确的做法是立即设法脱掉衣服或就地打滚以压灭火苗，能及时跳进水中或让人向身上浇水更有效。

9.缓降逃生，滑绳自救

高层、多层建筑发生火灾后，可迅速利用身边的绳索或床单、窗帘、衣服等自制简易救生绳，将其用水打湿后从窗台或阳台抛出，沿绳滑到下面的楼层或地面逃生。4层以下才可考虑采取跳楼的方式逃脱，即使跳楼也要跳在消防队员准备好的救生气垫上，还要注意选择水池、软雨篷、草地等地方跳。如有可能，要尽量抱些棉被、沙发垫等松软物品或打开大雨伞跳下。跳楼虽可求生，但会对身体造成一定的伤害，所以要慎之又慎。

10.火灾紧急疏散逃生自救十要素

（1）熟悉环境，记清方位，明确路线，迅速撤离；

（2）通道不堵，出口不封，门不上锁，确保畅通；

（3）听从指挥，不拥不挤，相互照应，有序撤离；

（4）发生意外，呼唤他人，不拖时间，不贪财物；

（5）自我防护，低姿匍匐，湿巾捂鼻，防止毒气；

（6）直奔通道，顺序疏散，不入电梯，以防被关；

（7）保持镇静，就地取材，自制绳索，安全逃生；

（8）烟火封道，关紧门窗，湿布塞封，防烟侵入；

（9）火已烧身，切勿惊跑，就地打滚，压灭火苗；

（10）无法自逃，向外招呼，让人救援，脱离困境。

第七讲　交通安全与防范

📖 典型案例 1

广东某高校学生李某虽然眼睛近视，但他最喜欢戴着耳机边听音乐边走路边看书，有时候车到了跟前他才发觉。同学提醒他要注意，他却当作耳边风。2011 年 11 月的一天下午，他和往常一样，一边听着音乐、看着书回宿舍，经过一个十字路口时，一辆小汽车从他左侧开过来。该车多次鸣笛，李某因戴有耳机没听见，结果小汽车因刹车不及将他撞倒，幸好车速不是太快，否则后果不堪设想。

【案例分析】

校园内发生交通事故的主要原因是大学生思想麻痹和安全意识淡薄。许多大学生刚刚离开父母和家庭，缺乏社会生活经验，交通安全意识比较淡薄。而且有的大学生还存在"在校园内骑车和行走肯定比公路上安全"的错误认识，发生交通事故在所难免。

📖 典型案例 2

2010 年 10 月 16 日晚 9：40，河北大学新区易百超市门口，河北工商学院大一的两名正在玩轮滑的女生在学校宿舍区超市门口被一辆汽车撞倒。有帖子称："当时车速很快，被撞女生腾空特别高，而且这辆车撞人后并没有减速，后轮从一名女生的身上碾过。"

【案例分析】

随着高校校内的交通工具日益增多，校园交通安全管理必须提上议程。例如，在教学楼和生活的核心区域设置禁行区和禁停区，禁止机动车通行和停放；在校门口或大道的关键处利用减速带降低车速；用各种分道线、斑马线，使得校内车辆与行人更加和谐，降低人车混行带来的交通隐患；有条件的学校可以建立校内停车场，规范校园车辆停放管理；还可以引进智能化交通管理设备，提高学校交通管理的安全系数。校园的交通状况直接关系到师生的人身安全。人生最宝贵的东西就是生命，生命只有一次，因此应该更加珍惜。

📖 典型案例 3

2013 年，某高校学生张某前一天晚上在网吧里上网到第二天凌晨 4 点多才回宿舍休息，一觉醒来已快到上课时间。他起床后顾不得梳洗就匆匆下楼，骑上自行车飞快地朝教室赶去。当骑到一个下坡向右转弯的路段时，本来车速已很快，但他还觉得慢，又猛踩了几下。就在这时迎面来了一辆小轿车，因车速太快避让不及，张某连人带车掉进了路旁的水沟里，致使右臂骨折，自行车摔坏。

典型案例 4

2017 年 11 月 21 日，山东大学青岛校区官方微博发布《关于一起交通事故的情况通报》，通报称：11 月 20 日下午，该校三名学生在校园内被一辆轿车撞倒，其中一名学生抢救无效死亡，另外两名学生受伤。该车辆由一名在校内承包施工业务的校外人员驾驶，已被公安机关拘留。

【案例分析】

交通安全是指不发生交通事故或少发生交通事故的主观条件，即指交通参与者要严格遵守交通法规，提高警惕，不因麻痹大意而发生交通事故。大学生交通安全是指大学生在校园内和校园外的道路上行走、乘坐交通工具时的人身安全。只要有行人、车辆、道路这三个交通安全要素存在，就存在交通安全问题。一个小小的意外就会造成严重的后果，断送大学生的美好前程，甚至危及生命。

一、高校易发生交通事故的主要原因

随着高校改革的不断深入，高校与社会的交流越来越频繁，校园内人流量、车流量急剧增加。许多高校教师都拥有轿车，大学生骑自行车的很多，开汽车上学也不再是新闻。由于校园道路建设、校园交通管理滞后于高校的发展，一般校园道路都比较狭窄，交叉路口没有信号灯管制，也没有专职交通管理人员管理。再加上校园内人员居住集中，上、下课时容易形成人流高峰等，致使高校的交通环境日益复杂，交通事故经常发生。

二、大学生交通安全事故的主要表现形式

1. 校园内易发生交通事故的原因

（1）注意力不集中。这是最主要的原因，表现为大学生在走路时边走路边看书或边听音乐等，抑或左顾右盼、心不在焉。

（2）在路上进行球类活动。大学生精力旺盛、活泼好动，即使在路上行走也蹦蹦跳跳、嬉戏打闹，有时甚至在路上进行球类活动，这更增加了发生交通事故的可能性。

（3）骑"飞车"。一般高校的校园面积都比较大，宿舍与教室、图书馆等之间的距离比较远，所以许多大学生购买了自行车，课间或下课时骑自行车在人海中穿行是大学校园的一道风景线。但部分大学生骑车比较快，就存在安全隐患。

2. 校园外常见的交通事故

（1）行走时发生交通事故。大学生余暇空闲时购物、观光、访友要到市区活动，这些地方车流量大、行人多，各种交通标志令人眼花缭乱，与校园相比交通状况更加复杂，若缺乏通行经验，发生交通事故的概率很高。上海一所著名大学的校长说："在各个大学中普遍存在这样一种情况，少数学生书读得越多，越不会走路，遵守交通规则的意识越淡薄。不仅在校园里乱骑车、乱停车，在马路上违反交通规则也时有发生。"

（2）乘坐交通工具时发生交通事故。大学生离校、返校、外出旅游、社会实践、寻找

工作等都要乘坐长途或短途的交通工具。全国各地高校学生因乘坐交通工具发生交通事故的情况时有发生，有时甚至造成群体性伤亡，教训十分惨痛。

三、交通事故的预防

1. 提高交通安全意识

无论校内还是校外，发生交通事故最主要的原因都是思想麻痹、安全意识淡薄。若没有交通安全意识，很容易有生命之忧。

2. 自觉遵守交通法规

除提高交通安全意识、掌握基本的交通安全常识外，还必须自觉遵守交通法规，从而保证人身安全。以下两点是在日常生活中需要严格遵守的。

（1）在道路上行走，应走人行道，无人行道时靠右侧行走。走路时要集中精力，"眼观六路，耳听八方"；不与机动车抢道，不突然横穿马路、翻越护栏，过马路走人行道；不闯红灯，不进入标有"禁止行人通行""危险"等标志的地方。

（2）乘坐交通工具时，如乘坐公交车，要等车停稳后再按顺序上车，不挤不抢；车辆行驶中不把身体伸出窗外。乘坐长途客车、中巴车时，不能贪图便宜乘坐车况不好的车，不要乘坐"黑巴""摩的"等没有安全保障的车辆。乘坐火车、轮船、飞机时，必须遵守火车站、码头和机场的各项安全管理规定。

四、交通事故的处理办法

1. 及时报案

无论在校外还是校内，一旦发生交通事故，首先应及时报案，这有利于事故的公正处理，千万不能与肇事者"私了"。若在校外发生交通事故，除及时报案外，还应该及时与学校取得联系，由学校出面处理有关事宜。

2. 保护现场

事故现场的勘查结论是划分事故责任的依据之一，若没有保护好事故现场，会给交通事故的处理带来困难，造成"有理说不清"的局面。切记，发生交通事故后要保护好事故现场。

3. 控制肇事者

若肇事者想逃脱一定要设法控制，自己不能控制时可以发动周围的人帮忙。若实在无法控制，也一定要记住肇事车辆的车辆牌号等特征。

第八讲 交友安全与防范

📠 典型案例 1

某高校学生因在网络聊天时交友不慎，认识了一位无业青年，并于 2004 年 12 月 27 日中午被其骗至旅馆索要钱财，非法拘禁至 12 月 30 日中午。在 30 日早晨该大学生利用上厕所之际给同班同学打电话。得到该学生的消息后，该校保卫、学管部门以及辅导员老师为其安危深感担忧，他们把情况报告了市公安局经济侦查支队。侦查队协调刑警支队及公安局迅速出警，于当日中午解救了被非法拘禁的学生，并当场抓获犯罪分子。

【案例分析】

网络带给人们海量知识和信息资源，为人们的生活和学习提供了极大的便利。但虚拟的网络世界鱼龙混杂，利用网络进行的犯罪活动更是层出不穷，其中的很多受侵害的对象都是大学生。案例中，该大学生被骗的最主要原因是缺乏自我保护意识。

【安全防范】

一是不能向对方透露自己的真实信息，更不能与其单独见面，尤其是女生，发生危险的可能性更大。二是任凭对方如何花言巧语，不要动心，更不要轻易答应对方见面。即便见面也要约几个朋友和同学同去，当然要有男生，而且不能由对方定地点。另外，大学生缺乏正确的价值观和恋爱观也是导致伤害发生的重要原因。

📠 典型案例 2

2016 年 4 月下旬，宁波某高校一名在读研究生孙某在网恋中被骗了 1 880 元。虽说在通信（网络）诈骗案件中，此受害人损失不算大，但江北警方通过对这起案件的侦查，揪出了一个网络诈骗团伙，抓获嫌疑人 93 名，涉案资金高达 600 余万元。据警方介绍，当前，各种婚恋交友网站十分火爆，注册会员数以亿计。但是这些网站上的信息真假混杂，正规注册的用户信息往往被犯罪分子利用，普通会员一不小心就可能落入精心设计的骗局之中。警方提醒，无论是在网络上恋爱还是现实中恋爱，遇到对方围绕钱财打转时都要提高警惕。

【案例分析】

大学生在大学中只顾学习，不太关注其他事情，容易轻信别人，容易被骗。案例中孙某的损失虽然不算大，但他的经历值得每个人引以为戒：面对网络中的各种陌生人，一定要有戒备的心理。不管对方以何种名义套近乎，一旦提及钱，千万提高警惕。如果不敢确定，可以向身边的人求助，也可以拨打 110 向警方咨询，避免上当受骗。

典型案例 3

2016 年，"昆明大学女生失联"一事在网络上一度成为热门话题，曾传"失联"的昆明女大学生肖某某是在网上交友时误入传销陷阱，被对方骗到了陕西省汉中市。在昆明市公安局经开分局的介入下，肖某某已于 2016 年 5 月 24 日安全回到了昆明。据了解，肖某某是昆明学院一名大三的学生，她通过社交软件认识了一名男子，两人互动十分频繁。4 月 16 日，肖某某从学校离开，其间她与家人断断续续有联系，但行踪不确定。肖某某的家人非常担心她的安危，就到学校所在辖区的昆明市公安局经开分局昌宏路派出所报了案。通过走访调查，警方确认肖某某位于陕西省汉中市，在当地警方的配合下，成功找到了身处传销集团窝点中的肖某某。5 月 21 日，昆明警方和肖某某的家属来到汉中，成功与其会和。5 月 24 日，肖某某和其家属、昆明警方已乘飞机安全返回昆明。

典型案例 4

2016 年 12 月中旬，20 多岁的汪某在一个知名交友网站注册，并认识了一个名叫张丽的女子。双方交往一个星期后，张丽提出自己的朋友是开店的，希望汪某能照顾一下朋友的生意。汪某没有怀疑，通过银行卡转了近一万元给张丽所谓的朋友。没过几天，张丽再次联系他，声称自己的工厂要开业了，希望汪某再次在她另一个朋友处购买一对石狮子放在工厂门口，汪某再次给其转了 1.2 万元。随后的几天，张丽用不同的借口，让汪某给她的"朋友"转账 4 次，前后共计 6.8 万元。直到一段时间后，张丽再次提出让汪某转钱时，汪某感觉不对并拒绝了她。不料随后张丽拉黑了他的微信，此时，汪某才意识到自己上当受骗了，连忙报警求助。警方接警后，立即展开调查，结果发现张丽与她的朋友等人是一个诈骗团伙，他们利用假的姓名与电话，用从网上下载的照片骗人，在交友网站上诱惑单身男性。

【案例分析】

交友是人类的心理需要，多交朋友无可厚非，但有的人却笃信"多个朋友多条路""四海之内皆朋友""为朋友两肋插刀"等信条，在交友过程中缺少必要的常识和足够的警惕，或盲目自信、失去原则，或轻信他人、滥交朋友，结果自食苦果。

一、网络交友的注意事项

（1）网络上的交友网站很多，但是网络世界中的不确定因素很多，且不乏居心叵测者，因此，不要随便发出征友广告。

（2）选择正规、大型的聊天网站和主题健康的聊天频道。

（3）不要将自己的家庭背景和盘托出，要先从个人嗜好开始慢慢了解对方。避免泄露自己的电话和通信地址，注意防范图谋不轨之人。

（4）如果对方一开始就问身高、体重、三围等，应立即与其断绝来往。

（5）不要盲目相信对方，如对方说自己如何酷或如何漂亮。如果还未与对方见面或通电话前就说爱，不要天真地以为自己恋爱了。因为一个人在网络中的言谈与现实生活中往往相差十万八千里。

（6）一些网络骗子常打着各种各样的幌子，例如，才聊几句天，就说大家拿钱出来合伙做生意。

（7）要替对方保护个人信息。在没有得到对方同意前，不要将对方的电话或其他通信方式转告他人，这不仅没有礼貌，而且很危险。

（8）如果在网上聊天时被他人纠缠不休，不知如何应对，可以将对方拉入黑名单或删除。

（9）如果经常收到骚扰的电子邮件，不知如何处理，可请网络供应商帮忙寄出警告信给对方，使其停止骚扰。

（10）如果打算见面，千万不要选在夜深人静时及偏僻地点，也不要独自去他人家里做客。方便的话，可请一个朋友陪同去。多见几次面后，觉得可以交往，再开始深交。

还有很重要的一点，不要带着太多的期盼去与网友见面，因为在网上的交谈过程中，自己很可能不知不觉地将对方定型，但对方实际上也许根本不是自己想象的样子。

二、交友陷阱应对

（1）要充分认识到网络世界存在的虚拟性和险恶性，对网恋多一分清醒，少一分沉醉，时刻保持高度的警惕性。

（2）不要轻易信任他人。已经和对方有很长时间的交往并且建立起一定的信任后，才能考虑与对方约会。有时候直觉会欺骗一个人，尽量多沟通，拖延前去约会的时间是对自己最好的保护。

（3）不要在交友过程中泄露任何真实的私人信息。需要刻意保护的信息有：真实姓名、住宅电话、手机号码、办公电话、家庭住址或者其他可以被他人直接找到的信息。除非对对方有了充分的了解，并且想与对方进一步发展。

（4）对那些试图得到自己私人信息的人要保持警惕。经过一段时间的正常沟通后，好友之间互相告知电子邮箱等信息可以加深关系，但仍然需要有警惕性与自我保护意识。如果被某些人不停地索取通信方式，或者主动提供QQ或电子邮箱，应慎重对待，并做出理性选择。

（5）保持平常心，提醒自己正在做什么。可以通过社区迅速找到适合自己的好友，并迅速与其成为朋友。但是进一步加深关系之前，回顾一下自己的交友过程，并反思自己想要得到什么。不要强迫自己做使自己或他人不愉快的事情，不要过早、过快地投入自己的感情。尤其是在约会前，一定要慎重考虑。

（6）选择公共场所约会并告知他人。如果与对方的关系发展到了足够信任且可以约会的程度，应在约会前确定一个首要原则：选择公共场所约会并告知他人。单独去一个陌生、偏僻的场所和陌生人约会是十分危险的。

（7）控制首次约会的时长，并且一定要坚持自己回家。掌握好首次约会的时间是非常明智的。即使已经企盼这次约会很久，做了精心准备，并且约会非常圆满，仍不要忘记早些回家，以让家人放心。

（8）约会时要察言观色。不可能通过网络了解一个人的真实背景或真正性格，所以约会时察言观色是加深对对方感性认知的好办法。随时观察对方的特征，如叹气、挥舞手脚、过激举动、眼神、表情等，建立正确、客观的第一印象对彼此今后的发展大有裨益。

（9）约会时的其他注意事项。保护好手机，不要被对方知道号码；保管好身份证；不要在言谈中泄露自己的电话号码、真实住址等信息。另外，防范被盗也是必要的。

网络和现实是完全不同的两个世界，在现实中不敢说、不好意思说的话，在网络世界里完全可以畅所欲言。然而网络毕竟是网络，在网上交友、聊天只能是精神的放松与倾诉的一种途径，切不可全信。网络是现代社会不可缺少的一种工具、一种情怀，要用更要慎用。总之，要保持谨慎和必要的警惕。个人安全重于一切，在任何情况下都要确信自己的安全，并使自己的行为不伤害到他人。

三、大学生同居的不良后果

典型案例 1

兰州某高校女学生文倩，在大三的时候与本校的男友同居，青春的萌动使他们爱得不可自拔。很快文倩怀孕了，无奈之下，他们偷偷地到校外的一家私人诊所就医。医生开了药，说是吃了之后就会流产。但文倩按照说明书服药流产后，流血症状持续了很长时间。文倩最终坚持不住，在男友的陪伴下来到市医院。医生的结论是药物流产不彻底，需要清宫。冰冷的器械和撕心裂肺的疼痛让文倩不由得后悔万分。手术后，苍白虚弱的文倩请了两天病假就又上课了。这件事带给文倩的不仅是肉体上的痛苦，更多的是心灵上的创伤。此后，文倩对男友开始疏远，最终他们的爱情终结了。

典型案例 2

G 和 H 以前是中学同学，升入大学后，G 对 H 展开了猛烈的追求，两人成为恋人。随后两人的感情直线升温，难舍难分。2015 年，G 在 H 的要求下租了一间房同居。由于 G 和 H 对性知识了解甚少，采取的安全措施不当，同居半年后 H 就怀孕了。做人流手术给 H 的心理和生理都带来了很大的损伤，看了几次中医也调整不过来，体重骤然下降，学业也受到了很大的影响。流产不久，H 便告别了和 G 的同居生活，与 G 的关系也若即若离。

【案例分析】

性的吸引在爱情中的意义是不言而喻的。性爱是情爱的重要生理基础，是爱情发展到一定程度的自然流露。但它又是一股强大的力量，如果脱离控制，就可能变成一场灾难。发生婚前性行为的大学生，往往是受西方"性自由、性解放"观念的影响，而不加思考地跨越了性的界限。

近年来，随着高校规模的扩大，原有的办学条件已难以满足学校的教学要求，尤其是学生公寓人满为患，于是大批大学生纷纷走出校园租房居住。加之部分学校对这部分学生疏于管理，就为大学生同居创造了条件。这部分大学生往往对生活感到厌倦，内心寂寞孤独，精神空虚，心里的苦闷无处倾诉。他们认为志同道合的人同居，在得到性满足的同时也能缓解自身的压抑。事实证明这种不稳定、没有责任的同居生活带来的更多的是迷惘。因为爱不只是一种偶然产生的美妙感受，更是一份理智的、持久的、崇高的责任与义务。

大学生婚前性行为有其自身的特点：一是具有突发性，往往在无心理准备的情况下突然发生；二是自愿性且非理智性，大学生已是青年，较少为别人胁迫，大多在双方自愿且不理智的情况下发生；三是反复性，由于年龄和观念的影响，一旦冲破防线，便不再过多顾虑，还会多次反复发生。

从社会的整体利益出发，不提倡大学生未婚同居。这是因为一旦两人感情破裂，对当事人造成的心灵伤害和精神打击往往难以在短期内抚平。对女性而言，损害尤甚。大学时期正是掌握专业技能和发挥潜力的关键时期，放纵自己的行为，把大好时光耗费在花前月下、卿卿我我之中，可能荒废学业，贻误前途，悔恨终生。健康的爱情关系应建立在理智、道德和相互尊重的基础之上，使双方的感情趋于高尚，这样的爱情才会产生巨大的精神动力，结出爱情与事业的硕果。

第九讲　自然灾害的防范与安全应对

📖 典型案例 1

名称：唐山地震

时间：1976 年 7 月 28 日 3 点 42 分 53.8 秒

地理位置：地震震中在唐山开平区越河乡

震中经纬度：北纬 39.6°，东经 118.2°

震源深度：12 千米

震级：里氏 7.8 级

震中烈度：11 度

伤亡人数：约 24.2 万人死亡，约 16.4 万人重伤

📖 典型案例 2

名称：5.12 汶川地震

时间：2008 年 5 月 12 日 14 时 28 分 04 秒

地理位置：震中心为四川省汶川县映秀镇，其次为北川，都江堰市西 21 千米，崇州市西北 48 千米，大邑县西北 48 千米，成都市西北 75 千米

震中经纬度：北纬 30.986°，东经 103.364°

震源深度：14 千米

震级：里氏震级 8.0 级，矩震级 7.9 级

震中烈度：最大 11 度

伤亡人数：69 227 人遇难，374 643 人受伤，失踪 17 923 人

【案例分析】

地震是地球内部发生的急剧破裂产生的震波，在一定范围内引起地面振动的现象。大地震动是地震最直观、最普遍的表现。地震是极其频繁的，全球每年发生地震约 550 万次。地震常常造成严重人员伤亡，能引起火灾、水灾、有毒气体泄漏、细菌及放射性物质扩散，还可能造成海啸、滑坡、崩塌、地裂缝等次生灾害。

人们无法控制诸如地震等自然灾害，但是可以掌握遭遇灾难时的自救方法，在危急关头尽可能地减少伤亡事件的发生。

一、家庭避震

（一）逃生方法

1. 冷静判断

地震发生时，要保持头脑清醒。只有镇静，才有可能运用平时学到的地震知识判断地震的大小和远近。

记住：近震常以上下颠簸开始，之后才左右摇摆。远震少有上下颠簸的感觉，以左右摇摆为主。

2. 就近躲避

地震时是跑还是躲？我国多数专家认为：震时就近躲避，震后迅速撤离到安全地方，是应急避震较好的办法。《地震录》里曾记载："卒然闻变，不可疾出，伏而待定，纵有覆巢，可冀完卵。"发生地震时，如果没有条件迅速撤离到室外，则不要急着往外跑，而应抓紧求生时间寻找合适的避震场所。

3. 选择合适避震的空间

室内较安全的避震空间如承重墙墙根、墙角、坚固家具附近、厨房、厕所、储藏室等空间小的地方以及有水管和暖气管道等处。

屋内最不利于避震的空间：没有支撑物的床上；吊顶、吊灯下；周围无支撑的地板上；玻璃（包括镜子）和大窗户旁。

4. 做好自我保护

选择好躲避处后应蹲下或坐下，脸朝下，额头枕在两臂上；或抓住桌腿等身边牢固的物体，以免震时摔倒或因身体失控移位而受伤；保护头颈部，低头，用手护住头部或后颈；保护眼睛，低头、闭眼，以防异物伤害；保护口、鼻，若有可能，可用湿毛巾捂住口、鼻，以防灰土、毒气。

5. 摇晃时立即关火，失火时立即灭火

不能随便点明火，以免空气中含有的易燃易爆气体燃烧或发生爆炸。

（二）地震时关火的两次机会

1. 第一次机会在大的晃动来临之前的小的晃动之时

在感知到小的晃动的瞬间，即刻互相招呼："地震！快关火！"关闭正在使用的取暖炉、煤气炉等。

2. 第二次机会在大的晃动停息的时候

大的晃动停息后，再一次呼喊："关火！关火！"并去关火。

在发生大的晃动时，放在煤气炉、取暖炉上的水壶等会滑落下来，此时关火是很危险的。

（三）平时家庭防震的准备工作

（1）对衣柜、餐具柜橱、电冰箱等做好固定、防止倾倒的措施。

（2）注意家具的摆放，确保安全的空间。不要将电视机、花瓶等放置在较高的地方。

（3）注意用火器具及危险品的管理和保管。

（4）装修时不可以砸掉承重墙。要加固水泥预制板墙，使其坚固不易倒塌。

（5）已发布地震预报地区的居民须做好家庭防震准备。

（6）准备紧急备用品：①饮用水；②食品；③急救医药品；④充电宝、手电筒、干电池、绳索、手纸等，打包并放在便于取到处。

（7）清理好杂物，让门口、楼道畅通；清理阳台护墙，拿掉花盆、杂物；易燃易爆和有毒物品要放在安全的地方。

（8）进行家庭防震演练，包括紧急避险、紧急撤离与疏散练习。

二、户外避震

就近选择开阔地带避震：蹲下或趴下，以免摔倒；不要乱跑，避开人多的地方；不要随便返回室内。

避开高大建筑物或构筑物，如楼房，是有玻璃幕墙的建筑；过街桥、立交桥；高烟囱、水塔。

避开危险物、高耸或悬挂物：变压器、电线杆、路灯、广告牌、吊车等。

避开其他危险场所：狭窄的街道、危旧房屋、危墙、女儿墙、砖瓦及木料等物的堆放处。

三、学校避震

地震时位于教室里，应迅速躲到教室的四个角落，或迅速就地蹲下，用书包、书本等保护头部。

在操场或教室外时，可原地不动并蹲下，双手保护头部。注意避开高大建筑物或危险物。

震后不要回到教室。

不要跳楼，不要到阳台上去，不可躲在窗户下！

四、公共场所避震

听从现场工作人员指挥，不要慌乱，不要一起涌向楼梯、出口，避免拥挤，避免被挤到墙壁或栅栏处。

在影剧院、体育馆等处，注意避开吊灯、电扇等悬挂物。

在商场、书店等处，应躲在近处的大柱子、内墙角处，或躲到没有障碍物的通道内，然后屈身蹲下，用手或其他东西保护头部。

处于较高楼层时，原则上应向底层转移。但楼梯往往是建筑物抗震的薄弱部位，因此，要寻找脱险的合适时机。

避开玻璃门窗、玻璃橱窗或柜台。

避开高大不稳或摆放重物、易碎品的货架。

避开广告牌、吊灯等高耸或悬挂物。

五、行驶中的车辆避震

应尽快减速，逐步刹车，靠路边停车。发生大地震时，汽车会像轮胎泄了气似的，无法把握方向盘，难以驾驶，一定要避开十字路口，将车子靠路边停下。为了不妨碍避难疏散的人和紧急车辆通行，要让出道路的中间部分。

要赶快离开车内。很多地震时在停车场遇难的人，都是在车内被压死的。强烈地震发生时，如果正在停车场，千万不要留在车内，以免倒下来的物体压扁汽车，造成伤害。应该以卧姿躲在车旁，使掉落的物体压在车上，不致直接撞击人身，可能形成一块"生存空间"，增加存活机会。

为不致卷入火灾，应把车窗关好，车钥匙插在车上，不要锁车门。

乘客（特别在火车上）应用手牢牢抓住拉手、柱子或座席等，降低重心，躲在座位附近并注意防止行李从架上掉下伤人。面朝行车方向的人，要将胳膊靠在前座席的椅垫上，护住面部，身体倾向通道，两手护住头部；背朝行车方向的人，要用两手护住后脑部，并抬膝护腹，紧缩身体，做好防御姿势。

六、写字楼内人员避震

1. 震时保持冷静，震后走到户外

这是避震的国际通用守则。国内外许多起地震实例表明，在地震发生的短暂瞬间，人们在进入或离开建筑物时，被砸死、砸伤的概率最大。

千万不可在慌乱中跳楼，这一点极为重要。

2. 寻找安全空间躲避

最好找一个安全空间。蹲在暖气片旁较安全，暖气片的承载力较大，其金属管道的网络性结构和弹性特点决定其不易被撕裂，即使在大幅度晃动时也不易被甩出去；暖气管道通气性好，不容易造成人员窒息；管道内的存水还可延长存活期。更重要的一点是，被困人员可采用击打暖气管道的方式向外界传递信息，而且暖气靠外墙的位置有利于快速获得救助。

需要特别注意的是，当躲在茶水间、卫生间等小开间时，尽量远离炉具、煤气管道及易破碎的碗碟。若茶水间、卫生间处于建筑物的角落里，且隔断墙为薄板墙时，不要将其选为最佳避震场所。

此外，不要钻进柜子里、桌子下，因为一旦钻进去后便会丧失机动性，导致视野受阻，四肢被缚，不仅会错过逃生机会，还不利于被救。躺卧的姿势会使人体的平面面积加大，被击中的概率要比站立大 5 倍，而且很难机动变位。

3. 近水不近火

这是确保在都市震灾中获得他人及时救助的重要原则。不要靠近煤气灶、煤气管道和

电器；不可躲在窗户下面；尽量靠近水源处。一旦被困，要设法与外界联系，除用手机联系外，还可敲击管道和暖气片。

七、搭乘电梯时避震

在搭乘电梯时遇到地震，应将操作盘上各楼层的按钮全部按下，电梯一旦停下，迅速离开，确认安全后避难。高层大厦的电梯一般都装有管制运行的装置，地震发生时，会自动停在最近的楼层。

万一被关在电梯中，可通过电梯中的专用电话与管理室联系、求助。

八、震后自救

地震时如被埋压在废墟下，且周围只有极小的空间，一定不要惊慌，要沉着，树立生存的信心，相信会有人来救自己，要千方百计地保护自己。

要保持呼吸畅通，挪开头部、胸部的杂物，闻到煤气、毒气时，用湿衣服等捂住口鼻；避开身体上方不结实的倒塌物和其他容易引起掉落的物体；扩大和稳定生存空间，用砖块、木棍等支撑残垣断壁，以防余震发生后，躲避环境进一步恶化。

尽量保存体力，敲击能发出声响的物体，向外发出呼救信号，不要哭喊、急躁和盲目行动，以防大量消耗体力。

如果被埋在废墟下的时间比较长，救援人员未到，或者没有听到援救信号，就要想办法维持自己的生命，尽量寻找食品和饮用水，必要时也可饮用自己的尿液。

九、滑坡及泥石流

一旦遭遇山体滑坡和泥石流就可能有生命危险，因此要懂得一些滑坡及泥石流的防范和自救措施。

（一）滑坡的防范措施

1.判断滑坡发生的方法

（1）土质滑坡产生的裂缝的延伸方向往往与斜坡的延伸方向平行，弧形特征较为明显，其水平扭动的裂缝走向常与斜坡走向直接相交，并较为平直。

（2）岩质滑坡裂缝的展布方向往往受岩层面和节理面的控制。

（3）当地面裂缝出现时，有可能发生滑坡。

2.滑坡发生时，至少应当做到以下几点

（1）当处在滑坡体上时，首先应保持冷静，不能慌乱，并迅速环顾四周，向较为安全的地段撤离。一般除高速滑坡外，只要行动迅速，都有可能逃离危险区段。逃离时，滑坡两侧为最佳方向。在向下滑动的山坡中，向上或向下跑都是很危险的。遇无法跑离的高速滑坡时，若滑坡呈整体滑动，则可原地不动，或抱住大树等物，这是一种有效的自救措施。

（2）处于非滑坡区，但发现可疑的滑坡活动时，应立即报告邻近的村、乡、县等有关政府或单位。

3. 滑坡发生后的自救、互救

（1）人工呼吸。进行人工呼吸时，救护者位于伤者头部一侧，一手托起伤者下颌，使其尽量后仰，另一手掐紧伤者的鼻孔，防止漏气，然后深吸一口气，迅速口对口将气吹入。吹气后迅速离开伤者的口部，并松开掐鼻的手，以便吹入的气体自然排出，同时要注意观察伤者的胸廓是否有起伏。成人每分钟可反复吹入 16 次左右，儿童每分钟 20 次，直至伤者能自行呼吸为止。

（2）心脏按压。如果伤者心跳停止，应在进行人工呼吸的同时立即施行心脏按压。若有 2 人抢救，则一人心脏按压 5 次，另一人吹气 1 次，交替进行。若单人抢救，应按压心脏 15 次，吹气 2 次，交替进行。按压时，应让伤者仰卧在坚实床板或地上，头部后仰。救护者位于伤者一侧，双手重叠，指尖朝上，用掌根部按压伤者胸骨下 1/3 处（即剑突上两横指），垂直、均匀用力，并注意加上自己的体重，双臂垂直压下，将伤者的胸骨下压 3 ～ 5 厘米，然后放松，使血液流进心脏，但掌根不离胸壁。成年伤者，每分钟可按压 80 次左右，动作要短促有力，持续进行。一般要在吹气按压 1 分钟后，检查伤者的呼吸、脉搏一次，以后每 3 分钟复查一次，直到见效为止。

（二）泥石流防范措施

1. 房屋不要建在沟口和沟道上

受自然条件限制，很多村庄建在山麓扇形地上。山麓扇形地是历史泥石流活动的见证，从长远来看，绝大多数沟谷都有发生泥石流的可能。因此，在选址和规划建设过程中，房屋不能占据泄水沟道，也不宜离沟岸过近，已经占据沟道的房屋应迁移到安全地带。在沟道两侧修筑防护堤和营造防护林，避免或减轻因泥石流溢出沟槽而对两岸的民居造成伤害。

2. 不能把冲沟当作垃圾排放场

在冲沟中随意弃土、弃渣、堆放垃圾，会给泥石流的发生提供固体物源，促进泥石流的活动。当弃土、弃渣量较大时，可能在沟谷中形成堆积坝，堆积坝溃决时必然发生泥石流。因此，在雨季到来之前，应主动清除沟道中的障碍物，保证沟道有良好的泄洪能力。

3. 雨季不要在沟谷中长时间停留

雨季不要在沟谷中长时间停留，一旦听到上游传来异常声响，应迅速向两岸上坡方向逃离。雨季穿越沟谷时，首先要仔细观察，确认安全后再快速通过。山区降雨普遍具有局部性特点，沟谷下游是晴天，沟谷上游不一定也是晴天。"一山分四季，十里不同天"就是对山区气候变化无常的生动描述，即使在雨季的晴天，同样要提防泥石流灾害。

4. 泥石流到来前的征兆

（1）连续长时间降雨后，可能会发生泥石流。

（2）暴雨过后山谷中若出现雷鸣般的声响，预示将会有泥石流发生。

5. 泥石流脱险、逃生方法

泥石流以极快的速度，伴随着巨大的声响，穿过狭窄的山谷倾泻而下。所到之处，墙倒屋塌，一切物体都会被厚重黏稠的泥石所覆盖。山坡、斜坡的岩石或土体在重力作用下，失去原有的稳定性而整体下滑。遇到泥石流灾害时，采取脱险逃生的办法有：

（1）沿山谷徒步行走时，一旦遭遇大雨，发现山谷有异常的声音或听到警报时，要立即向坚固的高地或山谷的旁侧山坡跑，不要在谷地停留。

（2）设法从房屋里跑出来，到开阔地带，尽可能防止被埋压。发现泥石流后，马上向与泥石流流动方向垂直的山坡上面爬，爬得越高越好，跑得越快越好，绝对不能朝着泥石流流动的方向走。发生山体滑坡时，同样要向垂直于滑坡的方向逃生。

（3）要选择平整的高地作为营地，尽可能避开有滚石和大量堆积物的山坡，不要在山谷和河沟底部扎营。

第十讲　心理健康与安全

📚 典型案例 1

南京某高校一位女学生煞费苦心设计作案手段实施盗窃，每每盗窃成功后，她又将盗来的物品销毁或遗弃。被捕后她坦言："我在模仿警匪片中的情节，每次作案时都很有成就感，特别刺激。"

【案例分析】

这是一起典型的由心理问题而引发犯罪的案例。该女学生为满足享受刺激的心理需求而触犯法律，一方面反映出其法律观念的淡薄，另一方面反映出其为享受刺激而苦心设计刺激的不健康心理状态。

📚 典型案例 2

小凯和玲都是校学生会的干部，平时经常在一起工作。慢慢地，小凯发现自己爱上了聪明活泼的玲，正想表白时，得知玲已有男朋友。小凯知道自己没有机会了，他想就这样吧，能和玲做普通朋友也不错，最起码还能经常在一起。可事情却变得越来越糟，他总是莫名其妙地对玲发火，嫌玲烦，老是伤害玲。小凯也知道这样不对，可就是没有办法控制自己。

【案例分析】

情感问题已经成为困扰大学生的首要心理问题。由于多数大学生在校学习一帆风顺，在家备受宠爱，所以养成了我行我素的习惯，不知道如何与他人相处，在人际交往和恋爱中很容易遇到挫折，在挫折面前又不知所措。如果小凯能把这件事看作自己感情世界里的一道风景，这种挫折感就会消失。

📚 典型案例 3

某高校大学生杰说："我以前在高中时可以说是佼佼者，到了大学里，好像每个人都比我强，我发现自己就好像巨人堆里的矮子，老担心自己考不好。师哥师姐还告诉我们要过级，要多拿证书，要考研。现在我一躺到床上就做噩梦，上课也不能集中精力，书也看不进去。眼看就要期末考试了，我究竟该怎么办？"

【案例分析】

能进入大学的学生，通常是中学的佼佼者。而大学是人才辈出、精英汇集的地方，这种反差会让那些对环境适应能力较差的大学生无法找准自己的位置，以致陷入迷惘。一般来说，发生这种情况的都是平时成绩较好、对自我要求比较高、喜欢追求完美的学生。因为在大学里，考试成绩的好坏，与就业、奖学金、评优、入党等有着密切联系。如果将成绩看得过重，就容易造成紧张心理。

📖 典型案例 4

某高校一名新生，进入大学后担心学习跟不上，严重的焦虑心理导致其吃不下饭、睡不好觉，虽然学校多方做工作，其父亲也在校陪她 10 天，她还是在一天凌晨跳楼身亡。

【案例分析】

"死并非是死者的不幸，而是生者的悲哀。"案例中的这位同学只是害怕自己的学习跟不上，就采取自杀行为，其实她完全可以选择结交朋友，向朋友倾诉，寻求帮助；也可以向心理医生寻求帮助。只要能够宣泄自己的情绪，减轻内心的压力，就不会走上自杀的道路。她的死是一种脆弱的表现，是不负责任的自私行为。

📖 典型案例 5

2012 年 5 月，某高校一名女生被同宿舍 5 位室友齐发"逐客令"。原因很简单，她常常偷看室友的私人信件，窥探别人的情感秘密。有一次，一位室友的男友从北京打来长途，宿舍里只有她一个人，于是她便找了一封虚拟"情书"，对着电话详细描述室友与"新欢"的发展动态。结果，室友与北京的男友分手了。她与所有室友的关系都已出现裂痕。她说："一看到寝友与男友出双入对，甜言蜜语地煲电话粥，心里就不爽，感觉自己快要发疯了。"

【案例分析】

这是典型的情感失落导致的心理失衡。该女生家教甚严，所受关爱太少，过分关注自我。一旦自己的情感世界出现空白或受到刺激，就会感到不公平，千方百计寻求解脱的方式。对于这样的学生，应多与其沟通，转移其注意力，使其学会关心他人。

一、心理健康的标准

心理健康是指一种良好而持续的生活适应状态。其一，心理健康是指人能适应生活，且对生活中的一切，不论喜怒哀乐，均能平静接受；其二，心理健康是指人的这种适应状态是持续稳定的，而非瞬间发生的。美国心理学家马斯洛认为心理健康表现在八个方面：一是具有适度的安全感受；二是具有适度的自我评价；三是生活的目标能切合实际；四是能与现实环境保持良好的接触；五是能保持人格的完整与和谐；六是适度的情绪表达与控制；七是在不违背团体的原则下能保持自己的个性；八是在不违背社会成规的条件下，对个人的基本需求能恰如其分地满足。

二、不良心理的含义及大学生不良心理表现

概括地说，不良心理包括心理障碍和心理疾病。所谓不良心理是相对于健康心理而言的，大学生的不良心理往往表现为心理障碍现象。健康心理是指个人能以积极、稳定的心

理状态适应生活、学习、工作中各种内外因素、环境、政策的变化，从而保持应有的心理平衡。不良心理或心理障碍是指这种心理平衡被打破，出现了异常的心理倾向。

大学生常见的不良心理表现比较集中的方面有：

（1）学业方面表现为：考试焦虑，成绩不稳定，学习压力过大、负担过重，专业不理想，缺乏学习动力，厌学情绪比较严重，没有学习欲望。

（2）人际关系方面表现为：沟通不良，交往恐惧，人际关系失调，孤独封闭，缺乏社交技能等，从而产生自卑、自负、嫉妒、冷漠等不健康心态。

（3）恋爱与性方面表现为：与异性交往困难，因单相思而苦恋，失恋，陷入多角关系不能自拔，对性冲动的不良心理反应，对性自慰行为的过分自责，时常产生性幻想。

（4）人生态度方面表现为：对人生意义的理解、人生价值的取向、人的本质的认识等问题产生消极的评价倾向，经不起批评、打击和失败。

（5）其他，如家庭关系、经济困乏、职业选择、个人发展方面，也常出现困惑、苦恼和情绪的不稳定等。

三、引发大学生心理问题的因素

（一）交际、交往困难是诱发大学生心理问题的首要因素

进入大学的青年男女在现实生活中是一个独立的个体，与中学相比，缺少父母、亲朋、师长的关爱，因此他们中的有些人不会独立生活，不知道如何与人沟通，不懂交往的技巧与原则。有的大学生有自闭倾向，不愿与人交往；有的大学生为交际而交际，不惜牺牲原则而随波逐流。

大学生交际困难有以下几种原因：一是目前大学生多为独生子女，家长对其教育不当形成了一些负面效果，如任性自私、为所欲为；二是由于从小缺乏与集体环境的接触，导致缺乏集体感与合作精神；三是家长的过分包办使其缺乏基本的独立生活及为人处世的能力。交际困难一方面导致大学生产生自闭、偏执等心理问题，另一方面因无倾诉对象，会使大学生的心理压力加重，导致心理疾病。

（二）情感困惑和危机是诱发大学生心理问题的重要因素

当前，大学生能否正确认识与处理情感方面的问题，已直接影响其心理健康。详细因素主要有以下几点：首先，是性困惑问题，男生因对遗精产生误解而紧张，对手淫认识有偏差而产生犯罪感；女生在月经前后精神紧张，在性意识与自我道德规范的冲突中产生矛盾心理。其次，因恋爱造成的情感危机，是诱发大学生心理问题的重要因素，恋爱失败往往导致大学生心理变异，有的大学生甚至因此走向极端，造成悲剧。

（三）角色转换与适应大学生活的能力是诱发大学生心理问题的又一重要因素

大学新生需要一个角色转换与适应的过程，刚入学的大学生往往会出现各种各样的心理问题，心理学上将这一时期称为"大学新生心理失衡期"。导致大学新生心理失衡的原因首先是现实中的大学与其心目中的大学不一致，由此产生心理落差；其次是他们对新的环境、新的人际关系、新的教学模式不适应，产生困惑而导致心理失调；最后是作为大学中

的普通一员，与以前在中学作为佼佼者的感觉大不相同。

大学新生对新环境不适应，如果得不到及时调整，就会产生失落、自卑、焦虑、抑郁等心理问题，有的大学新生还会因长期不适应而退学。

（四）学习与生活的压力也会诱发大学生心理问题

进入大学后，教师的授课方式、学生的学习方法与习惯都会因环境的变化而有很大的变化，大学生被迫进行调整；部分大学生所学的专业并非自己理想的专业，这使得他们长期处于矛盾与痛苦之中；学业负担过重，学习方法有问题，精神长期过度紧张也会带来压力；另外还有参加各类证书考试及考研带来的应试压力等。精神长期处于高度紧张的状态下，极可能导致大学生出现强迫、焦虑甚至精神分裂等心理疾病。生活的压力主要是不善于独立生活和为人处世及生活贫困所造成的心理压力。有些大学生虚荣心太强，承受不起贫困带来的精神压力，总觉得穷是没面子的事，不敢面对贫困，与同学相处时敏感而自卑，就采取逃避、自闭的做法，有的大学生甚至因此发展成自闭症、抑郁症而不得不退学。

（五）就业压力的增大也是诱发大学生心理问题的因素之一

近几年来，由于社会竞争加剧，就业市场不景气，大学生找工作或找比较理想的工作越来越困难。这对大学生造成了很大的压力，使他们因焦虑、自卑而失去安全感，许多心理问题也随之产生。

（六）对网络的依赖是引发大学生心理问题的一个重要因素

不少大学生一方面因交际困难在网络的虚拟世界里寻找心理满足，另一方面被网络内容的丰富多彩深深吸引。所以，有些大学生对网络的依赖性越来越强，甚至染上网瘾，每天花大量时间在网络上，沉湎于网络世界，自我封闭，与现实生活产生隔阂，不愿与人面对面交往。久而久之，会影响大学生正常的认知、情感和心理定位，还可能导致人格分裂，不利于健康性格和正确人生观的塑造。迷恋网络还会使大学生产生精神依赖性，在日常生活和学习中举止失常、神情恍惚、胡言乱语、行为怪异，甚至发展成网络综合征。

（七）对独生子女教育不当造成的后遗症，是导致大学生心理问题频发的另一诱因

独生子女群体已成为当前大学生的主体。对独生子女教育不当，会使得独生子女出现任性、自私、不善交际等问题，而这些问题往往源于独生子女从小就备受家人的溺爱、缺乏集体合作精神。在溺爱环境中成长，会使大学生养成许多不良习性，这些不良习性不但会成为诱发心理疾病的原因，而且会使大学生产生暴力倾向和行为。

（八）家庭及外界环境的不利影响引发大学生心理问题

家庭及外界环境的不利影响也会成为诱发大学生心理问题的因素，如不当的家教方式、不良的家庭环境及学校环境的负面影响、攀比、对贫困生的歧视、学习节奏过快等。

四、大学生中常见的容易引发违法犯罪行为的心理问题

（一）追求享乐心理

追求享乐心理是大学生中一种较为普通的心理现象。在校大学生大多没有经济收入，

但其中一些人却追求高消费，整天想着不劳而获，做"人上人"。这类大学生的家庭条件往往一般，但他们追求高消费，使享乐成为优势需要，一旦手头不宽裕，向家里要钱又难以满足时，便产生通过盗窃、诈骗等手段获取不义之财的动机。

（二）打击报复心理

大学生正处于心理成熟的过渡期，看问题缺乏全面性，对困难和挫折缺乏应对能力，有较强的报复心理。有的大学生恋爱不成反生恨，有的被对方"非礼"后千方百计寻求报复，有的大学生仅仅因为一两句话或一点小事，就认为被对方侮辱，便打伤或杀害对方。

（三）寻求刺激心理

大学生普遍具有较强的求知、求新欲望，但如果在求知、求新的过程中使低级的情绪体验——寻求刺激成为优势需要，就会迎合那些趣味低下的东西或满足自我畸形的求新、求奇的心理，从而形成不正常的寻求刺激心理。

（四）逆反心理

逆反心理是一种故意对对方的要求采取相反的态度和言行的心理状态。常有个别大学生"不受教""不听话"，与教师"顶牛""对着干"。这种与常理背道而驰，以反常的心理状态来显示自己的"非凡""高明"的行为，往往来自逆反心理。

（五）嫉妒心理

嫉妒心理是面对他人的某种优势而产生的不愉快的情感，俗称"红眼病"，是以对他人的优势心怀不满为特征的一种不快、自惭、怨恨、恼怒，甚至带有破坏性的负面感情。这种心理，一方面由于个体心理发育不完全成熟；另一方面由于大学生的社会交往范围日益扩大，置身于充满竞争的学校或社会环境中，个体差异就在相互交往中突显出来。因此，优势地位成了他们追求的目标，虽然能看到他人的长处，但自己又无力或不愿改变现状，于是就对他人表示不满、怨恨，甚至加以损害。

五、大学生如何调适自己的情绪

一个人对事物及问题的不同认识，会产生不同的情绪。大学生正处在世界观、人生观、价值观的形成阶段，对事物的认识和对问题的看法往往有失全面性和客观性。如果不注意完善，提高自我，就会陷入情绪化、不理智，对未来失去信心，长此以往，还可能形成不健康的心理。大学生要调适自己的情绪，不妨采取以下方法。

（一）调整认识角度

美国心理学家艾里森在 20 世纪 50 年代创立的被称为"合理情绪疗法"的理论认为，情绪困扰并不一定是由诱发性事件直接引起的，而常常是由经历者对事件的非理性解释和评价引起的。如果改变了非理性观念，调整了对诱发事件的认识和评价，领悟其中的理性，情绪困扰就会消除。现实生活中的许多情绪困扰都是如此。如果从非理性的角度去认识某一事物或问题，会使人恨恨不已；如果换个角度理性一些去认识同一事物或问题，就会使人豁然开朗。这就是所谓的"退一步海阔天空"，或者说"换个角度天地宽"。

（二）学会难得糊涂

对一些无关大局的非原则性的外部刺激，在认识上要模糊一些，在心理感受上要谈漠一些。当他人在背后说自己的坏话，或因一些小事与他人发生口角，或偶遇失意时，不妨有意识地控制自己的情绪，泰然处之，不斤斤计较，不耿耿于怀，做到大事清楚，小事糊涂。这种超然处世的态度能显示出一个人的态度、自信和修养，需要有意识地加以培养。

（三）合理进行宣泄

情绪处于压抑状态时，应该加以合理宣泄，这样才能调节机体平衡，缓解不良情绪的困扰和压抑，恢复正常的情绪情感状态。如遇到挫折和失败，内心苦闷难受时，畅快地哭一场，或者找人诉说，都是缓解情绪压抑的好办法。如日本一家企业设立了专门部门，设置旋转吊袋，供对企业有不满情绪的人拳打。国外一些城市、大学内，设立了多种形式的心理咨询机构，如"自杀咨询电话""大学生心理咨询中心"等，可以向自己信任的老师、同学、老乡、恋人，特别是受过专门训练的心理咨询人员倾诉，以缓解消极情绪、压力。

（四）通过活动转换

当出现不良情绪反应时，头脑中会出现一个较强的"兴奋灶"，此时如果能在头脑中建立起另外的"兴奋灶"，可以使原来的"兴奋灶"的作用减轻，即利用环境的调节和活动的转移来排解不良情绪。例如，苦闷烦恼时，出去散步或听听音乐，会使人心情舒畅；当怒不可遏时，可强迫自己做一些别的事情，分散注意力，从而稳定情绪；失恋时，可以把学习或工作的日程排得满一些、紧凑一些，使自己沉浸在繁忙的学习和工作中。

（五）巧用幽默缓解

幽默是消除不良情绪的有用工具。当遇到某些无关大局的不良外界刺激时，如他人的讪笑、挖苦等，要避免陷入激怒的状态，最好的办法就是超然、洒脱一些。一个得体的幽默，一句适宜的俏皮话，常常可以使紧张的局面轻松起来，使一个窘迫、难堪的场景消失。幽默，是智慧的表现，是成熟的表现。乐观地对待生活，不为任何挫折、失败和痛苦所压倒，这样的人才是真正的强者。幽默感，正是在这样的意志锤炼中培养起来的。

六、大学生如何面对挫折

人的一生不可能总是一帆风顺，风华正茂的大学生将随着知识的积累、阅历的丰富逐步走向成熟，在这一过程中，大大小小的挫折时刻伴随左右。只有敢于和善于直面人生挫折，才能在挫折中奋飞，在拼搏中成功。

（一）正确认识挫折

挫折指人在达到人生目标过程中所受到的困难以及因无法克服这种困难而产生的一种紧张状态和情绪反应。从哲学上讲，挫折的产生既是必然的，也是偶然的。说其必然，是指在整个人生中，人们总是或多或少，或轻或重地遇到各种不同的挫折；说其偶然，即在人生旅途中，每个人可能遇到的挫折、挫折发生的时机都很难预料。了解了挫折的特征，就能容易应对挫折。

（二）冷静、客观地分析挫折产生的原因

挫折是由客观原因和主观原因两种原因导致的。客观原因即外界条件的限制和阻碍，主要包括自然条件和社会条件。自然条件如天灾人祸，社会条件如社会政治动荡、战争等。无论是自然的天灾人祸，还是社会变迁影响，对于个体而言都是不可选择的。因为人不可能选择家庭出身、选择社会时代，更不可选择自然。主观原因即主体条件的限制和阻碍，主要包括个体自身的条件和认识的偏差两个方面。个体自身的条件如容貌、身高、健康、经济状况、智力、心理素质等影响个人目标的实现。认识的偏差表现为目标过高或期望值过高，以致无论如何努力都难以达到目标。

大学生正处于自我意识确立的敏感期，思维方式的两极波动常使他们走向简单否定。因此，冷静地对产生挫折的原因进行客观的分析，不仅需要掌握唯物辩证法这个基本武器，还要善于改变自身的不良个性。

（三）积极寻求战胜挫折的方法

认识和分析挫折的目的是战胜挫折，要战胜挫折，就必须找到适当的方法。

（1）**热爱生活。** 从人生态度的层面上看，热爱生活反映了个体人生的一种基本信念，显示了个体对自己、对社会及对自己生活的一种积极倾向，这种倾向内在地奠定了个体正视产生挫折可能性的心理基础。

（2）**锻炼意志力。** 无论是从社会发展的方面看还是从人生进步的方面看，人类社会和个体的每一次进步都是以物和人的牺牲为前提的。在这个多变的社会中，一个人要想成功，必须具备顽强的意志。只有智力而没有坚强意志力的人是很难适应社会进步的。

（3）**重建目标系统。** 当人陷入某种困境时，理性的迷失或降低都是常见的情形。因此，走出认识上、心理上的某些误区，重建自己的目标体系，这才是一个理智、成熟的人的标志。

（4）**要有成、败两手准备。** 这是前人人生经验的总结，更是生活辩证法的揭示。有了最坏的准备，就等于增强了心理承受力。有了对挫折较强的心理承受力，再加上向最好处努力，就能够形成积极的人生态度。这有利于在人生实践中增强方向性，减少盲目性；增强主动性，减少被动性。

七、勇于面对，走出绝望心理

自杀是个人有意识地结束自己生命的行为，是个人在陷入极度的绝望中无法解脱时所选择的自残行为。一个心理健康的人，一个有社会和家庭责任感的人，一个对人生价值和意义有发现的人，不会为了自己的精神和肉体的解脱而选择自杀。人的价值往往在与厄运的抗争中表现出来。鲁迅说过，"伟大的心胸，应该表现出这样的气概——用笑脸来迎接悲惨的厄运，用百倍的勇气来应会一切的不幸"。屈原遭放逐作《离骚》，司马迁受宫刑作《史记》，都是在挫折环境下抗争的典范。对于那些因失恋、生活困难、别人不理解自己、身体有痛疾而自杀的人来说，自杀是屈服于挫折和逆境的表现，是脆弱的表现，是不负责任的逃避行为。自杀，不但不能解决问题，反而会给生者留下无尽的遗憾和痛苦。一个人

自杀可能会导致其亲友由希望变为绝望，由欢乐变为永远的痛苦。

哲学家黑格尔曾说，自杀是一种"卑贱的勇敢"。试想，当个人以自杀的方式自以为得到解脱时，其家人、朋友该有多难过。尤其是对他的家人而言，他的自杀会带给他们一生的痛苦。当遇到困难时，可以采用以下办法。

（一）自我安慰

相信自己是很不错的，欣赏自己。当事情没有如自己所希望的那样发展时，也要试着去接受它，要善于满足现状，很高兴地想到：事情原本还更糟呢。

（二）培养多方面的兴趣

有多方面的兴趣，如打球、绘画、听音乐、下棋等，对大学生来说是很重要的。当遇到挫折和失败时，大学生可以将注意力转移到培养的兴趣中去，从中体验到快乐，忘记烦恼。

（三）结交知心朋友

当烦恼、迷惘、焦虑、不满时，如果有知心朋友陪伴左右，听自己倾诉心里话，并表示理解，自己的忧郁可能会减少很多。

（四）寻求社会力量的帮助

可以到专门的心理门诊寻求心理工作者的帮助，也可以打热线电话宣泄烦恼。在与他们的交谈中，他们对自己的情绪疏导，会使自己放弃自杀这一很不理智的想法。

第十一讲 防传销

回忆起去年被骗入传销组织的经历，湖南某高校的小袁至今痛苦不已。去年春天，正为就业忙得焦头烂额的小袁突然接到一个同学的电话："我在武汉找到了一份工作，待遇、福利都还不错，现在还招人，你过来看看吧。"小袁有些心动，但想到武汉人生地不熟，就没有立刻答应，说先考虑考虑。第二天，该同学又打来电话，"机会难得，你还是来吧，即使不喜欢这份工作，也可以当是旅游散散心啊。"盛情难却，于是小袁带上简历，前往武汉。到了同学的住处，小袁被带到了一个大房间，说是内部培训，因为"培训要保密"，小袁的手机、身份证都被拿走了。接下来的几天，每天都有"专家"在台上讲解如何"做新时代的直销，三年变成千万富翁"，前提是交 3 800 元获得会员资格，然后就有权利介绍家人朋友加入，"有钱大家一起赚"。连续多日"洗脑"后，涉世未深的小袁晕晕乎乎交了 3 800 元后，还马上联系家人，称"有一个很好的赚钱机会"。直到湖南省工商部门接到小袁家人举报，派人前往武汉将她解救出来，并结合大量传销案例，向她讲解传销的本质和危害，小袁才幡然悔悟。

【案例分析】

每年三四月是大学毕业生为求职焦急之际，传销分子也开始"招兵买马"。他们利用当前大学生求职压力大、求职心切的心理，打着"高薪高福利招聘"或"低投入高回报"的幌子在高校活动，欺骗大学生。大学生一直生活在校园中，没有社会经验，辨别能力相对较弱，也使得他们容易被传销分子欺骗，尤其容易被陷入传销组织的亲友、同学欺骗。还有一些传销组织则通过网络招聘欺骗大学生。

【安全防范】

传销是指组织者或者经营者发展人员，通过对被发展人员以其直接或者间接发展的人员数量或者销售业绩为依据计算和给付报酬，或者要求被发展人员以交纳一定的费用为条件取得加入资格等方式牟取非法利益，扰乱经济秩序，影响社会稳定的行为。

一、传销的特征

传销的欺骗性强，而且作案方式越来越隐蔽，手段越来越狡猾。传销主要具有如下特征。

（1）经营者通过发展人员、组织网络，从事无店铺经营活动，参加者之间"上线"从"下线"的营销业绩中提取报酬。

（2）参加者通过交纳入门费或认购商品等变相交纳入门费的方式，取得加入、介绍或发展他人加入的资格，并以此获取回报。

（3）先参加者从发展的"下线"成员交纳的费用中获得收益，且收益数额由其加入的先后顺序决定。

（4）组织者的收益主要来自参加者交纳的入门费或以认购商品等方式变相交纳的费用，他们并非真正以推销商品为经营的方式来获取利润。

（5）组织者利用后参加者所交纳的部分费用支付先参加者的报酬，维持运作。

（6）组织者承诺在一定时间内返还参加者所交费用数倍的回报。

二、传销的骗人伎俩

传销组织者为了引诱更多人参与传销活动，会使用大量的骗人伎俩。预防抵制传销，应当了解一些传销组织者惯用的骗人伎俩。

伎俩一：诱惑力十足的诱饵。为将潜在下线引诱到传销活动地，传销组织者或"上线"往往编造"高薪招聘""提供就业""投资做生意"等极具诱惑力的理由，投其所好，吸引其前往。

伎俩二：假装温馨的亲情友情。为提高发展下线的成功率，传销者往往将个人人际交往网络中的成员，即亲戚、朋友、同学、战友等作为吸纳的对象。

伎俩三：难以抗拒的精神控制。较典型的如"二八定律"，即对新来的受骗者，传销组织要求"业务员"（上线）80%谈感情，20%谈事业，绝对不能讲有关传销的事情；宣扬一些所谓的成功案例，逐渐消除新来人员的防御心理；不间断地进行高强度的"洗脑"，全面营造"传销致富"的氛围，从精神上控制新加入的传销人员。

伎俩四：似是而非的营销理论。"消费联盟""连锁加盟""框架营销""互动式科学营销"等层出不穷的新名词，让人眼花缭乱，难辨真假。传销组织者为这些名目设计了似是而非的理论体系，用以伪装传销活动骗人的实质，对涉世未深的大学生极具欺骗性。

伎俩五：虚张声势的"互联网传销"。目前网络传销的主要形式包括：一是传统传销的"网络版"，即借助互联网推销实物产品，发展下线；二是靠发展"下线"增加广告点击率来给予佣金回报，通过网络浏览付费广告获得积分；三是采用多层次信息网络营销模式，即传销组织设立网站，参与者通过交纳入门费加入该网站，取得资格去推荐、发展他人加入，并可以按照推荐成功加入的人数获取积分。

伎俩六：时常变幻的传销噱头。为掩盖"拉人头"的实质，传销组织者利用"股票分红""会员制""电子商务""资本运作""连锁经营""直销"等噱头，给传销活动披上合法的外衣。如某传销组织利用人们对"送海外原始股"的兴趣，谎称自己的公司即将上市，成为公司成员不仅可以配送海外原始股，发展"下线"还可享有推荐消费佣金、"下线"的分红等利益，其实质还是金字塔形按"人头"抽取佣金的传销。

伎俩七：厚颜无耻的"政治旗号"。有些传销组织者打着"支持西部大开发"等幌子，曲解国家政策，为传销穿上了一层支持经济建设、构建和谐社会的外衣，增强了传销的欺骗性。

伎俩八：涉黑性质的"暴力传销"。一种是以限制人身自由为主的暴力传销，对新来的人员，传销组织者收掉其身上的手机、财物和身份证件，派人跟踪和监视，限制其人身自由；一种是传销人员唆使被骗人员编造"生病住院""出车祸"等谎言，向家里要钱；更有甚者教唆被骗人员在电话里给家长演戏，以"绑架、不给钱就如何"的形式敲诈勒索，已初步显露"黑社会"性质。

三、传销的危害

传销的危害十分巨大。第一，是给参与者造成严重的财产损失。传销的实质就是诈骗，是极少数人敛财的把戏，绝大多数参与者都会血本无归，甚至倾家荡产。第二，助长和膨胀了一些人不劳而获、一夜暴富的心态。传销组织通过编造谎言，让不少急于求富的人萌生幻想，相信天上会掉馅饼，落入传销陷阱难以自拔。第三，严重影响社会稳定。有些传销参与者被骗后走投无路，对社会产生怨恨情绪，聚众闹事，甚至犯下抢劫、杀人等刑事案件。第四，冲击社会诚信伦理道德体系。传销的一个重要特点就是"杀熟"，传销参与者为骗钱，不惜将朋友甚至父母、配偶、亲戚都拉入传销泥潭，导致人与人、人与社会间的信任度严重下降，极大地破坏了社会诚信道德体系。

四、关于传销的谎言

传销组织编造的谎言，与社会上的很多现象结合起来看，似乎很有道理。但是，谎言就是谎言，其破绽是不计其数的。只要稍微多了解一些其他方面的情况，稍微征求其他人的看法，稍微听听反面的意见，稍微认真思考，受骗上当是完全可以避免的。以下归纳列举了一些流行的传销谎言，希望大学生识记辨析，不要相信，也不要再去证实。

（1）"直销、传销、连锁销售等是××领导引进的。"从来没有人会去引进企业的经营方式，这样说是为了将传销与领导人的名声捆绑在一起。

（2）"直销、传销等是国家暗箱扶持的。"把地方管理部门的腐败或者不负责描述成国家支持，是骗人的。甚至还有国家要利用人际网络团队的说法，他们这种编造简直就是信口开河。

（3）"中国加入世界贸易组织要开放多层次直销。"故弄玄虚的胡说。我国已经在2001年入世，并根据入世谈判的结果制定了《直销管理条例》和《禁止传销条例》，且对直销进行了开放，根本不存在开放多层次直销。这样说是为他们的行为找借口。

（4）"××公司为直销和中国政府打官司，签订了50年的协议。"这是根本没有的事情，这只是为了拿外资企业说事，煽动民众的情绪。

（5）"三商法是先进的经营方式。"纯属编造。除了传销组织的人，谁都不知道"三商法"是什么。一个不存在的东西所传得神乎其神。

（6）"新市场营销计划"。其实就是所谓的"五级三阶制"，是存在了几十年也不被国际直销界认可的制度，在我国是违法的。

（7）"××公司是国家扶持抗衡外资企业的。"这是传销组织惯用的伎俩，把传销与一个正规的公司捆绑在一起，再编造政府的谎言，很容易取得他人的信任。

（8）所谓"直销发展的四个阶段"。可笑的编造。最初，人们都没弄清楚这个编造的作用，后来才知道，传销组织把现在定义为第二阶段，是用来拉拢新人加入的。

（9）"传销教材是浓缩了几个月的课程成为3个小时的。"最有文化的编造。那些所谓的课程不过就是编造的汇总。他们自己把这些内容往大学课程上贴，很多大学生竟然也相信。

（10）"直销在国外发展得很好，是商业的主流。"无知的编造。直销只是一种在社会生产占比非常小的营销方式，在国外也一样，在市场中的份额极小，甚至不值一提。

（11）"传销组织并不限制人的自由，还能学到很多东西。"最迷惑人的编造。其实，传销组织要的是钱，而不是参与者的人身自由。如果不限制人身自由就能迷惑人，他们当然也乐得做。所以，为了骗取人们的信任，传销组织可以演出各种各样的戏。

（12）"国家打击传销是因为怕所有人都来做传销不干别的工作了，是要维护生态平衡。"最离奇的编造。这样的编造只是为了应对社会对传销的打击所找的理由。

（13）"只要你拉2个人就可以了，是最轻松的，不像××企业是金字塔形状的。"白日做梦的编造。传销组织这样说只是为了用善意的谎言把别人的钱先骗到手。

（14）"我们公司是和××公司合作的。"最狡猾的编造。这样的话在传销组织中很流行，通常他们所说的公司还是有名的公司。他们借用这种说法，是因为他们知道大多数人不会去证实。

（15）"新田公司在是中国工商总局注册的，注册号为'474'号。只有中国保密企业的注册号才是三位数（如兵工厂等）。即使查了也查不到。"最像美国大片的编造。新田公司早已在10年前就注销了，现今很多人依然打着其名义做传销，而且国家工商总局早就把所谓新田公司的网络列入了打击的名单。

（16）"我们不是传销，而是连锁销售。"这是最紧跟形势的编造。连锁经营的确是商业发展的主流，但是，连锁经营和直销、传销没有任何关系。现在在很多地方的传销组织称自己是连锁经营，为的是更具欺骗性。如果要求加入者拉人来一起参加赚钱的事业，说拉几个人就可以发大财，这种行为必是传销无疑，无论给自己穿上什么外衣。因为他们还可以称自己是"网络经营""人际网络""资本投资"等。

其实，传销组织的洗脑策略总结起来就是一句话：简单问题复杂化。所以，接触这些谎言和编造者的大学生，一定要反其道而行，就是将复杂问题简单化。只要了解了正规渠道的信息，就很容易拆穿他们。

传销穿上"马甲"，也难掩其骗人的本质。

当前，一些传销活动为了掩盖其欺诈的本质，增强隐蔽性，往往打着各种旗号，借用各种名义来美化自己，误导大家，骗取钱财。传销的"马甲"多种多样，归纳起来主要有以下几类。

一是披着合法公司的"马甲"。一些传销组织披着合法公司、企业的外衣，以销售商品为掩护，以高额返利、高额回报为诱饵，通过发展加盟商、业务员等形式从事传销活动。

二是披着"直销""特许经营""连锁加盟"的"马甲"。有些传销组织宣称自己从事的是直销、特许经营或连锁加盟，在经营活动中通过发展人员、复式计酬来推销商品或者传"人头"，骗取钱财。

三是披着"消费返利"的"马甲"。一些传销组织以"消费返利"为幌子从事传销活动，当消费者购买一定金额的商品后，可以成为优惠顾客或取得经销商资格等，并可以推荐他人购买产品，并且从被推荐的消费者消费的金额中获得利益。他们还大肆宣扬"消费者也能成为资本家"和"消费资本化理论"，误导群众。

四是披着"电子商务""网络营销""网络互助"的"马甲"。一些传销组织以"电子商务""网络营销""网络直销""网络加盟、代理""网上学习""网游、网赚""金钱游戏、馈赠互助"等名义，通过互联网从事传销，骗取群众的入会费、加盟费。

五是披着"资本运作""投资理财"的"马甲"。一些传销组织以"资本运作""虚拟经济模式""私募基金""慈善基金""网络基金""股权投资"等名义，创建"资本运作理论"及"五级三阶制""双轨制"等传销制度体系，引诱群众投资，组织层级网络，发展下线人员，骗取钱财。

六是披着"国家试点、开发、宏观调控"的"马甲"。一些传销组织打着"国家搞试点""西部大开发""地方政府暗地支持""中国第四个经济特区""国家特批民间融资试点""国家宏观调控"等旗号，增强欺骗性，诱骗不明真相的群众参与传销。

不管传销组织穿上何种"马甲"，都难掩其骗人的本质。无论其"马甲"怎么换，要识别传销的真面目，只需要看三个特征：第一，是否需要认购商品或交纳费用取得加入资格。第二，是否需要发展他人成为自己的"下线"，形成层级网络。第三，是否以直接或间接发展人员的数量或销售业绩为依据计算报酬（奖金）。只要符合这三个特征，就必定是传销，需要注意防范。

五、传销使人丧失理智的原因

近年来，各地工商、公安机关都加大了打击传销的力度，传销犹如过街老鼠人人喊打，但还是有很多人像着了魔一样深陷其中，不能自拔。很多参与传销的人对明显荒谬的传销计划痴迷疯狂，对外界的信息强烈抵触，对传销课堂传播的谎言和谣言深信不疑，几乎完全丧失理智。这不仅给家庭和社会带来极大的不良影响，也使政府的打击和努力很难奏效。

传销为什么会使人丧失理智？

第一，传销是一场精心设计的骗局。从邀约开始，都是经过精心安排的。传销人员的邀约对象一般是自己的亲戚、朋友，因此容易被他们的谎言欺骗。在邀约时，传销人员往往谎称自己在外面做生意或是找到了好的赚钱门路，以此邀人前往，绝口不提传销之事。对不相信的应邀人员，他们往往会以"来看一下，不行再回去"之类的语言进行诱骗。然后，传销人员会营造一个温馨的环境，以体现他们的理念——人帮人，以亲情、友情、爱情感化的方式来挽留新人。每位传销人员对新人都非常热情，对新人都无微不至地照顾和关怀。在现实社会中体验不到这样关怀的人，突然来到这个温馨的群体中，很多人会选择多留几天看看。经过传销组织一系列有技巧的洗礼，很多人都会选择加入。

第二，传销组织者对参与者实现精神控制，频繁给他们"上课洗脑"。即找一些所谓的成功人士讲自己的"发家致富"心得，让不明真相的参与者羡慕不已，并且努力效仿。传销组织者打着各种旗号，有的谎称国家"暗中支持"，甚至伪造公文，诱惑群众参与。传销组织者和经营者目前采取的基本手法就是，把传销包装成某种合法的商业模式，然后以"洗脑"的方式，力图让参与者相信这种方式是具有致富前景的商业活动。传销组织通常有一套所谓的理念、一个所谓的市场计划、一系列影响新加入者的活动流程，还有一套对付政府打击传销行动的说辞。这些再配合所谓的成功学理论，通过系统性的方法，对参与者进行密集的观念灌输，从而改变参与者原有的思想和态度，使其失去理智。

第三，参与者都抱着"一夜暴富"的心态，急于发财，生活在谎言和幻想中，想象着自己能拉多少人赚多少钱，认为自己做富翁的梦很快就能实现。传销组织正是利用了人们内心这些不切实际的梦想，用某几个人的所谓成功进行普遍性的煽动，万分之一的可能性被传销组织者鼓吹成百分之百的现实，其实是在利用人们的侥幸心理和赌博心理。这类心理战术对很多有不切实际的幻想的人往往是致命的，会使他们深陷这种以偏概全的逻辑之中不能自拔。

第四，参与者都交纳了一定的入门费，即便识破了骗局，也因为有了"投入"却没有回报，为了捞回本钱，他们开始揣着明白装糊涂，去骗更多的人，走向一条"不归路"。

第五，从个人素质看，传销组织利用了人们知识的局限性。传销参与者中，农民、下岗职工、大学生、复员军人等占了一定比例。这些人的共同特点是：具有的经济方面的知识较少，较缺乏社会生活经验，对国家的政策和法律不甚了解等。传销组织会借用很多当前的流行语来包装传销，如连锁经营、网络经营、直销等，还组织、编造所谓的教材。虽然其中充满了虚假、编造、谎言和似是而非的说法，但由于很多人根本不了解营销，无法判断真伪，所以容易相信。此外，传销组织的信息传递都是通过熟悉的关系进行的，而由于传统文化的影响，人们对熟人的信任度很高，所以，传销的信息从传递一开始就很具有迷惑性。

第六，从操作手法看，传销组织利用了群体影响个体的场效应。凡是陷入传销组织的人，都会被邀约到较偏僻且较封闭的地方参加各种所谓的课程。这种课程往往是精心设计的，有人讲课，有人做见证，有人敲边鼓，有人造气氛。如果是孤立的几个人参加这样的活动，受到周边气氛的传染，很少有人会有足够的定力不受其影响，这就是场效应。科学实验证明，个体在群体的影响下会改变自己的思维方式。人们常说，谎言重复 1 000 次就会变成真理，而如果把谎言让 100 个人去重复，每个人只要重复一次，就足够再影响 1 000个人。这也是传销组织一定要让参与者不停地"上课"，甚至要群体居住的原因。

要破除传销这种摧毁人们理智的邪恶行为，其实非常简单，一是千万不要有不切实际的幻想；二是要多方求证有关的信息，尽量从正规渠道获取信息；三是加强个人的学习；四是一定不要轻信突然而至的所谓工作和发财机会，要全面了解情况。

六、传销参与者的心态

"一个人从穷光蛋到百万富翁，最慢需要一年"，"参加传销，就可以坐在家里点钱"，

"今天睡地板，明天当老板，成功就在眼前"……这些话听似天方夜谭，却被传销组织奉为致富"圣经"。许多人就是在这些言语的蛊惑下深陷泥潭，甚至在被解救后依然执迷不悟，深信自己从事的是"辉煌的事业"。

传销到底是一种什么样的行为和组织？传销队伍里有一句豪言壮语："可以将石头当成金子卖。"这句话清楚地点明了传销的本质——欺骗。许多传销活动其实就是"拉人头"的欺诈活动。没有可供销售的商品，有的只是行骗的道具。整个传销网络完全是依靠"下线"人员交纳的金钱维系运作，与各国普遍禁止的"金字塔"欺诈如出一辙。传销在国外被形象地称作"经济邪教"，是为人不齿的"老鼠会"。

传销满足的到底是什么需求？显然，不是产品的需求，它满足的唯一需求就是传销组织竭力颂扬的"成功"。但在金字塔式的传销体系中，"人人都能成功"是无法兑现的。只有极少数接近塔尖的"硕鼠"才能一夜暴富，而对无数身埋塔底的人来说，被激发起的"成功"欲求永远无法满足。这种普遍无法满足的需求，终会成为社会动荡之源。

传销的核心理念是"有钱就是成功"。在传销系统中，成功被狭隘地限定为能否拉"下线"，是否有业绩，能否日进斗金。这种看似符合商业社会价值理念的成功观，有着极大的欺骗性。其实，任何成功都离不开个人对社会的贡献，成功是社会对个人贡献的一种评价和回报。而传销组织通过骗取"人头费"来维系不劳而获的生活，基本上没有为社会创造价值，他们以此标榜成功、误导青年、为害社会，可谓害莫大焉。

传销可引发严重的诚信危机。传销的基本方式是"杀熟"，它要求参与者利用原有的社会关系"从商"，即在社会网络中建立商业网络。这样，传销商业网络的欺诈行为，导致亲友相骗，朋友反目，信誉受损，会迅速演变成整个社会网络的不信任危机。

曾经身陷传销迷途的大学生说："那是一段在狂热中迷失自我的奇特经历。我们不是因为利益诱惑和人身监视而被传销网络套住，而是在思想上被控制后，心甘情愿地被他们利用。"传销活动的隐蔽性、欺骗性、流动性、群体性及其独有的营销方式和组织形式，使其极易演变为有组织的社会犯罪，产生可怕的杀伤力。人们曾在电视里看到传销群体疯狂的场面，也从报纸上读到被执法者驱散的传销人员集体高唱《从头再来》的"激情"场景，由此可见"经济邪教"的恐怖力量。

七、参与传销是违法犯罪行为

2009 年通过的《中华人民共和国刑法修正案（七）》规定："组织、领导以推销商品、提供服务等经营活动为名，要求参加者以缴纳费用或购买商品、服务等方式获得加入资格，并按照一定顺序组成层级，直接或者间接以发展人员的数量作为计酬或者返利依据，引诱、胁迫参加者继续发展他人参加，骗取财物，扰乱经济社会秩序的传销活动的，处五年以下有期徒刑或者拘役，并处罚金；情节严重的，处五年以上有期徒刑，并处罚金。"

此外，不仅组织、领导传销活动违法，参与传销同样违法。《禁止传销条例》规定，参加传销者，由工商行政管理部门责令停止违法行为，处 2 000 元以下罚款。参与传销者遭受的财产损失也无法挽回。传销害人害己，广大大学生一定要擦亮双眼，拒绝传销，远离传销。

八、警惕传销新变种

近年来，传销活动不断发展演变和变换手法，从传商品、传"人头"发展到传虚拟概念，从商品销售领域发展到资本投资、金融理财、互联网络等领域，出现了"资本运作"传销、"私募基金、股权投资"传销、网络传销等大量传销新变种，需要高度警惕，注意防范。

一是警惕"资本运作"传销。这类传销也被称作"民间资本重新分配""纯资本投资"，一般打着"西部大开发""东盟博览会""泛北部湾建设""国家特批民间融资试点""中国第四个经济特区"等名义诱骗人们参加。参加人员一般需要交纳 69 800 元认购一定的"份额"进行"投资入股"，然后再发展"下线"参加"投资"。一般以介绍购房、投资发展为名诱骗生意人、"有钱人"参加，并通过安排"实地考察"、参观旅游、参加高消费、进行"资本运作理论"的灌输等"洗脑"方式，使参与者自觉、自愿地参与传销活动。有的传销组织还把自己包装成"民间富人俱乐部"，通过参加社会慈善募捐、邀请社会名流参加传销酒会等方式美化自己，具有很强的欺骗性、诱惑性和隐蔽性。

二是警惕"私募基金、股权投资"传销。一些传销组织利用人们对私募投资不太了解的现状，虚拟境内外私募基金或股权，宣传高额投资回报或公司股票将在境外上市，或许诺配送原始股，以发展"下线"的方式招揽社会公众认购基金或股权，并根据直接和间接发展"下线"人员的数量、投资总额获得不同比例的奖金。这一新变种传销的欺骗性更强、活动更隐蔽、吸收资金更快，当传销组织的资金链断裂时，投资者就会血本无归，社会危害很大。

三是警惕网络传销。一些传销组织在网上建立传销系统，利用互联网作为宣传、管理的平台，打着电子商务、网络营销、网络直购、"玩网游送红包""点广告，有钱赚""金钱游戏""馈赠互助"等旗号，引诱参与者交纳费用或者购买产品取得会员资格，要求参与者继续推荐、发展他人加入成为"下线"，并以参与者直接和间接发展"下线"的人数或销售业绩为依据计提奖金。网络传销大多租用境外服务器，把账户设在境外，如被相关部门查处，组织者为逃避打击或者达到骗取钱财的目的，会关闭网站、销声匿迹，从而使参与者上当受骗。

九、网络传销的表现形式及识别、防范网络传销的方法

1.网络传销的表现形式

网络传销是近年来出现的一种新型传销形式，主要指利用互联网进行的传销。其惯用的欺骗手段：一是打着"网络销售""电子商务"等旗号传销。有的网络传销组织宣称自己是国家引进的最先进的营销模式，已经得到某某部门的认可，已获得国家颁发的荣誉称号，获得国家有关部门授予的"直销实验基地"等，千方百计诱骗他人加入。二是利用互联网发布传销信息，并要求参加者交纳相应费用。目前传销人员还通过批量发送邮件、网上论坛、聊天工具等大量发送传销信息，诱骗他人购买所谓的产品，取得加入资格。三是以发展他人加入为手段，并许诺高额回报。传销组织者往往声称，只要按照规定的方式发展他

人加入就可以获得报酬，发展的人员越多，赚的钱就越多。传销组织者往往编造亲身经历现身说教，并列出所谓的赚钱公式，利用人们急于发财致富的心理使其上当受骗。

除以上惯用的欺骗手段外，传销人员还会在网上发布自己的账号或者汇款地址，上、下线之间一般通过银行、邮政汇款来收取入门费等费用，发放"回报"。与传统传销形式不同的是，网络传销以互联网为依托，组织者在网上发布传销信息，参与者浏览、接收信息，按照信息指示操作加入，通过网站继续发展他人加入，并反馈个人账户资料、发展"下线"情况等信息，形成信息链；在资金流转上，通过银行汇兑、邮政汇款实现收取钱财、发放"回报"的流程，形成资金链。同时，传销组织一般没有真正的商品销售，活动完全依靠信息链＋资金链运作，具有隐蔽性强、交易行为虚拟化、参与主体分散、地域跨度广且界限模糊等特点。

因此，大学生可以根据上述内容来辨别网络传销行为，或者向当地工商、公安机关进行咨询。如果发现网络传销行为，或者已成为网络传销行为的受害者，应当积极收集有关线索、信息，并及时向当地工商、公安机关举报。同时，不要参与网上传销，不要在网上发布传销信息。《禁止传销条例》第九条规定，利用互联网等媒体发布传销信息的，由工商行政管理机关、公安机关会同电信等有关部门依法予以查处。

2. 识别、防范网络传销的方法

"轻点鼠标，您就是富翁！""坐在家里，也能赚钱！"大学生浏览网页时，往往会被这些词语吸引，但这很有可能是网络传销陷阱。这些打着"资本运作""连锁加盟""人际网络""电子商务"等旗号，欺骗人们加入的活动，都涉嫌网络传销。网络传销一般有两种形式，一种是利用网页进行宣传，鼓吹轻松赚钱的思想；还有一种是建立网上交易平台，靠发展会员聚敛财富。无论采用哪种形式，都是违法犯罪行为。要想不上当受骗，必须时刻保持头脑清醒，进行理性判断。在遇到相关创业、投资项目时，一定要仔细研究其商业模式。无论对方打着什么样的旗号，如果其经营的项目并不创造任何财富，却许诺只要交钱入会、发展人员就能获取回报，一定要提高警惕。

防范网络传销，远离骗局，最根本的还是要克服贪欲，不要幻想一夜暴富。如果抱着侥幸心理参与其中，最终只会血本无归、倾家荡产，甚至走上犯罪的道路。

十、远离传销

传销是社会毒瘤，会给参与者带来经济上的巨大损失，少则几百元，多则上万元，甚至上百万元，很多参与者为此倾家荡产。

传销对社会诚信、家庭伦理道德也造成极大的伤害。一旦陷入传销，要想"发财"或者"捞本"就得"杀熟"。参与传销的人往往通过欺骗身边的亲戚、朋友，让亲友也掉进传销陷阱，共同遭受财产损失，最终造成亲友反目，人财两空，甚至有家难回、有亲难投。

传销是违法行为，是政府明令禁止的。传销害人终害己，要像远离毒品一样远离传销。

十一、陷入传销时的应对方法

（一）自己陷入传销时的应对

冷静面对，控制情绪，利用技巧与传销人员周旋，降低传销人员的防备心，寻找机会逃离传销组织。例如，假装相信传销组织的谎言，以身上没钱参与，回家取钱为由离开。

如果 24 小时有人跟踪"陪伴"，可以借机向路人求助；或者路过当地执法单位，如交警、巡警、派出所、工商局、检察院等时，立即躲进寻求帮助。

如果被亲友"邀约"，自己想解救亲友，可向当地的工商局公平交易处举报。如果没有效果，自己先离开，回家后找反传志愿者寻求帮助，再展开解救。前提是自己必须安全地离开。

重点提示：在我国广东东莞一带，有些带有黑社会性质的传销组织使用的手段极其恶劣。如果参与者没有被成功"洗脑"，他们会威胁逼迫其强制让其通知家人汇款，一般都是几千元。只有交了钱，他们才会放参与者。他们会把参与者独自关在一间房子里，有 2～3 人 24 小时对其监视，控制他不让他与外界联系。

万一遇到这样传销组织，首先不要恐慌。可利用技巧让传销人员放松对自己的警惕，然后想办法记下详细的路牌路号，骗取其信任拿回手机向家人求助。或者用钱币、纸条写出原因，扔到楼下，寻求路人的帮助。其次，趁传销人员疏忽之时迅速逃离，向警察寻求帮助或者直接打 110，见到行政机关单位躲藏进去寻求帮助。

同时要切记：

（1）深陷传销，不要急躁、胆怯。传销只是想骗钱，一般不会做出伤害参与者的事情。

（2）不要急于逃脱。在最近的新闻报道里，很多大学生、民工被骗入传销组织后，因为惧怕，从楼上跳下，造成终身残疾，甚至死亡。这些案件都反映出一个现象：很多人对传销不了解，对传销的认识还停留在早期传销的概念上，想到传销就是黑社会性质的，如恐吓、威胁、软禁、殴打，导致很多参与者做出极端行为。

（二）亲朋好友陷入传销时的应对方法

控制情绪，冷静对待。

第一步，和他（她）保持良好的关系，通过电话、网络等途径始终保持联系，了解他（她）目前工作、生活的情况，特别是要掌握他（她）在异地的具体地址。

第二步，用平和的语气告诉他（她）传销的危害，劝说其离开。但对于已被"洗脑"的人来说，这种劝说通常成功率不高。但要注意尽可能不要激化矛盾，失去他（她）对你的信任，增加今后"反洗脑"和解救的难度。

第三步，如果没有办法在短时间内让亲朋好友从传销组织里面走出来，就必须要做好以下两点：①通知其他亲朋好友，让他们明白传销是违法的，不能参与。②切断他（她）的资金来源，让任何人都不要借钱给他（她）。

第四步，不要相信他们编造的谎言，如生病了、被车撞了要住院，或者公司需要交培训费，买电脑，还有甚者，虚构被绑架、暴力伤害等来骗取亲朋好友的信任，催使其快速汇钱过来。

第五步，如果条件允许，应前往他（她）所在的地方，佯称路过此地，或者前去考察他（她）的事业，在他（她）不知情的情况下，与当地工商或公安机关联系，在执法人员的帮助下，对其实施营救，并让其接受执法人员专业的引导和思想矫正，之后再带其返乡。

第六步，返乡后，要用亲情和友情感化他（她），及时掌握其思想动态，监督其彻底断绝与其他传销人员的联系，使其回归正常的生活。

十二、直销与传销的区别

当前，参与传销的人大部分都以为自己参与的是"合法直销"。把人骗进火坑的传销企业，也大都打着"合法直销"的旗号。为了防止上当受骗，需弄清直销与传销在以下方面的区别。

区别一：有无入门费。传销企业收取入门费，数额在一千元至几千元不等。有一些"聪明"的传销企业，会变通形式收取"入门费"，如以入门认购产品为由收取几千元的费用。传销参与者交费后，取得加入、介绍或发展他人的资格，并以此获得回报。正规的直销企业是没有这一费用的。

区别二：有无依托优质产品。传销企业依托的是低质高价产品，一套只值几十元的化妆品可以标价几百元甚至上千元。而直销企业的产品则物有所值。

区别三：产品是否在市场上销售。传销玩的是"聚众融资"的游戏，其销售方式是入门的所有销售代表都要认购产品，但这些产品不在市场上销售，只作为拉进下一个传销者的样本或宣传品。结果是所有销售者人手一份或几份产品，产品根本没有在市场上销售。传销组织者利用后参与者缴付的部分费用支付先参与者的报酬维持运作。而直销企业的产品质量好，因此产品在市场上畅销，其产品销售是由生产厂家通过营销代表直接送到消费者手中，没有中间环节，并且少有广告。

区别四：销售人员结构有无超越性。以"拉人头"来实现收益的传销公司，销售人员的结构往往呈现金字塔式，这样的销售结构导致谁先进来谁在上。同时先参与者从发展"下线"成员所交纳的"入门费"中获取收益，且收益数额由其加入的先后顺序决定，先加入者永远领先于后来者。直销公司不存在这种不可超越性，其参与者在收益上不分先后，表现为多劳多得。

区别五：有无店铺经营。经历了1998年全面整顿金字塔式传销后，我国很多外来直销企业纷纷转型。从那时起，"店铺雇用推销员"的模式就成为直销企业的主要销售模式。这种特殊的直销经营方式，让推销员归属到店，以便于公司管理。传销企业往往停留在发展人员上，经营活动处于无店铺的状态。这是直销和传销的一个直观区别。

十三、识别打着直销幌子的传销

从实践上区别直销和传销，比从理论上区分直销与传销更加复杂。具体而言，直销与传销有如下区别。

（1）在直销活动中，直销员和直销企业通常会以销售产品为导向，其整个销售过程，始终将把产品销售给消费者放在第一位。而传销参与者和传销组织在开展传销活动的过程中，通常会以销售投资机会和其他机会为导向，其整个销售活动过程，始终把"创业良机和致富良机的沟通和贩卖"放在第一位，与正当的直销活动完全不同的是，他们并不关注和推崇产品的销售。

（2）在直销活动中，直销员在获取从业资格时没有被要求缴纳高额的入门费或购买与高额入门费价格等量的产品。在传销活动中，传销参与者在获取从业资格时，一般会被要求缴纳高额入门费或者购买与高额入门费等价的产品。

（3）在直销活动中，直销员所销售的产品通常会有比较公正、透明的价格体系，销售过程体现出公正性。而且，其产品有正规的生产厂家和先进的生产设备及工艺流程。在出厂后的销售过程中，生产厂家为其配备了齐全的生产手续，有品质保证。而传销活动中，由于从业人员贩卖的是一种投资行为，所以对于产品并不关注，他们所关注的是投资回报的比率和速度，产品在传销过程中只是一个流通的道具。

（4）在直销活动中，直销员的主要收入来源有两个方面，一是销售产品所得到的销售佣金，这是直销员的长期的根本收益，其收入的多少完全由直销从业人员的销售绩效来决定；二是企业根据直销员的市场拓展情况和营销组织的建设情况给予管理奖金。以上两种报酬总额不能超过直销员本人直接向消费者销售产品收入的30%。而在传销活动中，传销员的收入主要来自其拓展营销组织（发展下线传销人员）时所收取的高额"入门费"，而不是长期的产品销售所得到的正常佣金。

（5）在直销活动中，直销员在从业时通常会有岗前、岗中、岗后的系统培训，内容包括产品培训、营销技术培训、客户服务培训、政策法律培训等。在传销活动中，传销人员虽然也有可能接受各种教育培训，但只是形式上的培训，传销者更推崇从业过程中大规模的激励活动和分享活动，其内容比较单一，多为激励式的观念改变，其目的就是诱导参与者赶快买单从业或者加大从业力度。

（6）在直销活动中，直销员和直销企业通常会在其直销系统文化的建设中坚决强调"按劳分配和勤劳致富"等原则，把直销活动当成一种正常的创造财富和分享财富的活动，其传播的是所有的收入均来自于自己的付出，主张在营销技术上精益求精。而在传销活动中，传销人员通常会在其传销系统文化的建设中坚决强调"一劳永逸、一夜暴富"等价值观念和原则。

（7）在直销活动中，直销企业和直销员最终的营销目标就是打造一批忠诚的消费群体，这些消费群体信任企业和企业的产品，愿意长期消费企业的产品，忠实于企业的品牌。而在传销活动中，传销人员的终极目标往往是"捞一票就走、迅速致富"，因此，他们采取的方式往往是"打一枪换一个地方"的机会贩卖，他们并不强调产品的重复消费和发展、维护忠诚客户，不推广忠诚消费者的理念系统。

（8）在直销活动中，直销员的工作在前期主要是开发客户并销售产品给客户，但随着客户越来越多，其工作重心便逐渐转变：由前期的开发客户逐渐转为管理客户，并且在管理客户的过程中，及时、准确地向各类客户提供各种消费资讯产品，售卖服务。而在传销活动中，传销人员的工作自始至终不会有变化，即围绕着"寻找下线、拉取人头"模式发展"下线"组织的重心展开工作。

（9）在直销活动中，直销企业通常会要求直销员了解国家关于直销的各种政策法规信息，并自觉遵守各种政策法规，合法缴纳各种税金，尤其是个人所得税。而在传销活动中，传销组织通常的做法是截断各种通往下级人员的政策信息流，不鼓励传销人员过多了解各种政策法规信息，也不会反复强调其作为一个公民的责任和义务。

（10）在直销活动中，直销企业和直销人员通常会制定和执行良好的消费者利益的保护制度。这种保护制度一般有三种途径：一是把品质优良的产品和卓越的服务体系源源不断地提供给消费者；二是在消费者购买和消费企业产品的过程中，制定适度的冷静期，在冷静期内，执行无因退货制度；三是针对由于企业原因给消费者造成的权益损害，制定良好的赔偿制度，即一旦消费者的权益受损，直销企业或直销员必须采取各种形式对消费者进行补偿。而在传销活动中，由于传销人员通常以产品作为"拉取人头"、发展"下线"的道具，所以其交易一旦完成，就不允许退货，同时往往伴随着各种各样的苛刻条件。在传销活动中，传销组织基本上不按国际惯例设置正规的冷静期制度，即便是有所设置，在实际执行中也会衍生出各种各样的障碍体系。因此，在传销活动中，消费者的正当权益基本上是很难得到维护的。

第十二讲　防滋扰

典型案例

A 校某女生与 B 校某男生系同乡。放假返乡途中，二人在某景点游玩，高兴之时二人亲密相拥合照。返校后该男生向该女生求爱，被拒绝，该男生以公布二人照片为由多次打电话要挟该女生夜间外出到其住处。该女生的男朋友发现后，弃该女生而去。该女生万念俱灰，险些轻生，后被学校发现，经耐心劝说，恢复了生活的信心。

【案例分析】

该女生交友不慎，既不想与对方相处，又怕对方暴露自己的隐私，致使自己在恐惧的泥潭中无法自拔，差点以轻生来解脱自己。作为在校大学生，对此类事情，首先要明确表明自己的立场，不可态度暧昧，让对方心存幻想；其次要果断表明自己的想法，求助于组织，终止对方的纠缠，还可以诉诸法律。

【安全防范】

滋扰，从广义的角度讲，是指高校外部人员无视国家法律和社会公德而对大学生做出的寻衅滋事、结伙斗殴、扰乱社会秩序等行为；从狭义的角度讲，主要是指对校园秩序的破坏扰乱，对大学生无端挑衅、侵犯乃至伤害的行为。滋扰是一个涉及学生、家庭、社会等方面的复杂的社会问题，大学生必须提高警惕，尽力预防和制止外部滋扰，保证学校教学、科研和生活的正常进行。

一、大学生受外部滋扰的常见形式及校园内易发生滋扰的场所

（一）大学生受外部滋扰的常见形式

（1）校外的不法青年在与少数大学生进行交往时，一旦发生矛盾或纠葛，便有目的地入校寻衅滋事、伺机报复等。

（2）有的不法青年，在游泳、沐浴、购物、看电影、参加舞会、观看比赛，甚至走路等时，与大学生发生矛盾，进而酿成冲突。

（3）有的不法青年，专门尾随女大学生或有目的地到学生宿舍、教室等处侮辱、骚扰、调戏女大学生，甚至对女大学生动手动脚，致使女大学生受到伤害。

（4）青少年犯罪团伙邀约到校园内斗殴滋事，从而使围观或路过的大学生无端遭殃。

（5）外来人员或某些法纪观念淡薄的教职工子女与大学生争抢活动场地，从而引发矛盾和冲突。

（6）一些游手好闲的青年，将高校当作玩乐场所，在校园内游逛，或故意怪叫漫骂、吵吵嚷嚷，有意扰乱学校秩序。大学生作为学校的主人，与这类人员发生正面冲突的可能性很大。

（7）有的不法青年，喜欢在大学师生休息时不停地拨打电话、大声说话或者口吐污言秽语，以搅得他人不能入睡为乐。

（8）少数无赖之徒会千方百计地打听异性大学生的姓名和电话号码，然后不断给其写信、打电话，不是低级庸俗的谈情说爱和造谣中伤，就是莫明其妙的恐吓和威胁，甚至敲诈勒索，从而使大学生在精神上非常痛苦。

滋事者大多是一些有劣迹、行为不轨的青年，他们的行动往往只顾满足眼前欲望而不顾后果，容易受偶然的动机和本能支配，且自制力差，微小的精神刺激即可使其陷入暴怒和冲动之中。有些滋事者结成团伙，为所欲为、称霸一方。入校滋扰者，有的事先有明确的目的，有的并无确定目标。无论是哪种形式，受滋扰的对象往往都是大学生。一些地处城乡接合部或周围居民点密集的院校，受滋扰的程度一般更为严重。

（二）校园内易发生滋扰的场所

（1）体育运动场所，如运动场、溜冰场等。

（2）公共娱乐活动场所，如舞场、礼堂、影剧院等。

（3）生活场所，如学生宿舍、食堂等。

（4）学习场所，如图书馆、教室等。

（5）行人稀少、环境阴暗偏僻的校园边角地带，如小树林等处。

二、大学生对待外部滋扰的方法

寻衅滋事是典型的流氓活动，在校园内故意起哄、强要强夺、无理取闹、追逐女学生或女教师等流氓行为，不仅直接危害师生员工的人身和财产安全，还会破坏整个校园的正常秩序。对此，除学校有关职能部门和公安机关等可组织力量对其进行防范和打击外，师生遇其滋事时，也有义务进行抵制和制止。只要有人挺身而出，发动周围的师生共同制止，即使他们人多势众，也会有所惧怕。一般情况下，在校园内遇有流氓滋事，一方面，要敢于出面制止或将流氓分子扭送有关部门，或及时向学校保卫部门报案，或拨打 110 电话报警，以便将其及时抓获，予以惩办；另一方面，要加强自身修养，冷静处置，积极、慎重地与外部滋扰做斗争。具体地说，大学生在遇到流氓滋事时，应注意把握以下几点。

1. 提高警惕，做好准备，正确看待，慎重处置

面对不法分子挑起的流氓滋扰，要问清缘由、弄清是非，既不畏慎退缩、避而远之，也不随便动手、一味蛮干，应晓之以理，以礼待人，妥善处置。

2. 充分依靠组织和集体的力量，积极干预和制止

发现流氓滋扰事件，要及时向老师或学校有关部门报告，一旦发生公开侮辱、殴打学生等恶性事件，要敢于见义勇为，挺身而出，积极揭露和制止。要注意团结和发动周围的师生，对滋事者形成压力，迫使其终止滋扰。

3. 注意策略，讲究效果，避免纠缠，防止事态扩大

在许多场合，滋事者显得愚昧而盲目、固执而无赖，有时仅有挑逗性的言语和动作，让人抓不到有效证据。遇到这种情况，一定要冷静，讲究策略和方法，一方面及时报告并协助有关部门进行处理，另一方面采取正面劝告的方法，避免纠缠，避免事态扩大。

4. 自觉运用法律武器保护自己和他人

面对流氓滋扰事件，既要坚持以说理为主，不轻易动手，又要注意留心观察、掌握证据。如有哪些人在场，谁先动手，持何凶器，滋事者有哪些重要特征，案件大致的经过是怎样的，现场状况如何，滋事者使用何种器械、有何证件，毁坏的衣物和设施是什么，地面留有什么痕迹等。这些证据，对查处滋事者是很有帮助的。

大学生除积极防范和制止发生在校园内的滋扰事件外，还应加强自身修养，不断提高自己的综合素质，严格要求自己，避免染上流氓恶习而使自己进入滋事者的行列中去。

三、女大学生防止性骚扰

一般认为，只要一方通过语言的或形体的有关性的侵犯或暗示，给另一方造成心理上的反感、压抑和恐慌的，都可构成性骚扰。性骚扰和性侵害的对象多以女性为主，因此，女大学生了解一些性侵害和性骚扰的基本情况，掌握一些应对性骚扰的方法，是很有必要的。

（一）性侵害的主要形式

1. 暴力型性侵害

暴力型性侵害是指犯罪分子使用暴力或野蛮的手段，如携带凶器威胁、劫持女大学生，或以暴力威胁加之言语恐吓，从而对女大学生实施强奸、轮奸或调戏、猥亵等。暴力型性侵害的特点如下：

（1）手段残暴。当犯罪分子进行性侵害时，必然受到被害者的本能抵抗，所以很多犯罪分子往往会施行暴力且手段野蛮和凶残，以此来达到犯罪目的。

（2）行为无耻。为达到侵害女大学生的目的，犯罪分子往往会不择手段，疯狂地摧残、凌辱女大学生。

（3）群体性。犯罪分子常采用群体性纠缠方式对女大学生进行性侵害。这是因为人多势众，容易制服被害者，从而达到目的。同时还会使原来单个不敢作案的犯罪分子变得胆大妄为，危害极大。

（4）容易诱发其他犯罪。性犯罪同时常会诱发其他犯罪，如因争风吃醋，引发聚众斗殴；或为了逃避法律制裁杀人灭口等。

2. 胁迫型性侵害

胁迫型性侵害是指犯罪分子利用自己的权势、地位、职务之便，对有求于自己的受害者加以利诱或威胁，从而强迫受害者与其发生非暴力型的性行为。其特点如下：

（1）利用职务之便或乘人之危而迫使受害者就范。

（2）设置圈套，引诱受害者上钩。

（3）利用过错或隐私要挟受害者。

3. 社交型性侵害

社交型性侵害是指在生活圈子里发生的性侵害。犯罪分子与受害者大多是熟人、同学、同乡，甚至是情侣关系。社交型性侵害又称为熟人强奸、社交性强奸、沉默强奸、酒后强奸等。受害者的身心受到伤害以后，往往出于各种考虑而不敢对犯罪分子加以揭发。

4. 诱惑型性侵害

诱惑型性侵害是指犯罪分子利用受害者追求享乐、贪图钱财的心理，诱惑受害者，使其受到性侵害。

5. 滋扰型性侵害

其主要形式：一是利用靠近女性的机会，有意识地接触女性的胸部，摸捏女性的躯体和大腿等处。如在公共汽车、商店等公共场所有意识地挤碰女性等。二是暴露生殖器等变态式性滋扰。三是向女性寻衅滋事，无理纠缠，用污言秽语进行挑逗或者做出下流举动，对女性进行调戏、侮辱，甚至可能发展为轮奸。

（二）容易遭受性骚扰侵害的时间和场所

1. 夏季，是女大学生容易遭受性侵害的季节

夏季天气炎热，女大学生夜生活时间延长，外出机会增多。夏季校园内绿树成荫，罪犯作案后容易藏身或逃脱。同时，由于夏季气温比较高，女大学生衣着单薄，裸露部分较多，因而容易使异性垂涎。

2. 夜晚，是女大学生容易遭受性侵害的时间

这是因为夜间光线较暗，犯罪分子作案时不容易被人发现。所以，女大学生应尽量减少夜间外出。

3. 公共场所和僻静处所，是女大学生容易遭受性侵害的地方

教室、礼堂、舞池、溜冰场、游泳池、车站、影院、宿舍、实验室等公共场所人多拥挤时，不法分子常乘机袭击女大学生；公园假山，树林深处，夹道小巷，楼顶晒台，没有路灯的街道楼边，尚未交付使用的新建筑物内，下班后的电梯内，无人居住的小屋、陋室、茅棚等僻静之处，若女大学生单独行走、逗留，很容易遭受到性侵害。所以，女大学生尽量避免单独行走或逗留在上述地方。

（三）摆脱异性纠缠的方法

大学中的异性纠缠，主要是恋爱中的异性纠缠。这种纠缠来自两个方面：一是单恋者的纠缠，一方有情，另一方无意，有情者积极进攻，穷追不舍。如某大学生追求一同班女生，遭到拒绝，竟不顾影响，在众目睽睽之下，跪在该女生面前求爱。二是原来有恋爱关系，因为某种原因，一方提出终止恋爱关系，另一方无法接受，因而苦苦纠缠。

为摆脱恋爱中的异性纠缠，要做到如下几点。

1. 态度明朗

如果并无恋爱打算，对于那种单恋的追求者，应该明确拒绝。如果是正在恋爱中或曾经恋爱过的对象，要冷静地考虑一下有无重归于好的希望。如果没有，要明确告诉对方，

让对方打消念头。态度暧昧，模棱两可，会增加对方的幻想，带来更多麻烦。

2. 遵守恋爱道德，讲究文明礼貌

在拒绝对方的要求时，要讲明道理，耐心说服。要尊重对方的人格，不可嘲笑挖苦，更不能在他人面前揭露对方的隐私。例如，不要公开对方追求自己时写的情书，不要谈论对方曾经对自己有过某种非礼行为等。如果要中断恋爱关系，自己有责任的，也应主动承担责任，表示歉意。

3. 正常相处，但要节制往来

恋爱不成，但仍是好同学、好朋友，不可结怨，更不可成为仇人、敌人。在交往中，最好节制不必要往来，以免使对方产生"物是人非"的伤感，让对方尽快消除由于失恋所造成的心理伤害。

4. 遇到困难，要依靠组织

在制止不了对方的纠缠，或者发现对方可能采取报复行为时，要及时向老师和校领导汇报，依靠组织妥善处理，防止发生意外事故。

5. 要自爱自重

女大学生在作风上要稳重，生活上要俭朴，不要刻意追求打扮，不要在和男生交往时占小便宜；要大方得体，不要随意向异性撒娇，流露出暧昧，以免异性产生非分之想。

（四）处理好恋爱纠纷的方法

正确处理好恋爱纠纷，对于安定大学生生活，帮助大学生创造良好的学习环境，预防和减少刑事、治安案件的发生都具有重要意义。对此问题，应注意以下几点。

（1）处理恋爱纠纷，应当以双方当事人协商处理为主。

（2）要有诚意。不管恋爱结局如何，都要有解决问题的诚意。只有这样，才能在协商调解中冲破障碍，妥善解决问题。

（3）严于律己，宽以待人。恋爱纠纷双方多做自我批评，防止加剧感情裂痕，造成难以收拾的僵局。

（4）涉及中断恋爱关系时，要持慎重态度。感情好时，要看到对方的短处；产生感情裂痕时，要想到对方的长处。要珍惜已经建立的爱情，不要人为地制造和加大裂痕。在感情矛盾中，有过错一方要主动承认错误，以取得对方的谅解。如果确无和好的可能，或者一方坚持中断恋爱关系，也要面对现实，为了今后的长久幸福，果断中断恋爱关系。

（5）对于中断恋爱关系的，要处理好善后事宜：

①对于寄来的恋爱书信，尽可能退还对方。

②在恋爱中，用于共同生活的款项，以不结算为宜。

③互赠的礼品，按照民事法律关系中的赠予方面的规定，一般不索还。

（五）女大学生正当防卫十招

为了帮助女大学生在急难中使用我国刑法界定的正当防卫手段，结合实践，以下几种正当防卫方法，可供女大学生在遭遇滋扰时临时使用。

喊——有道是"做贼心虚"。骚扰分子在实施骚扰行为时大多心虚，喊声有可能阻止其主观恶性继续加深。假如骚扰分子正处于犯罪初始阶段，女大学生应当大声呼救。例如，一女大学生在夜晚行走时，被一名心生歹意者突然截住。她不顾一切大声呼喊，对方受了惊吓，在逃跑中被闻声赶来的众人抓获。若该女大学生心有所忌，不敢呼喊，必将遭害。

撒——若只身行路遭遇骚扰分子，呼喊无人，跑躲不开，骚扰分子紧追不舍，可以就地取材，抓一把泥沙撒向骚扰分子的面部（为防侵害，女大学生可以在衣袋、书包内常备食盐），这样做可以抢出时间报警。

撕——如果撒的办法不起作用，仍被骚扰分子死死缠住，打斗不过，可以在反抗中撕烂骚扰分子的衣裤，令其丑态百出。然后将骚扰分子的烂衣裤（碎片、衣扣、断带）作为证据送到公安机关报案。

抓——撕仍不能制止骚扰分子加害行为的，可以向骚扰分子的面部、要害处抓去。抓时只有抓得狠、抓得死，将其抓破，才能达到制服骚扰分子、收集证据的目的。将留在指甲里的皮屑送公安机关，即可作为证据。

踢——面对一时难以制服的骚扰分子，可以拼命踢其致命器官，这样可以削弱其继续加害的能力。这一方法被不少女性在自卫时使用过，极见成效。

变——若遭骚扰分子跟踪，不要害怕，看准时机变换行走路线，一般都可将其甩掉。例如，有一女工在夜间回家的路上，发现自己被盯上了。原路线前方不远即是偏僻路段，女工当机立断，迅速改变了路线，并在不远处果断地叩响了路边一户人家的大门。

认——受到骚扰分子的不法侵害时，应当牢记其面部和体态特征，多记线索，以在报案（一定要争取在 24 小时之内）时提供给公安人员。例如，某地区有一名女中学生，遇害时牢牢记住了犯罪嫌疑人的脸面。她在随后与公安民警同去此案的路上遇到这名色狼，当场将其指认出来。

咬——骚扰分子施暴时常常先将女大学生的双臂缚住，此时在不得已中女大学生应抓住时机咬住其肉体不松口，迫使其就范。有位女性在被害过程中，遭骚扰分子强吻，情急中她稳、准、狠地咬住了骚扰分子的舌头，致使其疼痛休克，被捉送公安机关。

套——如果几经反抗，骚扰分子强奸即遂，也不可轻易放弃（有些受害女大学生到此时会彻底放弃反抗），可以采取"套"的办法将其制服。例如，一位女子被害后哭着说："这么一来……我连对象都没法找了……你要是没有对象咱就……"次日晚，当骚扰分子再次去找该女子"谈情说爱"时，被早已等在那里的公安人员抓获。

刺——如果遇上骚扰分子手中有凶器，不要慌乱。骚扰分子要实施犯罪，必会自脱衣裤，此时可借机行事。例如，有一妇女被持刀骚扰分子相逼，她临危不慌，让骚扰分子先行脱衣，当其动手脱衣时，该妇女快速用刀朝骚扰分子特殊要害处刺去。

（六）积极防范，避免发生性骚扰侵害

1. 筑起思想防线，提高识别能力

女大学生特别应当消除贪图小便宜的心理。对异性的馈赠和邀请应婉言拒绝，以免因小失大。谨慎待人，对于不相识的异性，不要随便泄露自己的真实信息。对于对自己特别热情的异性，不管是否相识都要倍加注意。一旦发现某异性对自己不怀好意，甚至动手动脚或有越轨行为，一定要严厉拒绝、大胆反抗，并及时向学校有关领导和保卫部门报告，以便及时加以制止。

2. 行为端正，态度明朗

如果自己行为端正，对方便无机可乘。如果自己态度明朗，对方则会打消念头，不再有任何企图。如果自己态度暧昧，模棱两可，对方就会增加幻想。在拒绝对方的要求时，要讲明道理，耐心说服，一般不宜嘲笑挖苦。中止恋爱关系后，不能结怨成仇人，在节制不必要往来的同时仍可保持一般正常往来关系。参加社交活动与异性单独交往时，要理智地控制自己，尤其应注意不能过量饮酒。

3. 学会用法律保护自己

对于那些失去理智、纠缠不清的无赖或犯罪分子，千万不要惧怕他们的要挟和讹诈，也不要怕他们打击报复，要大胆揭发其阴谋或罪行，及时向领导和老师报告，学会依靠组织和运用法律武器保护自己。注意千万不能"私了"，因为"私了"的结果常会使犯罪分子得寸进尺、没完没了。

四、发现形迹可疑人员时的处理

形迹可疑人员，就是出现在校园内的行为举止、衣着、动作习惯等明显有别于校内师生员工，语言疑点较多或行为诡秘的人员。

遇到形迹可疑人员，应仔细观察，记住可疑人员的特征，包括年龄、性别、身高、体型、相貌、衣着、口音、动作习惯，以及身上的痣、瘤子、斑痕、刺花、残疾等，佩戴的戒指、手镯、项链、耳环等各种饰物的情况，以便向公安保卫部门提供破案线索。

发现可疑人员应采取正确的方式处理。

（1）发现形迹可疑人员应主动上前询问，态度要和气，但应问得仔细。如果来人确有正当理由，一般都能说得清楚。如来探亲访友的，其所说姓名及所在院系、年级、班级等多与事实相符，必要时还可帮助其找人。

（2）若来人回答疑点较多，所说的院系、专业、年级明显不符，要找的人根本不存在，神色慌张、左顾右盼等，则可进一步盘问，必要时还可问其姓名、单位，然后要求查看其身份证、工作证、学生证等证件。为避免矛盾，也可叫学生干部、值班人员出面询问。经核实身份无误，又未进一步发现盗窃证据，可由值班人员记录其单位、姓名、来校时间后让其离去。

（3）如来人经盘问疑点很多，又不肯说出真实身份，或身边携有可能是赃物、作案工具等物品，应由值班人员或学生治保人员按有关规定谈话将其拖住，并打电话报告学校保卫部门，尽快来人审查弄清情况。

（4）需要注意的是：一是态度始终要和气，即使可疑人激动争吵，也要与其讲明道理，切不可动手；二是不能随意进行搜查，因为这样做是违法的；三是如果可疑人员真是盗窃分子，还要防止其突然行凶或逃跑，要及时报案；四是做到注意安全、随机应变、以正压邪、急而不乱。

五、遇到滋扰时的处理办法

大学生是校园的主人，要积极维护校园秩序，维护自身的利益，与外部滋扰做斗争。处置所遇到的问题时，总的要求是掌握法律武器，依靠组织和集体，有理、有利、有节地开展斗争，具体要把握好以下几点。

（1）做好思想准备，正确看待，积极干预，慎重处理。

（2）依靠组织，依靠集体的力量，积极干预和制止违法行为。

（3）注意策略，避免纠缠，防止事态扩大。

（4）自觉运用好法律武器。同时要注意三个问题：一是要坚持以理服人为主，不要轻易动手。在危及学校、他人和自身安全时，可以实行正当防卫，但要掌握分寸，不要防卫过当。二是要注意掌握证据。三是要加强自身修养，与人为善，不因小事惹是非。

六、骚扰电话的表现形式及处理

1. 骚扰电话的表现形式

多次或长时间拨打电话干扰别人的正常工作、生活、休息，或用电话讲述对方不愿接受的内容，叫作电话骚扰。进行电话骚扰的行为及其内容叫作骚扰电话。

骚扰电话一般有骚扰对象特定性、电话内容淫秽和作案对象知情性特点。其表现形式大致有：相识的异性之间以要求建立关系为名的骚扰电话，矛盾双方之一以说事、谩骂为内容的骚扰电话，以推销为名的电话，性骚扰电话，恐吓电话等。

2. 对骚扰电话的处理

对于异性打来的求爱电话，要端正态度，严词拒绝，不可拖泥带水；对于谩骂电话，可以录音，同时警告对方不要继续，否则将负法律责任；对于推销之类的电话，挂断即可。对于性骚扰电话，要注意收集证据，及时报案；对于恐吓电话，要能正确对待，千万不可为隐瞒自己某些不可告人的行为而满足对方的要求，以免后患无穷。

七、同学之间发生冲突的处理办法

（1）克制情绪，避免矛盾激化。

（2）相信组织，就近寻求支援。

（3）向学校保卫处或公安部门报案。

（4）及时向本院、系说明情况，由院系出面协调。

第十三讲　防止性侵害

一、发生在校园中的性侵害的形式

📖 典型案例 1

1999年4月，吉林省某高校一名女大学生独自去野外春游，被一男子以帮助其搬运物品为名，骗至偏僻处强奸，使该女生的身心受到巨大伤害。

📖 典型案例 2

某大学一位女生的男友给她的一封信被人偷去，信中提及两人发生性关系时的情景。偷信人找到该女生要与其发生性关系，该女生不同意，偷信人则扬言："如果你不同意，我就把信交给你的老师，你会被学校退学，永远见不得人。"在要挟和恐吓下，该女生不敢反抗，多次受到奸污。

📖 典型案例 3

某大学一位女学生在校外餐馆吃饭时见到一个男子，该男子穿着入时，出手阔绰，外貌英俊。没说几句话，该女生便与其交上了朋友，从此课余时间经常约会，逛商场、去歌厅，该男子为女生买过许多衣物、首饰等。一次外出郊游，该男子将该女生领到僻静处，在该女生毫无思想准备的情况下，将其强奸。

【案例分析】

案例1是以暴力的方式进行性侵害的案件。犯罪分子利用女大学生缺乏社交经验，防范意识差，设计圈套进行诱骗，然后实施强奸。如果女大学生在与陌生人交往的过程中能够保持高度警惕，及时发现其真正目的，完全可以避免类似事件的发生。案例2是一起典型的胁迫式性侵害。犯罪分子利用女大学生的隐私对其进行要挟，进行性侵害。面对这种情况，不要怕犯罪分子的要挟与讹诈，应在思想上筑起一道防线，相信和依靠组织，运用法律武器保护自己。案例3是典型的社交型性侵害，是一种难以识别的犯罪。犯罪分子利用相互熟识，大学生涉世未深，缺少社会交际经验，在其放松警惕的情况下对其进行性侵害。社交性性侵害的犯罪主体在实施侵害之前都是有计划的，常常利用机会或创造机会把正常社交引向性犯罪。如经常对被侵害对象动手动脚；频繁地以性为话题，进行挑逗、勾引；想方设法把被侵害对象带到可以控制的环境或偏僻的角落，然后实施性侵害。

校园中常发的性侵害的形式有以下几种。

（一）暴力式侵害

暴力式侵害主要是指侵害主体采取暴力手段、语言恫吓或利用凶器进行威胁，实施性侵害的行为。有的犯罪主体，如社会上的犯罪分子，先混入校园，再混入女生宿舍或校园内偏僻处伺机作案；也有的是以抢劫、盗窃为目的，见有机可乘或因受害者处置不当而发展为强奸犯罪；还有的是因恋爱失败或单相思，走向极端，发展成为暴力强奸。这种方式会对受害者造成很大伤害，甚至会导致被侵害者死亡。

（二）流氓滋扰式侵害

流氓滋扰式侵害主要是指社会上的流氓结伙闯入校园，寻衅滋事，或是某些品行不端正者在变态心理的驱使下，对女大学生进行的各种性骚扰。这些人的侵害方式多为用下流语言调戏女大学生，以推、拉、撞、摸等在女大学生身体上占便宜，往女大学生身上扔烟头，做下流动作等。如在夜间，女大学生孤立无援或处置不当等情况下，也可能发展为暴力式侵害。

（三）胁迫式侵害

胁迫式侵害主要是指某些心术不正者，或是利用受害者有求于己的处境，或是抓住受害者的个人隐私、某些错误等把柄，对受害者进行要挟、胁迫，使其就范。

（四）社交性侵害

这种犯罪行为的主体多与受害者相识，因同事、同学、师生、老乡、邻居等关系与受害者原本有社会交往，却利用机会或创造机会把正常的社交引向性犯罪。受害者身心受到伤害后，往往还出于各种顾虑不敢揭发。

二、容易遭受性骚扰、性侵害的时间和场所

（1）夏天，是女大学生容易遭受性侵害的季节。夏天天长，大学生外出机会增多。校园内绿树成荫，犯罪分子作案后容易藏身或逃脱。同时，由于夏季气温比较高，女生衣着单薄，裸露部分较多，因而易发生性侵害。

（2）夜晚，是女大学生容易遭受性侵害的时间。这是因为夜间光线暗，犯罪分子作案时不容易被人发现。所以，女大学生在夜间外出时尽量找人陪同。

（3）公共场所和僻静场所，是女大学生容易遭受性侵害的地方。

三、容易遭受性侵害的女大学生

📖 **典型案例**

某大学女生王某的高中同学来看她，在吃饭时，她们遇到该校男生于某，于某提出喝点酒。王某不慎喝醉，于某以送王某回宿舍为名，将王某带到旅馆，并趁王某在醉酒状态下将其奸污。

【案例分析】

案例中，王某在交友的过程中，还不深入了解对方时，便放松了自己的防范意识，被于某

以喝酒为名灌醉，造成自己终身悔恨。被侵害者一般都是单独处于某一场所时遭遇侵害，这说明她们在日常生活中的警惕性不强，自身安全防范意识不强，而犯罪分子正是利用这一点实施性侵害。

在性侵害案件中，以 16～29 岁的女性为主要侵害目标。大学女生的年龄多为 17～22 岁，正是青春年华，在年龄构成、身体条件、社会经验等方面都是犯罪分子首选的性侵害对象。从女大学生受到性侵害的实际情况来看，下面几种类型的女大学生易受侵害：

（1）经常出入社会公共场所，装扮入时，行为不羁的女生。

（2）性格懦弱，胆小怕事的女生。

（3）作风轻浮，胡乱交友的女生。

（4）独处于教室、宿舍、实验室、运动场或其他隐藏场所的女生。

（5）怀有隐私，容易被他人要挟的女生。

（6）贪图钱财，贪图享受，缺乏观察识别能力的女生。

（7）意志力薄弱、难拒性诱惑以及精神空虚、无视法纪的女生。

（8）夜晚长时间独自在室外活动的女生。

四、女大学生预防性侵害的方法

1. 在思想上树立防性侵害意识

在社会中，女性作为特殊客体容易遭受性侵害。因此，女大学生在校内、校外的各种活动场合，都要提高自我保护的警觉性。只有树立防范意识，才能对一些预警性的性侵害信息及时采取防卫措施，有效地保护自己。如在社会交往中应对朋友、同伴肮脏下流的笑话、淫秽暧昧的语言、挑逗暗示的动作采取强烈的排斥态度，以及时打消他们的侵害念头，从而防止被害。加强自我防范意识，增强法律观念，做到知法、用法；培养坚强的意志品质和观察事物的能力，不被花言巧语所蒙蔽；住宿、出行尽量结伴而行，正确选择时间、场所，特别是约会要选择安全的环境。

2. 在生活上注意仪表，言行得体

女性性感的着装、大面积裸露的身体，会给犯罪分子的感官以极大的刺激，激发他们的犯罪欲望。因此女大学生的穿着打扮要符合自己的身份，大方得体，以朴实无华为好，不要盲目追赶潮流，浓妆艳抹或前卫妖艳。

在言行举止方面，女大学生要懂得自尊自爱，不要与男性过分亲昵甚至暧昧，在喝酒、跳舞中不要有轻佻、挑逗性动作，以免对方误解，从而将自己置于潜在的危险环境中。

3. 在防范上关注所处环境

性侵害是一种特殊的犯罪行为，犯罪分子往往注重选择作案环境以求作案的"成功率"，减少作案风险。所以女大学生对自己的生活、居住环境要加倍关注，晚上尽量不要外出，有事外出也要尽早回来；夜晚外出或在校内行走最好结伴而行，要选择行人较多、路灯较亮的明亮道路行走；经过树林、建筑工地、废旧房屋、桥梁涵洞等处时要特别小心；

在学校公寓或校外租房处就寝时，要避免独处；特别是节假日期间，晚上睡觉时要关好门窗，拉上窗帘。

4.在观察中谨慎结交新朋友

调查表明，有63%的性侵害发生在相互认识的熟人之间。因此，女大学生在与同学、老乡及朋友（网友）的交往过程中要注意对方的交往目的，留意对方在日常言行中表现出的人品、道德修养。不要轻易相信新结识的朋友，更不要单独跟随新认识的人去陌生的地方。发现对方时常有过分亲昵、挑逗等预兆性言行时，要及时、果断地终止与其来往。在与朋友交往中应时刻注意观察和提醒自己，不轻信对方的花言巧语；控制感情，在交往中不表现出轻浮；控制约会环境，不到偏僻人少的地方；不过量饮酒；正确处理与异性交往的尺度，不接受过于贵重的馈赠，对过分的举动要明确表明自己的反对态度。

5.有选择地适当参加社会活动

女大学生应慎重参加如家教类的活动，即使要参加也要通过学校及有关部门联系，切忌自己通过小广告或者自行选择服务对象。在参加之前，要对家教对象的基本情况有大致的了解，不要只图报酬高或嫌手续烦琐而贸然前往。

五、女大学生在遭遇性侵害时的处理方式

📖 典型案例1

某大学一女生在宿舍中遭到校外窜进来的犯罪分子袭击，该女生毫无惧色，先是严厉斥责，后是大声呼救。但宿舍四周无人，呼救不应，犯罪分子胆子更大，气焰更为嚣张。该女生不甘示弱，与犯罪分子扭打起来，终使犯罪分子因无法下手仓皇逃遁。

📖 典型案例2

2012年4月20日中午，某高校女生张某独自去学生会办公室的途中，被社会青年齐某尾随。当齐某确认学生会办公室没有其他人后，马上用随身带的手绢蒙面，手持啤酒瓶闯入室内，按住张某，威胁："把钱拿出来，别出声，出声整死你！"张某慌忙将书包中仅有的几十元现金交给齐某。齐某见势遂生歹意，将张某摁倒在地，并解下张某的鞋带欲捆住张某。张某乘齐某不备，夺下啤酒瓶砸在其头部，并大声呼救，使齐某受伤慌忙逃跑。案发后，张某及时到学校保卫部门报案，并为公安机关提供线索和证据，2012年5月，齐某被抓捕归案，判处3年有期徒刑。

【案例分析】

案例中，被侵害者在受到侵害时，首先都有坚决反抗的态度，然后敢于同犯罪分子做斗争，并在搏斗中大声呼救，使犯罪分子感到害怕，最终放弃侵害行为。试想，如果被侵害者胆小怕事，缩手缩脚，对犯罪分子听之任之，后果必定不堪设想。

【安全防范】

（1）遇到性侵害时，首先要头脑清醒，保持镇静，不要慌乱。

（2）遇到性侵害时，要有反抗到底的信心，拖延时间，顽强抵抗，可根据周围的环境选择摆脱、反抗和求救的办法。

（3）寻求适当机会和方式逃脱。例如，可先假装同意，使犯罪分子放松警惕，然后趁其脱衣时，使尽全力将其推倒，及时逃跑，并在逃跑时继续呼救。或者出其不意，猛击其要害，使其丧失侵害能力，趁机逃脱。如果穿的是高跟鞋，还可以此作为武器，当被犯罪分子推倒在地时，可用鞋尖猛击其要害，再趁机逃跑。

（4）采取积极的防卫措施，利用身边的器物或日常生活用具防卫。当遭遇性侵害时，要想一想自己身上有无可以用作防卫的工具，如水果刀、指甲钳、发夹等；观察周围有无可以利用的器物，如棍棒、酒瓶、砖、刀械等。当受到侵害时，用这些工具或器物击打犯罪分子的要害部位，如头、眼睛、关节等部位，使其丧失行为能力，趁机逃跑。

（5）遭遇性侵害时，要努力记住犯罪分子的体貌特征，保护好现场及物证，及时报案。

六、女大学生宿舍注意事项

典型案例

2000年年初至2001年1月，某市接连发生了10多起闯入女大学生宿舍抢劫、强奸案。犯罪分子作案手段之卑鄙令人震惊，先后共有数名女大学生惨遭洗劫、蹂躏。2001年2月18日，这个以张某和王某为首的犯罪团伙终于全部落网。

【案例分析】

上述案例中，犯罪分子利用女大学生宿舍防范措施不到位的弱点，闯入宿舍实施性侵害。如果这些女大学生在平时注意检查门窗，注意提高安全防范意识，则可避免遭受不法侵害。

【安全防范】

（1）经常检查门窗。如发现门窗损坏，及时报告有关部门修理。

（2）就寝前，要关好门窗，天热时也不能例外。特别是住在一楼的女生，就寝时一定要关好门窗，拉好窗帘，以防止他人偷看和进入。

（3）在校外租房时尽量保证两人以上，随时关门，不要让陌生人进入室内。

（4）女生宿舍内不要留宿异性，尽量避免单独和男子在宿舍会面。

（5）住集体宿舍的女大学生，夜间上厕所时要格外小心。如厕所照明设备已坏，应带上应急电源，上厕所前先仔细查看。有的犯罪分子事先躲藏在厕所里，利用女大学生上厕所时伺机偷窥，甚至猥亵或强奸。

（6）如有人敲门，要问清是谁再开门。发现有人想撬门、砸窗闯进来，应一方面积极寻求救助，一方面准备可供搏斗的工具，做好反抗的准备。

（7）节假日期间，最好不要独宿。回宿舍就寝时，要留心门窗是否敞开，防止有犯罪分子潜伏伺机作案。如遇异常情况，可请几位同学同时进去，以确保安全。

（8）无论是一人在宿舍还是多人在宿舍，当犯罪分子来侵害时，都要保持冷静，做到临危不惧，遇事不慌。一面求救，一面与犯罪分子周旋。

七、女大学生出行应注意的安全问题

典型案例

2000年9月20日，武汉市文保公安分局一举侦破了以请家教为名对女大学生实施强奸的系列案件。犯罪嫌疑人王某以请家教为名，将在街路两侧寻找家教工作的女大学生骗至偏僻处强奸，先后作案4起，在社会上产生了极坏的影响。

【案例分析】

上述案例中，女大学生在外出寻找兼职时，没有充分认识到社会上潜在的危险，只身一人随陌生人去陌生地方，直至发生危险，为时已晚。如果在外出时能找一两名同学做伴，则能有效预防性侵害的发生。

【安全防范】

（1）夜间行走时要保持警惕。要走灯光明亮、往来行人较多的大道。对于路边黑暗处要有戒备，最好结伴而行，不要单独行走。如果走校外陌生道路，要选择有路灯和行人较多的路线。

（2）外出时最好结伴而行；路遇陌生异性问路，不要带路；向陌生异性问路，也不要让其带路。

（3）不要搭乘陌生人的机动车、人力车或自行车，防止落入圈套。

（4）遇到不怀好意的异性挑逗，要大声斥责，表现出自己的自信与刚强；遇到坏人时，首先要高声呼救，即使四周无人，也不要慌张，要保持冷静，利用随身携带的物品，或就地取材进行自卫反抗，还可采取周旋、拖延时间等办法等待救援。

（5）如果不幸遭受侵害，也不要丧失信心，要振作精神，鼓起勇气同犯罪分子做斗争。尽量记住犯罪分子的外貌特征，如面貌、体形、服饰以及特殊标记等；要及时向公安机关报告，提供证据和线索，协助公安机关破案。

第十四讲　户外运动安全与防范

一、登山注意事项

典型案例 1

2010 年 12 月 12 日，复旦大学登山协会组织了 18 名以学生为主的上海"驴友"（其中 10 名复旦在校生，6 名复旦毕业校友）组团前往黄山明令禁止的未开发区域进行探险。由于准备不充分，12 日下午 5 点，他们迷路了，GPS 进水失灵，只知道目前的坐标。其中一个同学的手机有信号，他立即给家人发短信，短信内容是"安徽黄山 18 人救命"并附有 GPS 坐标。在接到学生家属报警后，上海警方与黄山警方联系，黄山警方动用 200 名警力进行搜救行动。在 13 日凌晨 1 点找到遇险的 18 人后，为给其中的一名女生让路，民警张宁海坠崖，献出了自己年轻的生命。据报道，张宁海去年刚从大学毕业，24 岁，是家中独子。

典型案例 2

2005 年国庆节期间，陕西省某高校 7 名大学生登山爱好者进入秦岭腹地探险，其间遭遇山洪，研究生祁某被激流冲走。10 月 9 日，证实祁某已经遇难。

典型案例 3

2002 年五一国际劳动节期间，上海大学生华某攀登太白山，在海拔 3 400 多米处遇难。

典型案例 4

2001 年 7 月 21 日，20 岁的天津南开大学生张某等人，从未向游人开放的南坡攀登太白山，结果迷路，坠崖身亡。

典型案例 5

2006 年 3 月 11 日下午 5 时 50 分，登封市市长热线电话铃声骤响，一个自称王枫的郑州游客紧急求助，称约两个小时前，他们一行 19 人在少室山三皇寨探险时，山上降雪，他们在途经一个叫大寨的地方时，一位网名为"生姜"的组织者不慎滑下山坡，跌到约 20 米深的悬崖，生死不明，请求帮助救援。

下午6时5分,20多名消防官兵赶往现场进行营救。武警消防大队的10名官兵,带上云梯、担架、绳索、急救包、救助药品、氧气袋等营救工具,与120急救中心的两名医护人员身着夜光阻燃服,头戴白色头盔,沿报警人王枫指的上山路线直上少室山。

山上的"驴友"通过手机短信,说他们已经能跟营救人员对上话了,可是山上月色朦胧,轻雾弥漫,他们只能听见呼喊他们的人的声音此起彼伏,就是看不见人。后来才搞清楚他们所处的位置不是大寨,而是一处还没有被开发的风景区,人迹罕至。营救人员借助照明灯,攀着绝壁,几经周折才发现这几个"驴友",跟在后面的女护士已经冻得走不动了。报警时说落崖的高度不过20多米,又是一个斜坡。因为雾气很重,消防员几乎看不清楚被困人员的具体位置,但就对话的声音推测,距离应该大于20米。

但是,第五梯队向山下指挥部反馈的消息称,险谷距离上面不少于1 000米。营救人员准备好约1 000米的绳索,指挥部建议借助山势将绳索蜿蜒盘下,先由营救人员沿绳索下到谷底,帮助"驴友"沿绳索攀缘到崖台上。

被困在险谷中的"驴友"通过手机短信告诉山下指挥部,他们又冷又饿,现在已经支持不住了,随时都有生命危险。

第二日凌晨1时30分,山上传来消息,经过一个多小时的艰难营救,6名"驴友"在营救人员的帮助下,攀着绳索从谷底上到了崖台,现在已全部被转移到安全地带,只有一名受了轻伤。3月12日上午,经下到谷底的消防队员仔细勘验,确认"生姜"已经遇难。

典型案例6

2006年7月9日,西南交通大学的两女一男共3名学生徒步从毕棚沟穿越四姑娘山长坪沟时发生意外,其中一名叫邢楠(音)的大二女生从卡子山坠落到70多米深的悬崖,不幸遇难。

据了解,当日结伴出行的两位女生一位姓邢,一位姓李,男生姓崔,均是西南交通大学的学生。他们原计划从毕棚沟反向穿越四姑娘山长坪沟,在翻越卡子山时发生了意外。

当日,3人从理县毕棚沟出发,在当地请了一个向导。该向导将3人带到毕棚沟与四姑娘山分界的卡子山垭口后,给他们指了大概的方向就返回了。当时大约中午11点,下着蒙蒙细雨,并有山雾升起,3人就这样自行下山了。不料3人在下山过程中走错了路,身处绝壁。无奈之下,崔姓男生便先从悬崖上往下面的河坝下撤,两名女生也用同样的方式跟随。意外在下撤的过程中发生了,邢姓女生不小心摔下了悬崖。

慌了手脚的崔姓男生赶紧到山下的日隆镇派出所报警求救。随后赶到的景区工作人员和公安干警将另一女生安全地救到了四姑娘山木骡子,同时展开了对邢姓女生的搜救工作。

7月13日下午3点多,邢姓女生的遗体在卡子沟被发现。

【案例分析】

大学生一般远离家人,相对自由的独立生活为其参与旅游、探险活动提供了便利条件。对于大学生来说,旅游和探险无疑具有很大的吸引力,特别是到人迹罕至的地域。从这一系列事故来看,事发地点多是不向游人开放的区域。由于安全意识薄弱,大学生往往不能充分认识可能出现的危险,在能力储备、设备和心理准备不足的情况下就贸然探险,容易出现安全事故。大学生对大自然的好奇心是可以理解的,但大学生长期在学校生活,缺乏野外生存能力,极易出现安全问题。

【安全防范】

高校对大学生进行安全教育时可探索新的教育模式，进行系统的安全教育，切实引起大学生对安全问题的重视，让其知道该从哪些方面予以重视，达到教育的效果。大学生要加强安全防范意识，杜绝不安全事故发生。

（1）要合理携带行装用具，最好带上拐杖、绳子和手电筒。

（2）天黑以前一定要到达预定目的地，以免夜间露宿，造成诸多不便。

（3）登山要根据个人的体质量力结伴而行。

（4）雨天、雾天时不要冒失走险路，以免因浮土、活动的石头、路滑、视线不清而失足滑跌。

（5）雷雨天时要防止雷击，不要攀登高峰，不要手扶铁索，不要在树下避雨。

（6）不要穿塑料底鞋或高跟鞋登山。

（7）登山时可少穿一些衣服，如果停下来，特别是汗流浃背时，要披上暖和的衣服，防止受凉感冒。

（8）要注意山林防火。

（9）要防毒蛇咬及野兽袭击。衣服要包紧身体，不要有太多皮肤裸露在外，以防被毒蛇袭击。

（10）在深山、树林中行走，特别是在阴雨或大雾天气，要注意防止迷路。事先最好找一位向导同行，不要单独行动，更不要到深山密林里去。

二、漂流及游泳等涉水安全

📖 典型案例 1

2006年国庆节期间，中国农业大学学生刘威与6名同学在未告知学校的情况下，骑自行车外出旅游，行至门头沟区斋堂镇斋堂水库并进入库区。据了解，在库区路口处，贴有"施工现场闲人免进""保护水资源，此处禁止游泳"两块标牌。10月4日9时许，刘威等4人起床后，到坝区内的水面洗脸后有人提出游泳，两名同学先下水游到水面中间的小岛上。刘威和另一位同学小刘下水后，刘威向前游了约30米时，喊游不动了。小刘见状下水前去搭救，但刘威已沉入水中。另两位同学将刘威从水下拉到岸上，随后拨打110、120报警。斋堂派出所、斋堂镇政府及斋堂水库管理处等有关单位的人员迅速赶往现场，并协助120对刘威进行抢救，将刘威送至斋堂医院。刘威经抢救无效于10月4日11时死亡。

📖 典型案例 2

2006年7月，21岁的年轻女子骆某参加一次大明山赵江露营活动时，不幸被山洪冲走死亡。为此，骆某的父母将组织者及一同出游的梁某、陈某、覃某等12名"驴友"告上了法院，请求法院依法判令被告支付人身损害赔偿费152 854元，赔偿精神抚慰金20万元，以上被告负连带赔偿责任。

法院审定，2006年6月底，被告武鸣县人梁某在时空网上发布召集组团到武鸣县境内的大明山赵江进行露营活动的消息。被告陈某得知此消息后，便邀请原告的女儿骆某一起参加此次户外露营活动。7月8日，在被告梁某的召集下，共有13名成员前往武鸣县两江镇赵江露营地。

参加队员按被告梁某的要求向其交纳了 60 元的费用，当晚该团队在赵江河床裸露的石块上扎帐篷露营。

7 月 8 日晚至 9 日凌晨，该团队露营一带连下几场大暴雨。9 日清晨 7 时许，赵江山洪暴发，此时原告的女儿骆某与陈某同住一个帐篷，骆某尚在熟睡，在毫无防备的情况下被山洪冲走。险情发生后，在当地政府组织的搜救队的搜寻下，在下游离事发地约 3 公里的河床找到了骆某的尸体。原告认为，此次出游的组织者兼领队被告梁某未持有任何经营旅游业的合法证照，亦未考虑 7 月正值雨季等气候灾害因素，且未安排人员守营。被告陈某是一个具有较丰富经验的户外活动者，此次邀请骆某同团出游，理应对骆某的随队出游负安全防范义务，但其未提醒和要求骆某撤离危险地带，最终导致悲剧发生。作为同行的其他被告，由于身在一个团队，他们之间应形成一个相互关照、相互救助的义务关系。然而，他们竟无一人告知骆某紧急撤离。为此，此次出游的组织者兼领队被告梁某以及其他参团成员负有不可推卸的责任。

典型案例 3

2006 年 8 月 5 日，深圳 9 名"驴友"参加了由网名为"独啸山林"的"头驴"组织的连平漂流活动时，不幸被卷入旋涡，导致 3 人身亡。

这 9 名"驴友"所参加的漂流活动，地点在河源市连平县内港镇一条源自连山的河流。连日的大雨让河水暴涨，9 名"驴友"总共带去 5 条橡皮艇，在 8 月 5 日下午 4 时左右，当他们漂流到连平县内港镇一处有水坝的地方时，遇到了旋涡。强大的旋涡水流使得 3 条皮艇很快翻了，6 名队员落入水中，其中包括两名遇难者"孤叶""海湾"以及"头驴""独啸山林"。据其中的"驴友"回忆，"独啸山林""孤叶""海湾"三人的个人能力都相当强，筏艇翻了之后，他们三人都没有自顾逃生，而是奋力搭救另外 3 名落水的"驴友"。后陷身旋涡中的 3 名落水者都被救上了岸，而"头驴""独啸山林"失踪，"驴友""孤叶"及"海湾"死亡。一名被救的女"驴友"回忆，翻船的地方是一个死角，旋涡很大，船绕过时一定会翻。她落水后，几经挣扎，自己都想放弃生命了，最终还是"独啸山林""孤叶"和"海湾"将她托出水面。

典型案例 4

2006 年 5 月 6 日，伟哥等一行 8 人从云南盐津县分乘两条 4 人艇沿关河顺流而下，于当天下午 6 点左右安全到达水富县两碗后上岸住宿。

5 月 7 日上午 8 时左右，他们从两碗乡起程，9 时左右到达两碗乡境内杨柳滩水电站（正在修建中）施工现场。当时"段王爷"和庆哥上岸观察，并找到一个张姓工头询问河道情况，张姓工头告之这段河可以行船。他们一行人见河道口及岸边无任何禁止船只通行标识，于是继续顺水而下。当时第一条橡皮船上坐有 4 人（伟哥、庆哥、"段王爷"、锐姐），在通过电站闸口时忽然翻船，全船人员均落水。虽然他们都穿了救生衣，但由于电站冲沙槽形成了特殊水流，反复将落水人员卷入水中。"段王爷"被冲出激流后，大声呼喊："不要来了，出事了！"这时，第二条船与前船相距约 40 米远，船上 4 人耍哥、新涛、旦旦、宾哥听到呼叫后，当即说："糟了，出事了，快去救人！"（当时后船马上靠岸就可以安全脱离险境）4 人不顾一切将船朝闸口划去救人，因旋涡太大，激流剧烈冲撞，船上的 4 人均落水。经过一番奋力搏斗，其余人员挣扎出旋涡后，不顾一切奋力营救，将旦旦、新涛二人拖上岸边，边进行心脏按压及口对口人工呼吸，边向水富县人民医院的急救中心请求救援。很快，水富县人民医院 120 急救中心医护人员赶到现场，采取措施全力抢救，终因抢救无效，新涛、旦旦不幸遇难。

【案例分析】

当前从事户外"野游"的"驴友"数量呈现井喷态势增长，但不少"驴友"及"野游"组织处于"无专业水平、无管理、无约束"的"三无"状态。加上救援机制、责任认定、处罚机制等相关法律规定仍不够完善，导致事故频发。在湍急的河流中，组织普通漂流旅游活动是不合适的。雨季千万不能在河床和河边岸宿营，不仅有洪水，夜晚的兽虫也比较多。没有经验的人在没有准备好营救装备的情况下，不能主动参与危及自己生命的救援活动。

（一）游泳安全防范措施

（1）游泳需要经过体格检查。游泳前要了解自己的健康状况，能否参加游泳要听取医生的意见。患有心脏病、高血压、肺结核及各种传染病的人不宜游泳，处在月经期的女性也不宜游泳。

（2）要慎重选择游泳场所，了解浴场情况。到江河湖海游泳时，必须先了解水情，有暗流、旋涡、淤泥、乱石和水草较多的水域不宜作为游泳场所。来往船只较多、受到污染和血吸虫等病流行地区的水域也不宜作为游泳场所。

（3）下水前要做准备活动，还应用少量冷水冲洗躯体和四肢，避免出现头晕、心慌、抽筋等现象。

（4）饱食或者饥饿时、剧烈运动和进行繁重劳动后避免下水。不要贸然潜泳，不要打闹，以免呛水和溺水。

（5）正确估计自己的水性，不要逞能。水下情况不明时，不要跳水。

（6）不要在急流、旋涡处游泳，不要酒后游泳。

（7）游泳过程中，如突然出现眩晕、恶心、心慌、气短或四肢抽筋，应立即上岸或呼救。发现有人溺水，不要贸然下水营救，应大声呼唤其他人前来相助。

（8）小腿或脚抽筋时，可用力蹬腿或跳跃，或者用力按摩、拉扯抽筋部位。

（9）遇到溺水危险时，可用下述方法自救。

①沉着镇静，不要惊慌，应一面呼唤他人相助，一面设法自救。身体放松，深呼吸一口气后面向水底，四肢放松下垂，让头枕、后颈部露出水面，直至感到需要呼吸时为止，将头仰起呼吸。同时双手猛力向下推，双脚向下蹬。换气时向他人呼救。吸气后，恢复开始姿势，反复进行，可保持身体不下沉，直到获救。

②游泳发生抽筋时，如果离岸很近，应立即出水，到岸上进行按摩；如果远离岸边，可以采取仰泳姿势划水靠岸。当想呼吸时，可将双臂慢慢抬到与肩同高，同时一腿向上提高到腹部高度，另一腿尽量向上屈，头部不变，节省力气和防止身体下沉。

③游泳遇到水草，应以仰泳的姿势从原路游回。

④游泳时陷入旋涡，可以吸气后潜入水下，并用力向外游，等游出旋涡中心再浮出水

面。游泳时如果出现体力不支、过度疲劳的情况，应停止游动，仰浮在水面上恢复体力，待体力恢复后及时返回岸上。

（二）漂流遇险自救

一般在急流中发生意外事件，通常有以下原因与应对措施：

（1）人处于险境时，会因紧张而导致肌肉收缩、身体僵硬，从而使活动力降低。如果不断挣扎，将体力耗尽，将会减少生存概率。

（2）必须镇定冷静，了解自己所处的环境，并利用自身浮力或周边浮具自救求生。

（3）保持体力，以最少的体力在水中维持最长的时间。为达此要求，必须减慢呼吸频率，放松肌肉，并减慢动作。水中求生的基本原则为：利用身上或身旁任何可增加浮力的物体，使身体浮在水上，以待救援。

（4）除了借力，还需要注意姿势。保持头朝上游脚朝下游的姿势。当掉入急流中，无法游泳或站稳时，应立即采用仰漂的方式，头朝上游，脚朝下游，顺水而下。只要记得保持双脚朝下游的姿势，即使没有头盔也没关系。可微弯腰向前看，但应避免采取弯腰立泳的姿势，以免因上半身浮力大，被水流冲击后使头部在前增加受伤风险。

（5）避免因下半身产生空隙而使下体或腹部撞上硬物，以使双脚碰到石块、水泥桩或金属硬物等时不会受伤。因为此时身体有浮力，可以很轻松地保护头、胸、腹不撞上危险的东西。如遇到阻碍物，便可试图以手脚在水中平衡身体，调整姿势，想办法固定下来，甚至脱困。在急流能见度极低时，避免头部受伤是保命的首要任务，应保持头朝上游脚朝下游的仰漂姿势。

脱困自救，防卫式游泳的要则如下：

①脚朝下游、头朝上游。

②双脚并拢、膝盖微弯。

③双脚不可下沉。

④划臂动作同仰泳。

⑤单手划臂——调整身体角度。

⑥双手划臂——调整好角度，增加划水效能。

⑦要上河道左岸，头朝左岸上游 45°角。

⑧要上河道右岸，头朝右岸上游 45°角。

三、保证郊游、野营活动的安全常识

（一）郊游、野营活动的准备

郊游、野营活动的地点大都比较偏远，物质条件、保障设施等都比较差，因此，需要注意、准备的方面比较多。

（1）准备充足的食物和饮用水。

（2）准备好手电筒和足够的电池，以便夜间照明使用。

（3）准备一些常用的治疗感冒、外伤、中暑的药品。

（4）要穿运动服装，不要穿皮鞋，以免因长途行走使脚起泡。

（5）早晨夜晚较凉，要及时添加衣物，防止感冒。

（6）活动中不随便单独行动，应结伴而行，防止发生意外。

（7）晚上注意充分休息，以保证有充足的精力参加后面的活动。

（8）不要随便采摘、食用蘑菇、野菜和野果，以免发生食物中毒。

（9）要由有经验者组队、带领。

（二）郊游、野营活动准备工作的注意事项

郊游、野营活动参加的人数较多，加强组织和准备工作时应注意以下几点：

（1）事先对活动的路线、地点进行勘察。

（2）做好活动的组织工作，制定活动纪律，确定负责人。

（3）要求参加的人统一着装，便于相互寻找，防止掉队。

（4）所有参加活动的人都要严格遵守活动纪律，服从统一指挥。

（三）被蜜蜂、野蜂蜇伤的自我护理

（1）不要紧张，保持镇静。

（2）先拔去毒刺。

（3）清洗伤口，最好用肥皂水、食盐水清洗。

（4）被黄蜂蜇伤的，可以用食醋涂抹在患处。

（5）可以将大蒜、生姜捣烂后取汁涂于患处。

（6）症状比较严重的应尽快就医。

（四）流血不止的处置方法

如果不小心碰伤了身体，往往会流血不止。出现流血不止的情况时，应该采取下列措施：

（1）四肢或手指出血，应该马上用干净的纱布或较宽的干净布条将伤口紧紧包住。如果有条件，最好用云南白药洒在伤口上再包扎。

（2）如果是鼻子出血，可以把头低下，用手指紧压住出血一侧的鼻根部，一直到不出血为止。另外，可以用冷水浇在后脑部，这样可使血管收缩，从而达到止血的目的。

四、外出迷失方向时的应对方法

在户外运动中迷路是非常常见的现象，有些人为了走出迷途，走了一大圈后发觉又回到原地，甚至几次重复都一样，俗称"鬼打墙"。这是因为人走路时两腿跨出的步距不完全相等。如果不经常进行有意识的调整，就可能永远做圆圈运动。科学家曾做过实验：让五个人在没有参照物的地方，不用指南针朝着指定方向跑 500 米，结果大多数人倾向于偏左或偏右。

也许有人认为，现代通信发达，一旦迷路即可用手机与营救人员联络。这当然也是一种方法，但用手机联络必须告知营救人员自己所处的位置，以便他们救援。万一信号中断，电池没电，即便有手机也无法联络。

在户外运动中，防止迷路的可靠方法是利用地图与现地进行对照，随时了解周围地形情况，时刻注意自己所处的位置。如果没有地图，行走时应当注意观察和记住明显的标志物，多眺望附近的景观，以便遇到意外时心中有数。如果迷路，首先不要惊慌失措，应立即停下来冷静地回忆自己走过的路，想办法利用一切能利用的标志重新定向，然后寻找道路。最可靠的办法是"迷途知返"，循着自己的足迹退回到出发点。但有时走回头路即使路线正确，由于观察角度的变化，也会出现标志物与记忆中的不一样的情况，从而难以断定能否退回出发点。如确实无法退回，就先登高望远，判明方向后再继续行走。

1. 山地迷失方向的应对方法

在山地间迷失方向时，如发现小路、凌空架设的电线、凉亭或有人用过的窝棚、遗弃物等，应当向这些参照物走去，这样容易遇见人或走出迷区。如果发现有开垦过的土地或火烧过的痕迹，表明离有人居住的地方不远。如果没有任何识别标志，可先爬上附近的山脊，登高望远。因为高处视野开阔，易于观察和发现溪流、湖泊、民居等，也容易确定所在位置。

如果没有发现可借助的标志，通常应朝地势低的方向走，这样容易找到水源。顺河而行，一般能找到居民点，因为道路、居民点通常是靠近水源而建的。走向分明的山脉、山脊也有一定的导向作用。沿着山脊走，通常能达到某个目标。一般情况下，山脊上的草木矮小，两边较陡，脊背平缓，沿着山脊走，有利于观察发现情况，选择前进方向。

2. 森林中迷失方向的应对方法

人最容易在森林中迷失方向，因为遮天蔽日的树冠使人们无法利用日月星辰判定方向，茂密的树木挡住了人的视线，难以用样子差不多的树干当作识别标志。

在森林中穿行，最忌乱钻乱闯，因为这样无法确定自己所处的位置，即使有地图也极难对照。在森林中迷失方向时，可选择一棵从四周最容易看到的树，用刀或锋利的石块，把树干周围的皮刮掉作为标记，再根据自己的记忆往回走。往回走时，最好砍些树枝或在树上砍些痕迹做标记，以免走太远时难以返回。如果找不到原来的地点，可折回标记处换一个方向重新试行，直到找到原来的地点。

3. 沙漠迷失方向的应对方法

在广阔的沙漠、戈壁和草原、雪原中行走，因为视野空旷、景色单一，没有道路，缺乏定向的方位物，人们一般很难沿着直线前进。

在沙漠中迷失方向时，除利用日月星辰辨别方向外，还可利用长时间吹向一个方向的风、朝一个方向飘动的云确定方向，迎着风、云行进或与其保持一定的角度行进，可在一定时间内循着直线前进。

如果仍不能保证自己按直线前进，也可用叠线标法，即行走一段距离，在背后地上放石头、插树枝做标记，行走中经常回头看所走的路线标记是否在一条线上，就可以判断自己是否是按直线前进。

在风吹沙动、道路不定的沙漠地区行进，可根据地上的马、驴、骆驼粪便来辨认寻找道路。如实在无路可走，可沿着骆驼的脚印前进。在干旱的沙漠中，骆驼对水有一种特殊的敏感，因此常能找到水源。

在固定和半固定的沙丘、草原地区，道路少且比较顺直，只要保持行进方向，便可一直走下去。如果遇上方向大致相同且难以决断的岔路，应选择走中间道路。因为中间道路即使走错了也不会偏差太远，向左或向右调整都比较容易。在沙漠地区，还应注意不受海市蜃楼的迷惑。当天色已晚时，应立即选择一个地方住下来。

4. 野外迷失方向时的求救方法

（1）燃烧烟火。夜间的灯火非常显眼，在1 000米内，可以看见香烟头火光；1 500米内可以看见手电筒的光亮；在8 000米以上高空飞行的飞机，可以看见地面上的一盏普通照明灯。因此，夜间迷路时，可在高处燃火堆，既可御寒驱兽，又易被人发现。特殊情况下，也可利用手电筒、照相机作为信号。

（2）声音传导。呼喊容易消耗体力，最好的方法是利用哨子。团队活动时，带上哨子，并规定不同的哨音所代表的含义。如一声长音代表一切平安，三声短音代表有人受伤等。在森林中，可用斧头、棍棒击打树木，或用刀背击打坚硬的石头等都能发出较远的声音。

（3）制作标记。在开阔地段，如草地、雪地、海滩上，可以因地制宜制作地面标记——"SOS"字样，在草原上可以用刀割或手拔的方法；在雪地，可用脚踩的方法；在沙滩上，可用棍杖挖刻或用石块、树枝摆放的方法，字母的直径应为5～10米。

为便于被人发现，应脱去与周围环境颜色相近的衣服，露出白色或其他色彩鲜艳的衣服。注意发出信号后，不要匆忙离开原地，否则，难以被搜索队发现或错过被救的机会。

第十五讲　校外租房安全与防范

典型案例

2008年1月5日晚，一男一女两名大学生在桂林市金鸡路一间"日租房"旅馆内留宿，次日房东发现两人出现异样，其中的男生已经死亡，女生经过抢救脱离危险，医生确认为一氧化碳中毒。

此"日租房"旅馆房东介绍，这对男女是1月3日晚入住的，5日晚8时左右两人回到房间，就再也没有出来。"他们两人本该在6号中午12点退房，但直到当天下午2点，两人仍没有出房间，我就觉得奇怪了。"房东马上到房门口敲门，里面仍然一片沉寂。随后，房东拿来钥匙打开房门，看到男生趴在床上，身体发凉，已经停止呼吸，地上有呕吐物。女生虽然意识清醒，身体却动弹不得。房东见状，立即拨打了120和110。这间"日租房"旅馆在金鸡路背面的一座三层建筑里，该房间面积约10平方米，房间内有一个用玻璃材料隔出的洗手间，里面挂着燃气热水器，煤气罐也放在房间内。房东说："我们这里是前两个月才营业的，20元一个晚上。出事以后不营业了。"

辖区派出所民警介绍，男生是附近一所高校的学生，女生则就读于市内另一所高校，两人是情侣关系，可初步认定两人是煤气中毒。

【案例分析】

大学生校外租房是一个非常普遍且引人关注的话题，由于存在多种安全隐患，安全事故和治安刑事案件频频发生，已经严重影响社会的安全稳定，也引起了学校和社会各方的广泛关注。案例反映的主要问题：

（1）大学生对校外租房存在的诸多安全隐患和危险缺乏认识和了解，安全意识淡薄。

（2）大学生缺乏必要的安全常识和生活常识，可能是洗澡后忘记关闭煤气罐阀门所致。

（3）日租房的主要消费对象是大学生情侣，这些日租房多数没有营业资格，是管理秩序较乱或薄弱的区域，甚至是盲区。其价格便宜，但条件较差，会使租住的大学生面临难以预料的安全危机。

（4）职能部门缺乏对日租房的监管。

（5）高校对大学生的教育和管理存在疏忽。

（6）大学生思想上存在片面的享受和自由观念，为图一时之快把安全置之度外。

一、大学生校外租房的原因

（1）学习的需要。主要是基于考研、考公务员或事业单位等考试需要，为寻求安静的学习环境到校外租房。

（2）对学校的住宿条件不满意。一些大学生的家庭经济情况良好，从小娇生惯养，住惯了家里面的房子，使得他们对学校宿舍难以适应，因而在校外租房。

（3）大学生情侣校外同居。当前，恋爱是很多大学生的"必修课"，越来越多的大学生情侣校外同居也成为不能回避的事实。一些恋爱中的大学生情侣为了方便谈恋爱、营造二人世界而在校外租房。

（4）患有不适合群居的疾病。随着高校的不断扩招，有些学校为了抢生源，不断降低对学生身体的健康标准，但是等学生报到之后才发现，一些学生有传染性疾病不适合在宿舍居住。

（5）在校外兼职的需要。大学不仅是学习知识的地方，也是得到锻炼、提高能力的地方，一部分大学生出于经济需要在外做兼职，一些兼职的工作时间与学校的宿舍管理制度有一定的冲突，于是在校外租房。

（6）不适应群居生活。现在的大学生多为独生子女，他们身上出现的以自我为中心的情况使得他们不能很好地适应大学生宿舍的群居生活，因而到校外租房。

（7）追求自由。有些大学生追求自由宽松的环境，喜欢接受新鲜事物，自己的事情自己做主，不喜欢管束，不喜欢学校不人性化的管理制度，因而在校外租房。

二、大学生校外租房存在的安全问题

（1）住在校外的大学生在往返学校的过程中，相对于住在校内的学生来说，存在着更多不确定的安全隐患。

（2）大多数大学生由于没有经济来源，会租住比较便宜的地方。这些地方管理混乱，人员流动大，有安全死角，安全得不到保障，特别是对女大学生而言。由于租房地处居民的社区或城乡接合部，不可能像校园那样有严密的安全制度和措施，因而更易出现以下问题：房屋被撬的偷盗案件；煤气、电器使用不当或设备老化导致的火灾事故及人身伤亡事故；上门抢劫；地方不法之徒的无端滋扰。

（3）许多大学生涉世未深，不善于保管自己的钱物，在往返学校的途中难免出现被抢劫、被敲诈勒索的情况。而且大学生在学校上课期间，其租住的房屋是无人看守的，也会出现失窃的情况。

（4）校外对外出租的地方大多比较简陋，在建设时没有过多考虑安全问题，缺乏必要的消防安全措施，大学生又缺乏一定的消防自救知识，使得消防问题成为很大的安全隐患。

（5）饮食安全问题。住在校内的大学生的饮食主要以学校的食堂为主，学校食堂在食品安全监管方面相对比较严格。住在校外的大学生一般都在校外的小饭店或者路边摊吃饭，食品安全得不到保障，很容易出现安全问题。

（6）情侣同居，难免出现婚前性行为，还有可能会出现未婚先孕、得上传染病等情况。

（7）与房东或邻居的纠纷及纠纷未妥善解决后可能产生的其他严重问题。

三、大学生校外租房问题的防范

（1）严格管理。考虑到当前大学生校外租房的普遍性，以及校外租房存在诸多安全隐患，各学校应把校外租房安全教育提到工作日程中，形成一套切实可行的措施。为了不让大学生管理出现真空和盲区，辅导员必须练就先知先觉、眼观六路、耳听八方的本领，重点做好预防和教育工作，同时发挥学生骨干、学生党员和宿舍信息员的作用，形成联防。

（2）学校应加大对校外租房的管理力度，充分认识到校外租房的大学生存在的安全隐患，制定切实可行的制度，加大对违纪大学生的处理力度。若是发生大学生校外租房产生的安全问题，学校领导和学生管理相关责任人要第一时间赶到现场，协助公安机关辨认并确定信息，通知家长并按学校预案或者要求做好善后工作。

（3）辅导员要加强对大学生的教育管理，通过反面案例、班会、讲座等形式正确引导大学生，提高大学生的安全防范意识。

（4）加大学校设施建设和宿舍改革力度，满足不同层次大学生的需求。

第十六讲　饮食卫生安全与防范

📖 典型案例 1

2003 年 3 月 13 日，思茅区某镇村小学的部分学生，晚饭后在学校操场边玩耍。有学生来到桐子果树下，捡落在地面的桐子果，剥开后吃果仁，先后有 47 名学生捡吃了桐子果，3 至 10 粒不等。晚上 9 点左右，有学生出现恶心、呕吐、头晕的症状。经老师询问，有同学说是吃了桐子果，随后吃了桐子果的同学纷纷出现相同的症状。后经调查证实这是一起误食桐子果所导致的中毒事件，共 47 人中毒，无人死亡。

📖 典型案例 2

2001 年 10 月 10 日，思茅区某镇村小学发生一起因食用变质米干，导致 53 人中毒的事件。经调查，该学校食堂所供应的米干是 10 月 9 日下午 2 点左右从米干厂购买的，放置于班车行李架上托运，班车几经停留，直至 9 日晚上才送到学校食堂。食堂工作人员收到米干后，在室内常温下放置，到 10 月 10 日供应早点时，距米干出厂已经 17 个小时。炊事员在抓米干时发现米干有粘黏、馊味现象，已明显变质，但未注意，只将米干在开水里烫了一下就加入肉汤、佐料给学生食用，最终导致食物中毒事故。

📖 典型案例 3

2008 年 9 月 14 日，普洱市技工学校发生一起食物中毒事件，经查明，这是一起食用凉拌皮蛋而导致的细菌性食物中毒，共有 25 名学生中毒。中毒学生均食用过学校食堂加工销售的凉拌皮蛋，中毒学生经医院及时救治后痊愈，无死亡。

2008 年，广东恩平市沙湖镇一所小学的部分学生在学校吃早餐后出现腹痛、呕吐等症状，至当日中午先后有 70 人住院接受治疗。校方表示其中有 19 人出现中毒症状，另外数十人基于心理影响也要求住院。

📖 典型案例 4

2010 年 4 月 19 日上午，陕西省汉中市、安康市约 200 名中小学生在食用学校配发的早餐奶后出现食物中毒症状，被送往医院治疗。随后附近几所学校的多名学生也出现类似症状，被送往医院治疗。据统计，在勉县有近百名学生出现食物中毒症状就诊，大部分学生症状较轻，有 27 人留院观察。

🗐 典型案例 5

2010年9月6日晚，淮安市盱眙实验中学的部分学生在校园内一小吃部吃完晚饭后出现腹痛、呕吐等症状，随后这些学生被紧急送往盱眙各医院进行救治。28名学生是在该校园内无证经营的小吃部吃的炒饭、炒面等食物而致中毒，而且该小吃部6日刚营业。目前经医院确诊，此次中毒事件的罪魁祸首为亚硝酸盐。

【案例分析】

上述事件，是由于学生的好奇心理及缺少相关食品安全知识所致。为预防类似事件再次发生，各级学校特别是农村学校要加强对学生进行食品安全知识的宣传教育，让其不要随意采摘和捡拾不明属性的野果食用。大学生在户外运动中，也不能因为好奇贸然尝试不了解的山果、野草。

【安全防范】

了解大学生饮食方面存在的隐患、问题及这些问题可能会导致的严重后果，并分析出现这些隐患与问题的原因，追根溯源，找出对策，给学校及相关部门提出合理化建议。在大学生群体中大力开展饮食与健康的知识宣传，增强他们主动关注饮食卫生、安全饮食的意识。纠正当代大学生盲目饮食、随意饮食、不卫生饮食的坏习惯，从而解决当代大学生身上存在的饮食安全与卫生问题。

一、日常生活中容易引起中毒的蔬菜

（1）被农药污染的蔬菜。菜农为了使蔬菜长得快、长得好，会使用高浓度农药喷洒蔬菜，使蔬菜提早上市。

（2）没有煮熟、外表呈青色的菜豆和四季豆中含有皂甙和胰蛋白酶抑制物，可导致中毒。

（3）发芽的马铃薯和青色番茄均含有龙葵碱等毒性物质，食用后会出现头晕、呕吐、流涎等中毒症状。

（4）用化肥催长的豆芽。化肥是含氨类化合物，在细菌的作用下可转化为含有亚硝胺的致癌物，长期食用可致胃癌、食道癌、肝癌等。

（5）鲜黄花菜（也叫金针菜）含有秋水仙碱，进食大量未经煮泡去水或急炒加热不彻底的鲜黄花菜，会导致急性胃肠炎。

（6）蚕豆。有的人吃蚕豆后会出现溶血性黄疸、溶血性贫血，称为"蚕豆病"（又称胡豆黄）。

（7）鲜木耳。鲜木耳中含有一种啉类光感物质，对光线敏感，食后经太阳照射可引起日光性皮炎。

（8）学会识别用激素催熟的蔬菜。有的菜农为了使蔬菜生长加快，会在蔬菜上喷洒激素，这种菜对健康不利。可通过以下方式识别：

西红柿表皮光滑，菜农对其喷洒催大、催肥、催熟的激素药液后，激素药液一部分会流至下端，致使该部位形成"尖屁股"。此外，个头很大，红绿斑驳，摸起来发硬，切开后没汁或汁很少的西红柿，也是催熟剂催熟的，不宜购买。另外，冬瓜、茄子上小下大，黄瓜全身长坨，都是喷洒激素的结果。

二、隔夜菜的存放期限

隔夜菜因食用时被污染，又存放了一段时间，菜中微生物的含量较高，食用不当会影响健康。那么，应怎样处理隔夜菜呢？

饭菜如果有剩余，食用后应尽快放入冰箱，缩短饭菜在常温下的存放时间，以减慢饭菜中细菌生长繁殖的速度。下次食用前必须加热，因为有些致病细菌虽不会致食物变质，但能致人生病。如将饭菜加热，可杀灭其中的大部分微生物。

隔夜菜的存放期限：①隔夜菜在5℃以下的低温环境，可存放1～2天。如存放3天以上，蔬菜中天然存在的硝酸盐会转化为亚硝酸盐，有致癌作用。②动物性食品在25℃～30℃的环境中，3～4小时后即变质。③色拉、海蜇之类的凉拌菜，由于加工时就受到了较多污染，即使冷藏，隔夜后也可能已经变质，应该现制现吃。④腌制食品盐分较多，安全食用期限可延长3～4天。

三、减少蔬菜农药残留的方法

1. 水洗浸泡法（用清水洗干净后浸泡）

污染蔬菜的农药品种主要是有机磷杀虫剂。有机磷杀虫剂难溶于水，水洗浸泡仅能除去部分农药。水洗是清除蔬菜上其他污物和去除残留农药的基础方法，主要用于叶类蔬菜。一般先用水冲洗掉蔬菜表面的污物，然后用清水浸泡，浸泡不少于10分钟。果蔬清洗剂可增加农药的溶出，所以浸泡时可以加入少量果蔬清洗剂。浸泡后要用流水冲洗2～3遍。

2. 清洗后碱水浸泡法

有机磷杀虫剂在碱性环境下分解迅速，所以此方法能有效去除蔬菜中残留的农药，适用于各类蔬菜。其方法是先将蔬菜表面的污物冲洗干净，再将蔬菜在碱水中（一般500 ml水中加入碱面5 g～10 g）浸泡5～15分钟，然后用清水冲洗3～5遍。

3. 去皮法

外表不平或多细毛的蔬菜，较易沾染农药，所以削去外皮是一种较有效地去除蔬菜上残留农药的方法。

4. 储存法

随着时间的推移，农药能缓慢分解为对人体无害的物质（空气中的氧与蔬菜中的酶对残留农药有一定的分解作用），所以对易于保存的蔬菜可以通过存放一定的时间，减少农药残留量。一般应存放15天以上，同时建议不要立即食用新采摘的未削皮的瓜果。

5. 加热法

氨基甲酸酯类杀虫剂随着温度的升高，会加快分解，所以对一些用其他方法难以处理的蔬菜，可通过加热去除部分农药。此法常用于去除芹菜、菠菜、小白菜、圆白菜、青椒、菜花、豆角等蔬菜的农药残留，先用清水将蔬菜表面的污染物洗净，将蔬菜放入沸水焯2～5分钟后捞出，然后用清水冲洗1～2遍。

6. 阳光晒

经日光照射晒干的蔬菜，农药残留较少。

四、食品安全常识

（1）购买食物时，要注意食品包装上有无生产厂家、生产日期，是否过保质期，食品原料、营养成分是否标明，有无"QS"标识。采购食用油时，一定要购买有"QS"标志的桶装食用油。若采购散装食用油，极易购买到潲水油或问题食用油，质量得不到保障。

（2）打开食品包装，检查食品是否具有其应有的感官性状。不能食用腐败变质、油脂酸败、霉变、生虫、污秽不洁、混有异物或者其他感官性状异常的食品。若蛋白质类食品发黏、渍脂类食品有异味、碳水化合物类食品有发酵的气味或饮料有异常沉淀物等，均不能食用。

（3）不到无证摊贩处购买食物，减少食物中毒的隐患。

（4）注意个人卫生，饭前便后洗手，自己的餐具洗净消毒，不用不洁容器盛装食品。不乱扔垃圾，防止蚊蝇滋生。

（5）少吃油炸、油煎食品。

（6）健康饮用桶装水。桶装水一旦打开，应尽量在短期内饮用完，通常在一周内饮用完为宜。即便是质量较好的桶装饮用水，放置时间过长也易滋生细菌。尤其是在炎热的夏季，温度高，细菌繁殖速度较快，更不能久存。桶装饮用水最好放在避光、通风阴凉的地方，避免在阳光下暴晒。同时要警惕饮水机的二次污染，定期清洗饮水机。购买桶装水时要注意先看包装桶是否晶莹透明、质感硬。质量较好的桶（瓶）应由PC材质制成，桶体透明，表面光滑清亮。使用或添加回收废旧垃圾塑料为原料制成的桶俗称"黑桶"，颜色发黑、发暗，透明度差。有部分厂家为降低成本，仍在使用这种明令禁止使用的包装桶装水，应仔细选择鉴别。水桶盖应鲜亮光洁，硬度较高。另外，水桶倒置时应不漏水。合格的饮用水应该无色、透明、清澈、无异味和异臭，没有肉眼可见物。颜色发黄、浑冲、有絮状沉淀或杂质，有异味的桶装水不能饮用。

五、食品掺假、掺杂和伪造

（1）掺假是指在食品中添加廉价或没有营养价值的物质，或从食品中抽去有营养的物质或将其替换为次等物质，从而降低产品质量。如在蜂蜜中加入转化糖，在巧克力饼干中加入色素、从全脂奶粉中抽掉脂肪等。

（2）掺杂即在食品中加入一些杂物，如在腐竹中加入硅酸钠或硼砂，在辣椒粉中加入红砖粉等。

（3）伪造是指包装标识或产品说明与内容物不符。

掺假、掺杂、伪造的食品，一般应由工商行政部门处理；缺少营养、卫生条件差的食品，应由卫生行政部门依法处理。

六、禁止生产经营的食品

禁止生产经营的食品主要有以下几种：

（1）腐败变质、油脂酸败、霉变、生虫、污秽不洁、混有异物或者其他感官性状异常，可能对人体健康有害的。

（2）含有毒、有害物质或者被有毒、有害物质污染，可能对人体健康有害的。

（3）含有致病性寄生虫、微生物，或者微生物毒素含量超过国家限定标准的。

（4）未经卫生检验或者检验不合格的肉类及其制品。

（5）病死、毒死或者死因不明的禽、畜、兽、水产动物等及其制品。

（6）容器包装污秽不洁、严重破损或者运输工具不洁造成污染的。

（7）掺假、掺杂、伪造，缺少营养、卫生条件差的。

（8）用非食品原料加工的，加入非食品用化学物质的或者将非食品当作食品的。

（9）超过保质期限的。

（10）为防病等特殊需要，国务院卫生行政部门或者省、自治区、直辖市人民政府专门规定禁止出售的。

（11）含有未经过国务院卫生行政部门批准使用的添加剂的或者农药残留超过国家规定容许量的。

（12）其他不符合食品卫生标准和卫生要求的。

七、判别伪劣食品的方法

伪劣食品犹如过街老鼠，人人喊打，但人们在日常购物时却难以识别。伪劣食品防范"七字法"，以通俗易懂、易记的方式引导消费者强化食品安全自我防范意识，以使伪劣食品退出市场。伪劣食品防范"七字法"，即"艳、白、长、反、小、低、散"。

一防"艳"。对颜色过分艳丽的食品要提防，如目前上市的草莓又大又红又亮、咸菜梗亮黄诱人、瓶装的蕨菜鲜绿不褪色等食品可能在色素上存在安全问题。

二防"白"。凡是食品呈不正常、不自然的白色，大多含有漂白剂、增白剂、面粉处理剂等化学品。

三防"长"。尽量少吃保质期过长的食品，3℃贮藏的包装熟肉禽类产品采用巴氏杀菌的，保质期一般为 7～30 天。

四防"反"。防"反"即防反自然规律生长的食物，如果过多食用这类食物，可能对身体健康产生影响。

五防"小"。防"小"就是要提防小作坊式加工的产品，这类食品的平均抽样合格率很低。

六防"低"。"低"是指价格明显低于一般价格水平的食品，这类食品大多有安全隐患。

七防"散"。"散"就是散装食品，有些集贸市场销售的散装豆制品、熟食、酱菜等可能来自无执照的小作坊。

八、导致食物中毒等食源性疾病的原因

（1）冷藏方法不正确，如将煮熟的食品长时间存放于室温下，把大块食物贮存于冰柜中，或冷藏温度不够低。

（2）从烹调到食用的间隔时间太长，使细菌的繁殖时间增加。

（3）烹调或加热方法不正确，加热不彻底，食物中心温度低于 70℃。

（4）由病原携带者或感染者加工食品。

（5）使用受污染的生食品或原辅料。

（6）生、熟食品交叉污染。

（7）在室温下解冻食物。

（8）厨房设备、餐具的清洗、消毒方法不正确。

（9）食用来源不明的食物。

（10）加工制备后的食物受污染。

九、预防食源性疾病的十项建议

（1）不买、不食腐败变质、污秽不洁及其他含有害物质的食品。

（2）不食用来历不明的食品，不购买厂名、厂址和保质期等标识不全的食品。

（3）不光顾无证无照的流动摊档和卫生条件不佳的饮食店，不随意购买、食用街头小摊贩出售的劣质食品、饮料。

（4）不食用在室温条件下放置超过 2 个小时的熟食和剩余食品。

（5）不随便吃野菜、野果。野菜、野果的种类较多，其中有些含有对人体有害的毒素，缺乏经验的人很难辨别清楚。

（6）生吃瓜果蔬菜要洗净。瓜果蔬菜在生长过程中不仅会沾染病菌、病毒、寄生虫卵，还有残留的农药、杀虫剂等，如果不清洗干净，不仅可能染上疾病，还有可能导致农药中毒。

（7）不饮用不洁净的水或者未煮沸的自来水。水是否干净，仅凭肉眼很难分清，清澈透明的水也可能含有病菌、病毒。

（8）直接食用的瓜果应用洁净的水彻底清洗并尽可能去皮，不吃腐烂变质的食物。食物腐烂变质，味道就会变酸、变苦，散发出异味，这是由细菌大量繁殖引起的，食用这些食物后可能会导致食物中毒。

（9）进食前或便后应将双手洗净，养成吃东西前洗手的习惯。人的双手每天都接触各种各样的东西，会沾染病菌、病毒和寄生虫卵。吃东西以前认真用肥皂洗净双手，才能减少病从口入的可能。

（10）在进食过程中如发现食物感官性状异常，应立即停止进食。

十、八种常见的饮食卫生误区

1. 好热闹，喜聚餐

每当节假日，人们大多喜欢三三两两到餐馆"撮一顿"，或是亲朋好友在家聚餐，又热

闹又便于交流感情。这样做不利于健康，不符合饮食卫生，最好实行分餐制。分餐是对他人和自己的健康的负责和尊重。

2.用白纸包食物

有些人喜欢用白纸包食品，因为白纸看上去干净。可事实上，在生产白纸的过程中，会加用许多漂白剂及带有腐蚀作用的化工原料，纸浆虽然经过冲洗、过滤，但仍含有不少化学成分，会污染食物。至于用报纸来包食品，则更不可取。因为印刷报纸时会使用油墨或其他有毒物质，对人体的危害极大。

3.用酒消毒碗筷

一些人常用白酒来擦拭碗筷，以为这样可以达到消毒的目的。殊不知，医学上用于消毒的酒精度数为75°，而一般白酒的酒精含量多在56%以下。所以，用白酒擦拭碗筷，根本达不到消毒的目的。

4.抹布清洗不及时

实验表明，在家里使用一周后的全新抹布滋生的细菌数会让人大吃一惊，如果在餐馆或大排档，情况会更差。因此，在用抹布擦拭饭桌前，应充分清洗。抹布每隔三四天应该用开水煮沸消毒，以避免因抹布使用不当危害健康。

5.用卫生纸擦拭餐具

化验结果证明，许多卫生纸（尤其是非正规厂家生产的卫生纸）的卫生状况并不好，这些卫生纸因消毒不彻底含有大量细菌；即使消毒较好，卫生纸也会在摆放的过程中被污染。因此，用普通的卫生纸擦拭碗筷或水果，不但不能将食物擦拭干净，反而会在擦拭的过程中对餐具或食物造成污染。

6.用毛巾擦干餐具或水果

人们往往认为自来水是生水、不卫生，因此在用自来水冲洗过餐具或水果之后，再用毛巾擦干。这样做看似卫生细心，实则相反。干毛巾上常常有许多病菌。目前，我国城市自来水大都经过严格的消毒处理，所以用洗洁剂和自来水彻底清洗过的食品基本上是洁净的，可以放心食用，无须再用干毛巾擦拭。

7.将变质食物煮沸后再吃

有些人比较节俭，有时将轻微变质的食物高温煮过后再吃，以为这样就可以彻底消灭细菌。相关实验证明，细菌在进入人体之前分泌的毒素，是非常耐高温的，不易被破坏分解。因此，这种用加热方法处理变质食物的方法是不可取的。

8.把水果烂掉的部分削掉再吃

有些人在吃水果时，习惯把水果腐烂的部分削了再吃，认为这样比较卫生。然而，微生物学专家认为：即使把水果上已烂掉的部分削去，水果剩余的部分也已有细菌的代谢物，甚至有些微生物开始繁殖，其中的霉菌可导致人体细胞突变而致癌。因此，水果只要是已经腐烂了一部分，就不宜再吃，扔掉为好。

十一、其他注意事项

1.食品的保质期和保存期

购买食品时要注意，食品的保质期或保存期是一段时间，应从生产日期算起。生产日期是指食品产品完成全部生产（加工）过程（程序），并达到销售的标准日期。

在购买食品时应该注意，食品包装或标签上除了印有食品名称、配料、制造者、经营者等项目外，还有一项相当重要的内容——食品的保质期或保存期。为了增强健康卫生自我保护意识，应当了解食品的保质期或保存期的含义。

保质期是食品的最佳食用期，保存期是推荐的最终食用期。如果保质期或保存期与食品的贮期条件有关，必须标明贮藏方法，如冷藏贮存、避光保存、阴凉干燥处保存等。在选购食品时也应注意销售商的销售环境是否符合标签上的规定。

2.吃好早餐

我国一直有"早餐吃好，午餐吃饱，晚餐吃少"的说法，但由于有的大学生喜欢赖床，就没有时间吃早餐。不吃早餐会造成血糖低，对大脑的营养供应不足，长期下去，会影响大脑的发育。早餐时饮用鲜牛奶最为适宜，因为鲜牛奶中不仅含有优质的蛋白质，而且含有大脑发育所必需的卵磷脂。

第十七讲　实习实训安全问题与防范

实习生、学校与企业如果忽视各种安全防范措施，就容易出现实习性伤害事故。尽管学校与企业为了做到安全实习采取了一些措施，但据调查显示，实习生伤害事故的发生率仍呈逐年上升趋势。

📖 典型案例1

某校实习生参加毕业实习，在粉末加工过程中，由于操作不熟练、心理紧张、反应不灵敏，没有及时抽回伸出去的右手，导致右前臂被机器缠绞轧伤。

📖 典型案例2

某校大三学生实习时，操作对象是台旧车床。由于车床皮带轮防护罩缺失，使得该大学生的袖子在操作过程中不慎被绞，经抢救后右手被截。

📖 典型案例3

某校实习生进入公司实习时，随指导师傅进行拌料操作，拌料结束后，指导师傅进入隔壁车间闲聊，留下实习生一人清洁混合机中的剩余底料。实习生误启混合机，左手被卷入机器而导致残疾。

📖 典型案例4

某校实习生许某，在实习现场面对从未见过的 1 000 吨压砖机，在指导师傅不在场的情况下开始安装工作，不料推料架突然倒塌，将躲闪不及的许某压倒。

【案例分析】

从以上四个典型案例可以看出，实习生本人操作不当、学校安全防范措施不到位及企业安全管理松懈是导致悲剧发生的重要原因。大学生在实习实训期间一定要增强安全意识，增加防范措施，防止安全事故的发生。

导致实习生安全事故的原因如下。

（1）实习生心理准备不充分。实习前，实习生对企业环境、实习过程和生产环境的认识往往过于理想化，进入实习现场对可能遇到的种种困难、问题与突发事件，缺乏应有的心理准备。因此，一旦遇到突发事件，就变得手足无措，从而因操作失误，最终导致安全事故发生。

（2）实习生安全意识淡薄。实习生对于学校与企业的安全教育，缺乏足够的重视，看到指导师傅工作觉得比较简单，认为自己已完全掌握了操作要领，高估自己的能力，对于实习伤害事故的危害性认识不够深刻，如案例4。

（3）实习生操作技能水平低下。实习生的职业技能水平及对操作规程的了解，直接关系系统的安全运行与操作的可靠性。尤其是面对突发事件时，实习者的职业技能水平决定了其对事故的判断与操作行为的决策，并决定了事故控制处理的成败及事故后果的严重性，如案例1、案例3。

（4）实习指导教师对生产过程缺乏深入的了解。在实习生参与企业实习时，实习指导教师没有做到跟踪指导，未关注实习生实习现场与工作的情况，如案例2。

（5）学校的安全教育流于形式，没发挥实质性的作用。学校的安全教育只停留在课堂教育上，要求学生记住通用性的规章制度、安全防范注意事项等，没有使学生站在企业真实的生产环境下理解安全问题。同时，企业的指导师傅对实习生的实际情况及个人特点缺乏了解，很少结合真实的工作环境逐点讲解可能出现的安全隐患。

（6）企业安全管理松懈，缺乏安全实习意识。部分企业，特别是大中型企业，都建立了安全管理机构，有明确的实习管理制度，以保障实习期间的管理与指导。而有些企业，特别是小型企业，大多数自身安全管理机构不完备，管理松懈，职能及安全生产制度没有得到有效发挥，实习指导师傅安全意识不强，从而对实习生的安全造成影响。在案例3中，除了实习生操作失误等原因，实习指导师傅不在场，没有及时制止失误操作，也是导致安全事故发生的重要原因。

（7）学校与企业实习单位缺乏沟通，安全责任制不明确。学校与企业缺少良好的沟通，没有与企业签订实习生安全实习协议等，明确双方的管理职责。很多情况下是校方联系人与企业有关部门联系，或由学生自己找企业实习。企业认为他们为学生提供了实习机会，是对学校的一种支持，但缺乏严格的实习管理制度，存在学校、企业双方的管理均不到位等现象，出现责任事故后双方又互相推诿。

一、严格进行"三级安全教育"

"三级安全教育"是指对新招收的职工、新调入职工、来厂实习的大学生或其他人员所进行的厂部安全教育、车间安全教育、班组安全教育。

1. 厂部安全教育的主要内容

（1）讲解劳动保护的意义、任务、内容及其重要性，使新入厂的职工树立起"安全第一"和"安全生产人人有责"的思想。

（2）介绍企业的安全概况，包括企业安全工作发展史、企业生产特点、工厂设备分布情况（重点介绍接近特殊设备的注意事项）、工厂安全生产的组织机构、工厂的主要安全生产规章制度（如安全生产责任制、安全生产奖惩条例，厂区交通运输安全管理制度、防护用品管理制度以及防火制度等）。

（3）介绍《全国职工守则》和企业职工奖惩条例以及企业内设置的各种警告标志和信号装置等。

（4）介绍企业典型事故案例和教训，抢险、救灾、救人常识以及工伤事故报告程序等。

厂级安全教育一般由企业安技部门负责进行，时间为 4～16 小时。讲解应与看图片、参观劳动保护教育室结合起来，并应发放浅显易懂的规定手册。

2. 车间安全教育的主要内容

（1）介绍车间的概况。如车间生产的产品、工艺流程及其特点，车间人员的结构、安全生产组织状况及活动情况，车间危险区域、有毒有害工种情况，车间劳动保护方面的规章制度和对劳动保护用品的穿戴要求及注意事项，车间事故多发部位、原因、特殊规定和安全要求，介绍车间常见事故和对典型事故案例的剖析，介绍车间安全生产中的好人好事，车间文明生产方面的具体做法和要求。

（2）根据车间的特点介绍安全技术基础知识。如冷加工车间的特点是金属切削机床多、电气设备多，起重设备多，运输车辆多，各种油类多，生产人员多，生产场所比较拥挤，机床旋转速度快、力矩大。教育实习生遵守劳动纪律，穿戴好防护用品，小心衣服、发辫卷进机器，手被旋转的刀具擦伤。要告诉实习生在装夹、检查、拆卸、搬运工件特别是大件时，防止碰伤、压伤、割伤；调整工夹刀具、测量工件、加油以及机床速度均须停车进行；擦车时要切断电源，并悬挂警告牌；清扫铁屑时不能用手，要用钩子；工作场所应保持整洁、道路畅通；装砂轮要恰当，附件要符合要求规格，砂轮表面和托架之间的空隙不可过大，操作时不要用力过猛，站立的位置应与砂轮保持一定的距离和角度，并戴好防护眼镜；加工超长、超高产品时，应有安全防护措施等。

其他如铸造车间、锻造车间和热处理车间、锅炉房、变配电站、危险品仓库、油库等，均应根据各自的特点，对实习生进行安全技术知识教育。

（3）介绍车间防火知识，包括防火的方针，车间易燃易爆品的情况，防火的要害部位及防火的特殊需要，消防用品的放置地点，灭火器的性能、使用方法，车间消防组织情况，遇到火险如何处理等。

（4）组织实习生学习安全生产文件和安全操作规程制度，并应教育实习生尊敬师傅，听从指挥，安全生产。

车间安全教育由车间主任或安技人员负责，一般为 4～8 课时。

3. 班组安全教育的主要内容

（1）本班组的生产特点、作业环境、危险区域、设备状况、消防设施等。重点介绍高温、高压、易燃易爆、有毒有害、腐蚀、高空作业等可能发生事故的危险因素，交代本班组容易出事故的部位和对典型事故案例的剖析。

（2）讲解本工种的安全操作规程和岗位责任，重点讲解思想上应时刻重视安全生产，自觉遵守安全操作规程，不违章作业；爱护和正确使用机器设备和工具；介绍各种安全活动以及作业环境的安全检查和交接班制度。告诉实习生发生事故或发现事故隐患时，应及时报告领导，采取措施。

（3）讲解正确使用、爱护劳动保护用品和文明生产的要求。强调机床转动时不准戴手套操作；高速切削时要戴保护眼镜；女工进入车间戴好工帽；进入施工现场和登高作业，必须戴好安全帽、系好安全带；工作场地要整洁；道路要畅通；物件堆放要整齐等。

（4）实行安全操作示范。组织重视安全、技术熟练、富有经验的老工人进行安全操作示范，边示范边讲解，重点讲安全操作要领，说明怎样操作是危险的，怎样操作是安全的，不遵守操作规程将会造成的严重后果。

班组安全教育由班组长或安全员负责，授课时间为 2 ～ 8 小时。

三级安全教育的内容要全面且突出重点，讲授要深入浅出，最好边讲解边参观。每经过一级教育，均应进行考试，以便加深印象。

二、实习生伤害事故预防措施

目前，实习生、学校与企业由于实习生伤害事故导致的法律纠纷日益凸显。在我国，关于实习生伤害事故的处理，从法律层面上来讲，还有许多不完善的地方。实习是大学生活的必修环节，通过实习，可让学生了解真实的生产环境与生产过程，掌握操作技能。企业的真实生产环境、生产过程比校内的实习、实训场地更为复杂，不可预测性及安全隐患更多，管理上更为困难。因此，应通过对实习生伤害事故原因的探析，提出相应的预防策略，尽量把实习生伤害事故的发生率降到最低。

（1）树立安全意识、严格遵守安全操作规程是实习生上岗后应上的第一课。无论是校内实习还是企业实习，安全是第一要务。无论在学校还是在企业，都要认真上好安全实习第一课，懂得安全是不能马虎的，一时的疏忽可能影响一生。

在设备运行前、运行中必须进行安全检查，防止设备带故障运行。严格按照轮流换岗制度，面对突发事件时，能够沉着应对，运用所学专业知识与技能，及时制止可能发生的事故，保护自身安全。养成良好的操作习惯，杜绝违章作业和不良的工作习惯。在学校期间，努力掌握所学技能，加强技能训练，提升操作技能，熟练规程与操作程序，做到心中有数，通过学校各项技能测试。

（2）学校的安全教育要落实到学生实习的每一个阶段，发挥实质性的作用。学校要建立学生安全实习保障制度，建立学生实习管理小组。学生进入企业实习前，学校要针对其心理特点对其进行安全教育，安全教育的内容、形式要根据具体实习企业来定，结合实习企业的生产实际，分析可能存在的隐患，使安全教育真实，做到针对性强、实用性强。

学校要与实习企业、实习生签订安全实习协议，学校与实习企业要明确实习内容、实习时间以及各自的责任，分工协作，全方位落实学生在实习期间的管理工作。要求学生实习期间严格遵守学校实习指导教师、企业实习带班师傅的管理与安排。

加强对实习指导教师与带班师傅的安全和防范意识的培养，建立实习指导教师与带班师傅定期联系制度，同时要求企业选派技能水平高、工作负责任、安全意识强的师傅担任企业实习带班师傅。实习生在实习期间，如果在安全方面有突出表现，则要给予相应的奖励，健全激励机制。

（3）企业要加强安全管理，增强安全意识，健全安全制度。企业领导要重视实习生的实习工作，健全企业规章制度，建立实习生实验设备安全检查机制。存在安全隐患的设备经过检修后方可投入使用，对于无法消除安全隐患的设备，必须坚决予以撤销。要明确规定，在实习生操作过程中，实习带班师傅必须全程跟踪，确保将实习生的误操作率降到最低。实习生就是实习带班师傅的徒弟，实习生出现的问题就是实习带班师傅的问题。应把学生的安全实习列入企业安全生产监督部门的任务之一，为实习生的安全提供保障。

（4）学校应主动与企业联系，设计实习生实习的方案，争取企业的支持。通过对实习生伤害事故案例的追踪分析，实习生伤害事故均是由企业存在的安全隐患所致。作为大学生培养的主体，学校应积极主动地与企业联系，考查学生实习的企业及学生实习的内容，考虑可能发生的安全隐患。特别是实习指导教师，要了解实习生实习的每一个环节，对可能存在的问题及时提醒企业实习带班师傅。学校安排学生实习，不仅要对学生进行安排、组织、管理，而且要了解企业的管理制度，了解学生实习的工作环境及工作内容，结合学生的特点，向企业提供学生实习的方案，争取企业的支持。

第十八讲 就业陷阱及防范

📖 **典型案例**

2012 年 3 月，某高校五名学生同时到保卫处报案：他们都是大四的学生，前两天，他们中的李某在校门外遇到一男子，向他询问找工作的情况，并自称是某省建设银行的，今年想在该校通过暗访招五名优秀大学毕业生。通过交谈，该男子说李某不错，让他再找几个素质好的毕业生一起到其住的宾馆面试，合格后就往学校发函，再签协议书。李某回校后，就找到了四名比较要好的同学到该男子住的宾馆"面试"。该男子和另一个自称是人事处长的男子说五个人都不错，同意录用，让他们每人先交 1 000 元的"保证金"，然后回去等通知，他们和学校联系后就签协议，并给李某等五人留了名片。过了两天，李某等人按那两名男子所留名片上的联系方式打电话，准备询问事情的进展时，固定电话提示打错了，手机关机，遂报案。

【案例分析】

大多数毕业生都想找一个待遇优厚的工作，犯罪嫌疑人正是利用了这一点，轻易地骗走了李某等人的 5 000 元钱。李某等人如果稍微有一些警惕性，及时按名片上的联系方式进行查证，或许就不会被骗甚至会抓住犯罪嫌疑人。还有一些不法分子谎称自己是某高干家属或某单位领导等，以帮助毕业生联系工作、收取活动费为由进行诈骗。因此，大学生在择业时一定要警惕，以免被骗。

一、大学生就业常见陷阱及防范方法

陷阱 1 押金、保证金以及押证件

一些用人单位要求大学生支付押金，承诺交了押金就可以上班，但之后又以人员已满等借口要求大学生等消息，而且拒绝返还押金，最后就没有音讯了。人力资源和社会保障部明确规定不得对应聘者收取押金和扣押任何证件。

陷阱 2 性骚扰，误入歧途

女生张某大学毕业后到一家电子产品销售公司上班，整个公司加上老板只有 3 个人。刚到公司，老板庄某对她和另一位新招的女员工很好，早上会给两人准备牛奶，还会给两人准备午饭和水果。没多久，庄某开始常常假借关心工作对张某做出摸手、摸头的举动。有次张某无意中说肩膀有些酸痛，庄某就给她做按摩。在一次拒绝与庄某独处后，庄某将张某开除，并不给其工资。

★防范方法：女大学生就业时要加强防范意识

着装应尽量职业化；警惕老板对自己过分亲热、过多表扬，甚至请吃饭；不要轻易答应别人送自己回家，晚回家最好让朋友、父母来接或者走人多的地方；尽量不要跟着别人去人少的地方或者鱼龙混杂的场所；公共场合尽量不要喝酒。

陷阱3　传销

传销是我国法律明令禁止的行为。传销组织者常用的方法如下：

（1）抓住大学生急于找工作的心理，以高回报和参与创业为诱饵进行欺骗。

（2）限制大学生的人身自由，以上课、谈心、感情交流等方式对大学生进行思想控制。

（3）洗脑后，大学生被传销组织提出的平等、互爱等迷惑，对传销"暴富神话"产生浓厚兴趣，急于想改变自身现状。

（4）要求被洗脑的大学生以要好的同学、亲友为发展对象，诱使其参与传销活动。

（5）要求大学生交纳高额费用，金额大都在5 000元左右。

★防范方法：坚决不参与

首先，要明确传销是非法活动，了解非法传销的欺诈本质，增强抵制各种诱惑的自觉性。其次，不要将个人信息轻易告诉他人，以防被人以招聘、社会实践等活动为名迷惑，陷入传销活动。最后，要到正规的人才市场寻找工作，不要轻信同学、朋友提供优厚待遇工作的许诺。如发现不法分子在进行非法传销活动，应及时报警或向学校保卫部门报告。

传销通常具有以下特征中的一个或几个：在"入会"时告知新加入者的职责之一是发展更多的人；交纳昂贵的会费；工作场所中很多人热情激昂；没有工商行政管理部门颁发的合法的营业执照。如果识别出传销，大学生应立即报警。

陷阱4　以高薪诱骗学生

承诺高薪但不签订劳动协议和合同，劳动结束后不兑现，骗取大学生的劳动成果。

二、大学生择业时防止受骗的方法

（1）尽可能在人才市场、大学生供需见面会上进行双向选择。这是正规渠道，不要轻率自找门路。

（2）详细了解用人单位的各种相关信息，诸如用人单位的状况、将要从事工作的性质等。可通过学校有关部门或亲友了解，有条件的也可以亲自登门，实地考察、了解。这样除了防止受骗外，还便于在和用人单位签订合同时，使自己更加主动，防止发生民事纠纷。

（3）一旦遇到问题，立即向学校学生管理部门、保卫部门、地方公安机关反映，并注意保留证据，提供有关线索，协助调查，这样才能将损失减到最低。

第十九讲　增强遵纪守法和自我保护意识

典型案例 1

2002 年 2 月 23 日 13 时 10 分，清华大学学生刘海洋悄悄跑到北京动物园走近熊山，向黑熊泼下了硫酸。在黑熊的惨叫声中，刘海洋迅速逃离。随即刘海洋被北京市公安机关抓获，刘海洋交代此次事件的动机只是为了测验一下黑熊的嗅觉能力。后北京市西城区法院判决刘海洋犯故意毁坏财物罪，免予刑事处罚。

典型案例 2

2002 年 3 月下旬，某大学学生 C 某在未经允许的情况下，趁宿舍没人，将同学的笔记本电脑拿走。公安机关接报案后，予以立案侦查。C 某因触犯法律被勒令退学，因有自首情节和立功表现，未被追究刑事责任。在接受处理结果时，C 某痛心疾首，说没有意识到自己触犯了法律。

【案例分析】

以上两个案例中，涉案人因缺少足够的法律意识，没有考虑到自身的行为会给他人、社会造成的后果，思想意识中只有满足个人需求的欲望，以致做出了"无知者无畏"的愚蠢事情，等到发现自己触犯了法律时，为时已晚。作为大学生，应当不断提高法律素质，具备较强的法制观念，能够主动约束自己的日常行为，培养良好的道德品质。从修身做起，继承和发扬中华民族从善如流、疾恶如仇、严于律己、知耻、慎独等优秀道德品质，并在新的历史条件下将这些优秀道德品质发扬光大，以法律己，以德待人，做到"有法可依，有法必依，执法必严，违法必究"，纠正小的不良行为，不以"恶小而为之"，不任其发展，防微杜渐。法纪观作为执行和维护国家法律制度和组织纪律的思想行为素质，在现代人才素养中占据重要地位，大学生从入学开始就应注意加以培养，以适应现代社会的需要。

一、大学生应接受法纪观念教育

法纪观是指人们对国家法律制度和组织纪律的看法和态度，包括法制观和纪律观。开展法纪观念教育，使大学生熟知和明确学校的各种规章制度及国家、社会对大学生的要求，从而使大学生认识到学习、贯彻学校各种规章制度的必要性和执行国家法律法规的重要性，使其真正树立是非意识和全局观念。

大学生违法犯罪的原因主要有：家庭教育不当、社会交友不良，学校教育的失误和管理不力，个人的人格缺陷、心理不健康等。

（一）熟知有关的法律法规和学校的规章制度

大学生应熟知和掌握《中华人民共和国高等教育法》《中华人民共和国教师法》《中华人民共和国治安管理处罚条例》《中华人民共和国国家安全法》《中华人民共和国刑法》（以下简称《刑法》）等有关法律法规，以及学校的《大学生守则》《学籍管理规定》《校园治安管理规定》《违纪处罚条例》《学校消防管理细则》《学生公寓治安管理规定》《水电管理规定》等有关规定，依照相关的规章制度规范自身的言行。

（二）树立正确的法纪观

（1）学习、掌握法律知识。法律知识是构成法制观的基础，认真学习法律知识，充分认识有中国特色的社会主义法律体系，掌握我国宪法和基本法律的主要精神和内容，明确权利与义务、民主与法制、自由与纪律的辩证统一关系等是高校法制教育的主要任务，是树立正确法制观的必要条件。

（2）注重强化法律意识。法律意识是关于法律现象的思想观点和心理的总称，是法制观的核心。当前，大学生尤其要注重强化自身的宪法意识、市场经济法制意识、守法意识、依法办事意识等，这是树立正确法纪观的重要内容之一。

（3）提高用法能力。用法能力是人们运用法律分析问题、解决问题的能力，主要表现为运用法律和制度依法办事的能力。在树立正确法纪观的过程中，既要重视法律知识的积累和法律意识的强化，也要注重在实践中提高用法的能力。同时加强依法自律能力、依法自护能力、依法参与能力和依法斗争能力。

二、正当防卫

（一）正当防卫的含义

正当防卫，是指面对不法侵害者造成一定损害的行为，制止其正在进行的不法侵害，以保卫国家、公共、本人或其他人的人身和其他合法利益的行为。

《刑法》第二十条第一款规定，为了使国家、公共利益、本人或者他人的人身财产和其他权利免受正在进行的不法侵害而采取的制止不法侵害，并对不法侵害人造成必要损害的行为是正当防卫。

（1）正当防卫的前提条件是必须存在不法侵害。一般来说，不法侵害是指违反法律规定、具有社会危害性并且带有较明显的紧迫性或攻击性的行为。对于合法行为，如公安人员的拘留、逮捕，群众捉拿或扭送罪犯等，不能进行所谓的正当防卫。

（2）正当防卫的时间条件是必须针对正在进行的不法侵害。所谓正在进行的不法侵害，包括两层含义：一是指这种侵害是实际进行的，不是主观想象的、推测的；二是指这种侵害是正在进行的，不是尚未发生或已经结束的。如果凭借错误的想象和推测而事先防卫，属于假想防卫。不法侵害已经结束，再对不法分子进行防卫，属于事后防卫，是一种非法的报复行为，构成犯罪，应负刑事责任。

（3）正当防卫的对象条件是不法侵害者本人。正当防卫的目的是制止、排除不法侵害，故只能对不法侵害者本人实施，而不能对其他人实施（如不法侵害人的亲属等）。另外，对共同实施不法侵害的，如现场的组织者、指挥者，也可以实施正当防卫。防卫人在实施防卫的过程中如果给第三者造成损害，可以根据其主观有无罪过来确定应否承担刑事责任。

（4）正当防卫的主观条件是正当的防卫意图。正当的防卫意图是指防卫人是为了保护国家、公共利益、本人或他人合法的人身、财产和其他权利免受不法侵害。正当防卫之所以是正义的，就在于它是为了保护以上合法利益，这是正当防卫的基本出发点，离开了这个基本出发点，正当防卫就不能成立。也就是说，为了保护非法利益而实行的防卫（如盗窃犯为了保护盗窃来的财物而实施的防卫）不是正当防卫。

（5）正当防卫的限制条件是没有超过必要限度。所谓必要限度，是指正当防卫以有效地制止不法侵害为限度。即只要防卫行为在当时的具体情况下是有效制止不法侵害所必需的，则不论其性质、手段、强度与后果是否和不法侵害行为相适应，都不能认为是超过了必要的限度。反之，如果防卫所采取的措施不是当时情况下所必需的，行为人应就为其行为承担相应的责任。

（二）正确运用正当防卫

根据《刑法》的规定，实施正当防卫必须同时符合以下四个条件：

第一，只有在国家、公共利益、本人或他人的合法权利受到不法侵害时。

第二，必须是在不法侵害正在进行时。

第三，必须是对不法侵害者本人实施防卫，而不能对无关的第三者实施。

第四，正当防卫不能超过必要的限度（能阻止对方对自己的侵害），造成不应有的损害。

（三）非正当防卫的类型

（1）防卫过当。它是指行为人在实施正当防卫时，超过了正当防卫所需要的必要限度，并造成了不应有的危害行为。

（2）防卫挑拨。它是指行为人故意挑逗对方，使对方对自己进行不法侵害，以此为借口加害对方。

（3）局外防卫。它是指防卫者对正在进行不法侵害以外的人实施的侵害行为。

（4）假想防卫。它是指不法侵害行为根本不存在，由于行为人猜想、估计、推断不法侵害行为存在，而对他人实施侵袭的一种侵害行为。

（5）事前防卫。也叫提前防卫，它是指行为人在不法侵害尚未发生或者还未到来时，对准备进行不法侵害的人采取的防卫行为。

（6）事后防卫。它是指不法侵害终止后对不法侵害者进行的防卫行为。

第二十讲 群体活动安全与防范

典型案例

2014年12月31日23时35分许，上海外滩陈毅广场发生群众拥挤踩踏事故，致35人死亡，43人受伤。

12月31日晚，上海各大地标如往年一样举行相关活动跨年迎新。其中，作为上海跨年迎新重头戏"跨年灯光秀"的举办地，大概是因为出于对安全的考虑，由过去三年来的外滩移至外滩源，凭票入场。外滩虽无任何"灯光秀"和倒计时活动，但大多数游客仍聚集于外滩周边，尤其是被认为观赏"灯光秀"视角最好的观景平台最为拥挤。

23时30分许，所谓的"灯光秀"即将开始，部分人想上观景平台，部分人想下观景平台，人流产生对冲。第一次踩踏的事发地点为陈毅广场通往外滩观景平台的阶梯，23时34分，阶梯最低处忽然有人被挤倒，更多的人被层层涌来的人浪压倒，形势开始失控。踩踏引起了混乱，紧接着由于人流量大、秩序混乱，在台阶不远处的中山东一路、南京东路丁字路口，发生了第二次踩踏。

【案例分析】

大规模的人群聚集都存在很大的风险。公共安全危机干预专家高锋指出："踩踏事故的发生，有很大一部分是因为四面八方的人向一个狭小的空间内聚集，从而导致这个空间的承载量超过极限。"但从某种意义上说，人群聚集并不一定导致踩踏事故，人群聚集却没有有效的管理才可能导致踩踏事故的发生。

以此次事故为例，人潮管理措施确实存在问题。据媒体此前报道，往年外滩跨年"灯光秀"，中山东一路、北京东路等周边区域的路段禁止一切车辆通行，黄埔江东金线轮渡双向停航，黄浦江人行观光隧道关闭，南京东路地铁站还会封站。改了"灯光秀"地点后，暂且不说主管方关于灯光秀移址到外滩源举办的通知是否及时有效，对于外滩这种人群可能高度聚集的地带，不封锁主要路口控制人流量，显示出主管方对节假日公共场所安全风险的把控不足，一旦现场人流超过预估容量，分流、现场秩序维护和应急预警也缺位。

简而言之，事故原因似乎出乎意料的简单：观景平台上的人要下去，下面的人要上去，人流对冲导致悲剧发生。事故发生后，大量网友在微博、微信朋友圈发出有关踩踏事故的相关文字和图片，这些图片和文字显示踩踏场面非常惨烈。

【安全防范】

在那些空间有限且人群相对集中的场所，如球场、商场、狭窄的街道、室内通道或楼梯、影院、酒吧、KTV、宗教朝圣仪式的举行地点、彩票销售点、超载的车辆、航行中的轮船等都有潜在的危险。身处这样的环境时，一定要提高安全防范意识。

一、导致踩踏事故的原因

（1）人群较为集中时，前面有人摔倒，后面的人未留意，没有止步。

（2）人群受到惊吓，产生恐慌，如听到爆炸声、枪声，出现惊慌失措的失控局面，在无组织、无目的的逃生中，相互拥挤踩踏。

（3）人群因过于激动（兴奋、愤怒等）而出现骚乱，易发生踩踏。

二、遭遇拥挤人群时的应对办法

（1）发觉拥挤的人群向着自己行走的方向拥来时，应该立即避到一旁，但是不要奔跑，以免摔倒。

（2）如果旁边有商店、咖啡馆等，可以暂时躲避。切忌逆着人流前行，以免摔倒。

（3）若身不由己陷入人群之中，一定要先稳住双脚。切记远离店铺的玻璃窗，以免因玻璃破碎而被扎伤。

（4）遭遇拥挤的人流时，一定不要采用体位前倾或者低重心的姿势。即便鞋子被踩掉，也不要贸然弯腰提鞋或系鞋带。

（5）如有可能，抓住一样坚固牢靠的东西，如路灯柱等，待人群过去后，迅速而镇静地离开现场。

三、出现混乱局面的应对方法

（1）在拥挤的人群中，要时刻保持警惕。当发现有人情绪不对或人群开始骚动时，要做好保护自己和他人的准备。

（2）千万不能被绊倒，避免自己成为拥挤踩踏事件的诱发因素。

（3）发现自己前面有人突然摔倒时，应马上停下脚步，同时大声呼救，告知后面的人不要向前靠近。

（4）若被推倒，要设法靠近墙壁，面向墙壁，身体蜷成球状，双手在颈后紧扣，以保护身体最脆弱的部位。

四、踩踏事故发生后的处理办法

（1）一方面，赶快报警，等待救援；另一方面，在医务人员到达现场前，要抓紧时间用科学的方法开展自救和互救。

（2）在救治中，要遵循先救重伤者、老人、儿童及妇女的原则。判断伤势的依据有：神志不清，呼之不应者伤势较重；脉搏急促而乏力者伤势较重；血压下降，瞳孔放大者伤势较重；有明显外伤，血流不止者伤势较重。

（3）当发现伤者呼吸、心跳停止时，应尽快对其做人工呼吸，辅之以胸外按压。

五、危急时刻保持心理镇定的方法

（1）在拥挤的人群中，一定要时时保持警惕。当面对惊慌失措的人群时，更要保持情绪稳定，不要被他人感染，惊慌只会使情况更糟。

（2）已被裹挟至人群中时，要切记与大多数人的前进方面保持一致，不要试图超过别人，更不能逆行，要听从指挥人员指挥。同时发扬团队精神，因为组织纪律性在灾难面前非常重要。专家指出，心理镇静是个人逃生的前提，服从大局是集体逃生的关键。

（3）如果出现拥挤踩踏现象，应及时联系外援，寻求帮助，并立即拨打 110、119 或 120 等。

（4）不要因好奇心驱使去人多拥挤处一探究竟，以免造成不必要的人员集中而发生踩踏事故。

六、预防踩踏发生

（1）要时刻保持冷静，提高警惕，尽量不要受周围环境的影响。

（2）要事先熟悉所处地方所有的安全出口，同时保障安全出口畅通无阻。

（3）当身不由己混入混乱的人群中时，一定要站稳，抓住身边的牢固物体。

（4）志愿者有权利和义务组织安排在场人员有序疏散。

（5）志愿者在指挥过程中应尽量及时联系外援求助。

七、校园预防踩踏事故的措施

（1）课间休息或放学后不要急于抢行下楼，牢记安全第一。

（2）在楼梯间排队行进时，要严格遵守上下楼梯靠右行走的规定，严禁起哄、拥挤、追逐打闹。如果发现前方有同学跌倒，要大声呼喊让后面的同学停下，等跌倒的同学站起来后再过去。千万不可跨越或踩踏过去，使跌倒的同学没有机会站起并将后面更多的学生绊倒，从而发生踩踏惨剧。

（3）发现不文明的行为时要敢于劝阻和制止。

（4）发觉拥挤的人群向自己行走的方向来时，应立即避到一旁，不要慌乱，不要奔跑，以免摔倒。

（5）顺着人流走。切不可逆着人流前进，以免被人流推倒。

（6）在楼梯间排队行进时，不要弯腰捡拾物品、系鞋带等，以防绊倒后面的同学，从而发生踩踏惨剧。捡拾物品应等队伍过后才进行，系鞋带要退让到队伍外面进行。

（7）严禁在楼梯间奔跑、跳跃，以防摔倒。雨雪天上下楼梯时要留神，放慢速度，以防滑倒。

（8）在人群骚动时，要注意脚下，千万不能被绊倒，避免自己成为拥挤踩踏事件的诱因。

八、安全脱险

（1）在行进中，发现慌乱人群向自己行走的方向涌来时，应快速躲到一旁，或蹲在附近的墙角，等人群过去后再离开。

（2）在拥挤混乱的情况下，双脚站稳，抓住身边的牢固物体（栏杆或柱子），但要远离店铺和柜台的玻璃窗。

（3）在拥挤的人群中前进时，要用一只手紧握另一手腕，手肘撑开，平举于胸前，微微向前弯腰，形成一定的空间，以保持呼吸通畅。

（4）一旦被挤倒在地，设法使身体蜷缩成球状，双手紧扣置于颈后，保护好头、颈、胸、腹部。

在拥挤行进的人群中，如果前方有人摔倒，后面不知情的人若继续前行，人群极易像多米诺骨牌一样连锁倒地，发生拥挤踩踏现象。专家分析认为，在人多拥挤的地方发生踩踏事故的原因有多种，一般来讲，当人群因恐慌、愤怒、兴奋而情绪激动失去理智时，往往容易发生踩踏事故。在一些现实的案例中，许多伤亡者都是在刚刚意识到危险就被拥挤的人群踩在脚下。因此，准确判别危险，安全离开危险境地，在险境中进行自我保护显得非常重要。

第二十一讲　防暴防恐

典型案例 1

2013 年 4 月 15 日 22 时 13 分，复旦大学官方微博通告一则不幸消息：该校一名医科在读研究生因身体不适入院，后病情严重，学校组织多次全市专家会诊，未发现病因，请警方介入。警方称在该生宿舍饮水机检出有毒化合物，事件仍在进一步调查中。据上海警方证实，中毒研究生同宿舍的林某有重大作案嫌疑，4 月 13 日被警方带走，并予以刑事拘留。

典型案例 2

2014 年 4 月 16 日晚，南京航空航天大学金城学院两名学生因琐事发生口角，一名学生被刺伤，送医院抢救无效死亡。伤人者已被江宁警方刑事拘留。警方初步调查，当晚 9 时许，该校学生袁某（男，24 岁，泗阳县人）在宿舍内玩电脑游戏，同宿舍学生蒋某（男，22 岁，丹阳市人）因未带钥匙敲门，袁某未及时开门，双方为此事发生口角，并发生肢体冲突。冲突过程中，袁某拿起书柜上的水果刀捅向了蒋某的胸部。

典型案例 3

2004 年，在云南大学发生了在宿舍连杀 4 人，轰动全国的"马加爵事件"。2004 年 2 月 23 日，云南省昆明市公安局接到报警后，在云南大学学生公寓一宿舍柜子内发现 4 具被钝器击打致死的男性尸体。2 月 25 日，云南省公安厅发出 A 级通缉令，悬赏 18 万元捉拿云南大学凶杀案犯罪嫌疑人马加爵。4 名受害学生均为马加爵的同学。2 月 26 日广西壮族自治区公安厅发出通缉令，并悬赏 5 万元捉拿马加爵。此前，警方查明，马加爵为广西壮族自治区宾阳县宾州镇人。3 月 1 日公安部发布 A 级通缉令，通缉在逃犯罪嫌疑人马加爵，悬赏 20 万元在全国范围内公开通缉马加爵。2004 年 6 月 17 上午 9 时，云南省高级人民法院裁定核准了昆明市中级人民法院以故意杀人罪判处马加爵死刑，剥夺政治权利终身的刑事判决。宣判结束，马加爵即被押赴刑场执行死刑。

典型案例 4

云南大学旅游文化学院女学生张超伙同男友抢劫杀人碎尸案日前尘埃落定：最高法院改判张超为死缓。2008 年 4 月 17 日上午，其男友谢宏在丽江被执行枪决。张超于 2007 年 6 月与被害人木鸿章在丽江市某夜总会相识，木鸿章常约张超吃饭、会友，并先后送了其价值2万多元的财物。张超遂与男友商议暴力劫取木鸿章财物。之后，谢宏的好友陈光吕接到谢宏电话，也赶到丽江，并与谢宏购买了尼龙绳、橡胶手套等作案工具。12月19日，张超将木鸿章骗至自己租住的房屋，谢宏、陈光吕对其实施抢劫、套取银行卡密码后，用尼龙绳将其勒死，并将其尸体肢解为260多块，包装后抛入玉龙新县城护城河内。随后3人相继在丽江、昆明被公安机关抓获。

📚 典型案例5

2009年11月14日凌晨，吉林某高校信息技术学院大四学生郭力维将其室友赵研杀害在宿舍内。次日，省内媒体纷纷在头版头条上刊登此消息。随后，知名网站连续转载。一时间，杀人者郭力维被称为"吉林马加爵"。郭力维因觉得被害人赵研打呼噜影响其休息，曾将赵研睡觉打呼噜的视频传到校内网上，二人因此不和。郭力维认为赵研多次对其进行辱骂，伤害了其自尊心，遂于2009年11月14日凌晨3时30分左右，用事先准备好的尖刀扎入熟睡的赵研的胸部、背部，致使赵研因左胸部刺创致心脏破裂造成失血性休克死亡。作案后郭力维拨打110报警，并在现场等待警察到来。公安人员到达后，将郭力维抓获。

📚 典型案例6

药家鑫，西安音乐学院大三的学生。2010年10月20日深夜，药家鑫驾车撞人后又刺了伤者八刀致其死亡，此后驾车逃逸至郭杜十字路口时再次撞伤行人，逃逸时被附近群众抓获，后被公安机关释放。2010年10月23日，药家鑫在其父母的陪同下投案。2011年1月11日，西安市检察院以故意杀人罪对药家鑫提起了公诉。同年4月22日，西安市中级人民法院一审宣判，药家鑫犯故意杀人罪，被判处死刑，剥夺政治权利终身，并赔偿被害人家属经济损失45 498.5元。5月20日，陕西省高级人民法院对药家鑫案二审，维持一审死刑判决。6月7日上午，药家鑫被执行死刑。

📚 典型案例7

2008年8月4日，两名暴恐分子在我国新疆维吾尔自治区喀什市驾车袭击正在集体出操的边防官兵，并引爆爆炸物，导致17名官兵殉职，15人受伤。

📚 典型案例8

2013年10月28日，乌斯曼·艾山及其妻子、母亲等3人驾驶吉普车闯入长安街，沿途快速行驶，故意冲撞游人群众，导致2人死亡，40人受伤。后撞向金水桥护栏，点燃车内汽油致车辆起火燃烧，车内的乌斯曼·艾山等3人当场死亡。

📚 典型案例9

2014年3月1日，在昆明火车站发生了一起以阿不都热依木·库尔班为首的新疆分裂势力一手策划组织的严重暴力恐怖事件。该团伙共有 8 人（6 男 2 女），被公安机关现场击毙 4 人，击伤抓获 1 人（女），其余 3 人落网。此案共造成 31 人死亡，141 人受伤。

【案例分析】

近年来，校园暴力事件屡见不鲜，其中造成被害人重伤甚至死亡的事件不在少数。在将犯罪分子绳之以法的同时，不禁让人陷入沉思，究竟是什么原因使得校园中的学子变得如此凶残暴戾，使得本该是一方净土的象牙塔成了血腥的修罗场？

一方面，有部分大学生自身存在心理问题。这些大学生表面正常，实际却存在一定的心理障碍，长期积累后就有可能爆发。另一方面，大学生的暴力和戾气，从一个角度折射出社会的浮躁和失序，社会风气步步滑落。在这样的社会环境下，世界观尚未成熟的大学生容易陷入是非不分、崇尚暴力的错误中。

一、校园防暴

为了减少甚至杜绝校园暴力的发生，学校可以与司法机关合作，组织大学生参加法制教育讲座、旁听法院庭审、观看法律宣传展览，使其深刻了解国家法律、法规，明确法律的威严性，做到知法、懂法、守法，不断增强个人法律意识。

此外，学校应该加强对大学生素质和修养的教育，通过宣扬积极向上的校园文化涤去部分大学生身上的暴力倾向。在具体操作上，可设立学生矛盾调解室，开展心理健康课堂，教会大学生用理性和智慧解决矛盾纠纷，逐渐消除愤怒、仇视、憎恨等负面情绪。

二、防恐

常见的恐怖袭击手段包括常规手段和非常规手段。

1. 常规手段

（1）爆炸。炸弹爆炸、汽车炸弹爆炸、自杀性人体炸弹爆炸等。

（2）枪击。手枪射击、制式步枪或冲锋枪射击等。

（3）劫持。劫持人、车、船、飞机等。

（4）纵火。

2. 非常规手段

（1）核与辐射恐怖袭击。通过核爆炸或放射性物质的散布，造成环境污染或使人员受到辐射。

（2）生物恐怖袭击。利用有害生物或有害生物产品侵害人、农作物、家畜等。如发生在美国"9·11 事件"以后的炭疽邮件事件。

（3）化学恐怖袭击。利用有毒、有害化学物质侵害人、城市重要基础设施、食品与饮用水等。如东京地铁沙林毒气事件。

（4）网络恐怖袭击活动。利用网络散布恐怖袭击、组织恐怖活动、攻击电脑程序和信息系统等。

虽然实施恐怖袭击的嫌疑人不会表明自己的身份，但是他们的一些不同寻常的举止行为，应引起人们的警惕。恐怖嫌疑人常有以下特征。

（1）神情恐慌、言行异常。

（2）着装、携带物品与其身份明显不符，或与季节不协调。

（3）冒称熟人、假献殷勤。

（4）在检查过程中，催促检查或态度蛮横、不愿接受检查。

（5）频繁进出大型活动场所。

（6）反复在警戒区附近出现。

（7）疑似公安部门通报的嫌疑人员。

此处还需识别可疑车辆，常用以下方法。

（1）状态异常。车辆结合部位及边角外部的车漆颜色与车辆颜色是否一致，以确定车辆是否改色；车的门锁、后备厢锁、车窗玻璃是否有撬压、破损痕迹；车灯是否破损或异物填塞，车体表面是否附有异常导线或细绳。

（2）车辆停留异常。违反规定停留在水、电、气等重要设施附近或人员密集场所。

（3）车内人员异常。如在被检查过程中，神色惊慌、催促检查或态度蛮横、不愿接受检查；发现警察后启动车辆躲避。

（一）爆炸

1. 识别爆炸物的方法

在不触动可疑物的前提下：

（1）看。由表及里、由近及远、由上到下仔细观察，识别、判断可疑物品或可疑部位有无暗藏的爆炸装置。

（2）听。在寂静的环境中用耳倾听是否有异常声响。

（3）嗅。如黑火药含有硫黄，会放出臭鸡蛋（硫化氢）味；自制硝铵炸药的硝酸铵会分解出明显的氨水味等。

2. 爆炸物可能放置的位置

（1）标志性建筑物或其他附近的建筑物内外。

（2）重大活动场合，如大型运动会、检阅、演出、朝拜、展览等场所。

（3）人员相对聚集的场所，如体育场馆、影剧院、宾馆、运动员村、商场、超市、车站、机场、码头、学校等。

（4）行李、包裹、食品、手提包及各种日用品之中。

（5）宾馆、饭店、洗浴中心、歌舞厅及隐蔽且闲杂人员容易进出的地点。

（6）各种交通工具上。

（7）易于接近且能够实现爆炸目的的地点。

3. 发现可疑爆炸物的应对方法

（1）不要触动。

（2）及时报警。

（3）迅速撤离。有序撤离，不要互相拥挤，以免发生踩踏事故造成伤亡。

（4）协助警方调查。目击者应尽量识别可疑物发现的时间、大小、位置、外观、有无人动过等情况。如有可能，可对其进行照相或录像，为警方提供有价值的线索。

4. 遇有匿名威胁爆炸或扬言爆炸的应对方法

（1）信：要"宁可信其有，不可信其无"，不能存有侥幸心理。

（2）快：尽快从现场撤离。

（3）细：细致观察周围的可疑人、事、物。

（4）报：迅速报警，让警方了解情况。

（5）记：用照相机或者摄像机等将现场记录下来。

5. 地铁内发生爆炸的应对方法

（1）迅速按下列车报警按钮，使司机在监视器上获取报警信号。

（2）依靠车内的消防器材进行灭火。

（3）列车在运行期间，不要有拉门、砸窗、跳车等危险行为。

（4）在隧道内疏散时，听从指挥，沉着冷静、紧张有序地通过车头或车尾疏散门进入隧道，向邻近的车站撤离。

（5）用简易防护物，如衣服、纸巾等捂鼻，采用低姿势撤离。视线不清时手摸墙壁撤离。

（6）受到火灾威胁时，不要盲目跟从人流相互拥挤、乱冲乱摸，要注意朝明亮处迎着新鲜空气跑。

（7）身上着火时，不要奔跑，可就地打滚或用厚重衣物压灭。

（8）注意观察现场可疑的人或物，协助警方调查。

（9）平时乘坐地铁时要注意熟悉环境，留心其中的消防设施和安全装置。

6. 大型体育场馆发生爆炸的应对方法

（1）迅速有序远离爆炸现场，避免拥挤、踩踏造成伤亡。

（2）撤离时要注意观察场馆内的安全疏散指示和标志。

（3）观众应按照场内的疏散指示和标志从看台通过疏散口撤离到场馆外。

（4）场馆内部体育馆工作人员以及运动员，应根据疏散指示和标志通过内部通道疏散。

（5）不要因留恋财物错过逃生时间。

（6）实施必要的自救并救助他人。

（7）拨打报警电话，客观、详细地描述事件发生、发展的经过。

（8）注意观察现场的可疑的人及物，协助警方调查。

7. 娱乐场所发生爆炸的应对方法

（1）迅速就近隐蔽或者卧倒，就近寻找简易遮挡物护住身体的重要部位和器官。

（2）寻找、观察安全出口。

（3）不要用打火机点火照明，以免再次引起爆炸或燃烧。

（4）服从工作人员和专门人员的指挥。

（5）迅速有序地撤离现场，避免出现踩踏等事故。

（6）不要因贪恋财物而浪费逃生时间。

（7）迅速报警，客观详细地向警方描述事件发生、发展的经过。

（8）注意观察现场可疑的人、物，协助警方调查。

8. 宾馆、饭店发生爆炸的应对方法

（1）保持镇静，尽快撤离现场，注意避免进入餐厅等存有易燃易爆物品的危险地点。

（2）不盲目跟从人群逃离，避免挤成一团相互踩伤、压伤。

（3）寻找有利地形或物品进行隐蔽。

（4）实施自救和互救。

（5）不要因贪恋财物而浪费逃生时间。

（6）迅速报警，客观详细地向警方描述事件发生、发展的经过。

（7）按照警方和有关人员的示意和指挥及时撤离现场。如果现实条件不允许，应原地卧倒，等待救援。

（8）注意观察现场可疑的人物，协助警方调查。

9. 商场与集贸市场发生爆炸的应对方法

（1）保持镇静，迅速选择最近的安全出口有序撤离现场。

（2）注意避开临时搭建的货架，避免因坍塌造成新的伤害。

（3）注意避开脚下物品，一旦摔倒应设法让身体靠近墙根或其他支撑物。

（4）实施自救和救助他人。

（5）不要因顾及贵重物品而错过宝贵的逃生时间。

（6）迅速报警，客观、详细地向警方描述事件发生、发展的经过。

（7）注意观察现场可疑的人物，协助警方调查。

（二）纵火

1. 遇到纵火恐怖袭击时的应对方法

（1）熟悉环境，暗记出口。在陌生的环境里，如入住酒店，进入商场、娱乐场所时，为自身安全，要留心疏散通道、安全出口及楼梯方位等，以便需要时能尽快逃离现场。

（2）扑灭小火，惠及他人。如果发现火势并不大，尚未造成很大威胁，可用消防器材，如灭火器、消防栓等将火扑灭。不要惊慌失措，置小火于不顾而酿成大灾。

（3）保持镇静，明辨方向，迅速撤离。面对浓烟和烈火，要保持镇静，迅速判断危险地点和安全地点，决定逃生的办法，尽快撤离。

（4）不入险地，不贪财物。尽快撤离，不要因害羞或顾及贵重物品，把时间浪费在穿衣或寻找、搬离贵重物品上。已逃离险境的人员，切莫重返险地。

（5）简易防护，掩鼻匍匐。可用毛巾、口罩掩鼻，匍匐撤离。烟雾较轻，常飘于上部，贴近地面是避免烟气吸入、滤去毒气的最佳方法。穿过烟火封锁区时，可向头部、身上浇冷水或用湿毛巾、湿棉被、湿毯子等将头和身体裹好，再冲出去。

（6）善用通道，莫入电梯。要根据情况选择进入相对安全的楼梯通道。

（7）火已及身，切勿惊跑。如果身上的衣物着火，不可跑动或用手拍打，以免形成风势，加速氧气的补充，促旺火势。应当设法赶紧脱掉衣物或就地打滚，压灭火苗；及时跳进水中或让人向身上浇水。使用灭火器材灭火更有效。

（8）缓降逃生，滑绳自救。高层、多层公共建筑内一般都设有高空缓降器或救生绳，被困人员可以通过这些设施安全离开危险的楼层。如果没有这些专门设施，而安全通道又被堵，在救援人员不能及时赶到的情况下，可利用身边的绳索或床单、窗帘、衣服等自制简易救生绳，并用水打湿将其抛出，从窗台或阳台沿绳缓滑到下面楼层或地面，安全逃生。

（9）避难场所，固守待援。如果用手摸房门已感到烫手，此时一旦开门，火焰与浓烟势必迎面扑来。如果逃生通道被切断且短时间内无人救援，可采取创造避难场所、固守待援的办法：应先关紧迎火的门窗，打开背火的门窗，用湿毛巾、湿布塞堵门缝或用水浸湿棉被蒙上门窗，然后不停用水淋湿房门，防止烟火渗入，守在房内，直到救援人员到达。

（10）缓晃轻抛，寻求援助。应尽量待在阳台、窗口等易于被人发现和能避免烟火近身的地方。在白天，可以向窗外晃动颜色鲜艳的衣物，或外抛轻型晃眼的物品；在晚上，可以用手电筒不停地在窗口闪动或者敲击东西，及时发出有效的求救信号，引起救援者的注意。

2. 遇到纵火恐怖袭击的"七忌"

（1）忌惊慌失措。不可惊慌失措，盲目逃跑或纵身跳楼。要保持冷静，尽快了解所处环境的位置、起火点、起火原因和火势大小，正确选择逃生方法和路线。

（2）忌盲目呼喊。现代建筑物燃烧时会散发出大量烟雾和有毒气体，容易因毒气窒息死亡。可用湿毛巾捂住鼻口，匍匐前进逃离，呼叫时也不能移开毛巾。

（3）忌贪恋财物。不要为穿衣或取贵重物品浪费时间，更不要为入室拿物品而重返火海。

（4）忌乱开门窗。如果房间充满烟雾，必要时，可打开门窗，排放烟雾后，应立即关闭门窗，防止长时间开窗致使外面的大量浓烟涌入室内，导致室内能见度降低，毒气充斥，无法藏身。

（5）忌乘坐电梯。一旦发生火灾，电梯就会断电，乘坐电梯可能被困在电梯里，无法逃生。

（6）忌随意奔跑。随意奔跑，不仅容易引火烧身，还会引起新的燃烧点，造成火势蔓延。

（7）忌轻易跳楼。在房间无法避难时，不要轻易做出跳楼的决定，可扒住阳台或窗台翻出窗外，等待救援。

3. 公共汽车上遇到纵火恐怖袭击的应对方法

（1）沉着冷静。当发动机着火后，应迅速开启车门，从车门下车，用随车灭火器扑灭火。

（2）如果着火部位在车部中间，从两头车门有秩序地下车。在扑火时，重点保护驾驶室和油箱部位。

（3）如果火焰小但封住了车门，应用衣物蒙住头部，从车门冲下。

（4）如果车门线路烧坏，导致车无法启动，应砸开就近车窗翻身下车。

（5）如果衣服着火，来得及脱下，应迅速脱下衣服，用脚将火踩灭，或者请他人协助用厚重的衣物压灭火苗。如果他人衣服着火，可脱下自己的衣服或用其他物品，将他人身上的火扑灭。

4. 列车上遇到纵火恐怖袭击的应对方法

（1）沉着冷静。不要盲目拥挤、乱冲乱撞，要听从列车乘务员的指挥或广播的指引。

（2）利用车厢前后门逃生。应尽快利用车厢两头的通道，有序逃离。

（3）利用车厢的窗户逃生。可用坚硬的物品将车窗砸破，通过车窗逃离现场。

（4）在平坦的路段可采用摘挂钩与着火车厢脱离的方法。

5. 客船上遇到纵火恐怖袭击的应对方法

（1）沉着冷静。不盲目跟随他人乱跑乱撞，赶快自救或互救逃生。

（2）可向客船的前部、尾部和露天板逃离，必要时可利用救生绳、救生梯向水中或来救援的船只上逃离，也可穿上救生衣跳进水中。

（3）如果火势蔓延，封住走廊，来不及逃生时，可关闭房门，不让烟气、火焰侵入。情况紧急时，也可跳入水中。

（4）当客船前部某一楼层着火，还未蔓延到机舱时，应先迅速往主甲板、露天甲板处逃离，然后借助救生器材向水中和来救援的船只上及岸上逃生。

（5）当客船上某一客舱着火时，逃出后应随手将舱门关上，以防火势蔓延，并提醒相邻客舱内的旅客赶快疏散。若火苗已窜出封住舱内通道，与着火客舱相邻客舱内的旅客应关闭靠内走廊的房门，从通向左、右船舷的舱门逃生。

（6）当大火将直通露天甲板的梯道封锁时，可以到顶层，施放绳缆，沿绳缆向下逃生。

6. 地下商场中遇到纵火恐怖袭击的应对方法

（1）沉着冷静，识记方位。进入地下商场时，一定要对其设施和结构布局进行观察，记住疏散通道、安全出口和位置。

（2）迅速撤离。迅速逃离到地面及其他安全区。

（3）灭火与逃生相结合。把初起火势控制在最小范围内，采取一切可能的措施将其扑灭。如一时无法扑灭，应迅速逃离现场。

（4）逃生时，尽量低身前进，不要做深呼吸。可能的情况下用湿衣服或湿毛巾捂住口鼻，防止烟雾进入呼吸道。

（5）若疏散通道被大火阻断，应尽量想办法延长生存时间。如可躲入房内，用水泼湿毛巾、衣服等，将门缝塞紧，等待消防人员前来救援。

7. 高层建筑物中遇到纵火恐怖袭击的应对方法

（1）沉着冷静。不能自乱方寸、乱跑乱撞。

（2）开门前先触摸门锁，若门锁温度很高，应关闭房内所有门窗，用毛巾、被子等堵塞门缝，并泼水降温。同时利用手机等通信工具报警。

（3）轻易不要乘坐电梯。电梯往往会因断电造成停顿，且电梯门直通大楼各层，火场上的烟气极易涌入电梯并形成"烟囱效应"，在电梯里随时会被浓烟、毒气熏呛而窒息。

（4）不可乱钻、乱躲。高层建筑发生火灾时千万不可钻到床底下、衣橱内躲避火焰或烟雾，这些都是最危险的地方，又不易被发觉，难以及时获得营救。

（5）利用建筑物内部设施。如普通楼梯、观景楼梯进行逃生；利用阳台、通廊、安全绳等进行逃生；将房间内的床单或窗帘等物品连接起来逃生。

（6）根据火场广播逃生。当某一楼层或某一部位火势已经蔓延时，不可盲目行动，要注意听现场广播和救援疏导信号，选择合适的逃生路线和方法。

8. 公共娱乐场所遇到纵火恐怖袭击的应对方法

（1）保持冷静，辨明安全出口方向。保持清醒，不受混乱人群的影响，确定出口方向，迅速逃离。

（2）灵活选择逃生途径。如着火场所在楼层底层，可直接从门和窗口跳出；若在二楼时，可抓住窗口向下滑；如在高层楼房或地下建筑中，则应参照高层建筑或地下建筑的火灾逃生方法逃生。

（3）逃向弱火区等待救援，如果逃生通道被大火和浓烟封堵，又一时找不到辅助救生设施，可暂时逃向火势较弱区域，向窗外发出救援信号，等待消防人员营救。

（4）在逃生中要注意防止中毒。可用水打湿衣服捂住口鼻，若一时间找不到水，可用饮料代替。逃生过程中，应采用低姿行走，以减少烟气对人体的危害。

9. 驾车经过隧道时遇到纵火恐怖袭击的应对方法

当驾驶车辆通过隧道时发现前方有异常火光和烟雾，应当马上刹车观察，注意关闭门窗。

（1）沉着冷静，寻找避难所。隧道里都设计有避难场所或安全通道，要找最近的避难场所或从最近的安全通道逃离火场。

（2）严禁在车里避难。隧道火灾的火势蔓延得很快，不要有侥幸心理，要立即下车逃离，避免不必要的损失。

10. 在地铁内遇到纵火恐怖袭击的应对方法

（1）沉着冷静，及时报警。可以用手机拨打 119，也可按车厢内的紧急报警按钮，条件允许时用车厢内的灭火器灭火自救。

（2）如果火势蔓延迅速，可逃至相对安全的车厢，关闭车厢门，防止火势蔓延，赢得逃离时间。

（3）列车到站时，听从工作人员的指挥撤离。

（4）如停电，可按照应急灯的指示标志朝背离火源的方向有序逃生。

（5）若车门打不开，可利用身边的物品击打破车门。同时将携带的衣物、纸巾沾湿，捂住口鼻，低身逃离。

11. 被恐怖分子劫持后的应对方法

（1）保持冷静，不要反抗，相信政府。

（2）不对视、不对话，趴在地上，动作要缓慢。

（3）尽可能保留和隐藏自己的通信工具，及时把手机调为静音，适时用短信等方式向警方求救，短信的主要内容：自己所在的位置、人质人数、恐怖分子人数等。

（4）注意观察恐怖分子人数、头领，便于事后提供证言。

（5）在警方发起突击的瞬间尽可能地趴在地上，在警方掩护下脱离现场。

12. 遇到枪击时选择掩蔽物的正确方法

（1）掩蔽物最好处于自己与恐怖分子之间。

（2）选择密度大、质地硬、不易被穿透的掩蔽物。如墙体、立柱、大树干，汽车前部发动机及轮胎等。木门、玻璃门、垃圾桶、灌木丛、花篮、柜台、场馆内的座椅、汽车门和尾部等不能够挡住子弹，虽不能作为掩蔽体，但具有隐蔽作用，使自己不被恐怖分子在第一时间发现，为逃生提供时间。

（3）选择能够挡住身体的掩蔽物。有些物体的质地密度大，但体积过小，不足以完全挡住身体，就起不到掩蔽作用。如路灯杆、小树干、消防栓等。

（4）选择形状易于隐藏身体的掩蔽物，如立柱。不规则物体容易产生跳弹现象，掩蔽其后容易被跳弹伤及，如假山、观赏石等。

13. 在公交车上遇到枪击的应对方法

（1）快速掩蔽。在公交车上遇到枪击时，迅速低头隐蔽于前排座椅后或蹲下、趴下，不要站立。

（2）及时报警。拨打 110 报警，并说明以下情况：几路车，哪一站，受到哪个方向的枪击，来自车外还是来自车内，是否有人受伤等。

（3）择机下车。情况不明时，不要下车；确定枪击方向后，下车沿着枪击的相反方向走，利用车体做掩护快速撤离。

（4）自救、互救。到达安全区后，及时检查自己是否受伤，如发现受伤，应及时实施自救、互救。

（5）事后协助。积极向警方提供现场信息，协助警方控制局面。

14. 在地铁上遇到枪击的应对方法

（1）快速掩蔽。要快速蹲下，尽可能背靠车体，或者趴下，不要随意站起来走动。

（2）及时报警。通过车厢的紧急报警按钮进行报警。

（3）快速撤离。判明情况后，快速撤离到较为安全的车厢内，等车到站后，迅速下车撤离。注意在车门和出站口避免拥挤，听从站台工作人员指挥，按顺序撤出。如果车辆中途停在隧道内，不要急于破窗跳车，以免受到其他伤害。

（4）自救互救。到达安全区后，检查是否受伤，发现受伤应及时进行自救互救，等待救援。

（5）事后协助。向警方提供现场信息，协助警方调查。

15. 在大型商场遇到枪击的应对方法

（1）快速掩蔽。在大型购物中心遇到枪击时，应迅速降低身体高度，利用柜台和衣架躲避，迅速向紧急出口撤离；来不及撤离就近趴下，蹲下或隐蔽于掩蔽物后，等待救援。

（2）及时报警。拨打 110 报警。

（3）检查伤情。实施自救和互救。

（4）事后协助。向警方提供现场信息，协助警方调查。

16. 在宾馆、饭店或娱乐场所遇到枪击的应对方法

（1）快速掩蔽。要快速趴下或蹲下，隐蔽于桌子、沙发、吧台、立柱等的下面或后面；在室内听到外面有枪击声，不要出去观看，及时躲到沙发或床的侧面，避免躲避在门后或衣橱内。

（2）及时报警。拨打 110 或拨打饭店报警电话报警。

（3）检查伤情，自救互救。

（4）事后协助。向警方提供现场信息，协助警方调查。

（三）化学恐怖袭击

1. 可能发生化学恐怖袭击的情况

（1）异常的气味。如大蒜味、辛辣味、苦杏仁味等。

（2）异常的现象。如大量昆虫死亡、异常的烟雾、植物的异常变化等。

（3）异常的感觉。一般情况下当人受到化学毒剂或化学毒物的侵害后，会出现不同程度的不适感觉。如恶心、胸闷、惊厥、皮疹等。

（4）现场出现异常物品。如遗弃的防毒面具，桶、罐，装有液体的塑料袋等。

2. 遇到化学恐怖袭击的应对方法

（1）不要惊慌，判明情况。化学恐怖袭击多利用空气进行传播，使人在呼吸到有毒空气时中毒，常伴有异常的气味、异常的烟雾等现象。

（2）尽快掩避。利用环境设施和随身携带的物品遮掩身体和口鼻，避免或减少毒物的侵袭和吸入有毒气体。

（3）尽快寻找出口，迅速有序地离开污染源或污染区域，尽量逆风撤离。

（4）及时报警，请求救助。可拨打 110、119、120 报警。

（5）进行必要的自救互救。采取催吐、洗胃等方法，加快毒物的排出。

（6）听从相关人员的指挥。

（7）配合相关部门做好后续工作。

3. 遇到核辐射恐怖袭击的应对方法

（1）不要惊慌，进一步判明情况。

（2）尽快有序撤离到相对安全的地方，远离辐射源。

（3）利用随身携带的物品遮掩口鼻，防止或减少吸入放射性灰尘。

（4）及时报警，请求救助。

（5）听从相关人员的指挥。

（6）配合相关部门做好后续工作。

4. 可能发生了生物恐怖袭击的情况

（1）事件区发现不明粉末或液体、遗弃的容器和面具、大量昆虫。

（2）微生物恐怖袭击 48 ～ 72 小时后或毒素恐怖袭击几分钟至几小时，出现规模性的人员伤亡。

（3）在现场人员中出现大量相同的临床病例，在一个地理区域出现本来没有或极其罕见、异常的疾病。

（4）在非流行区域发生异常流行病。

（5）患者沿风向分布，同时出现大量动物病例等。

5.遇到生物恐怖袭击时的应对方法

（1）不要惊慌，尽量保持镇静，判明情况。

（2）利用环境设施和随身携带的物品遮掩身体和口鼻，避免或减少病原体的侵袭。

（3）尽快寻找出口，迅速有序地离开污染源或污染区域。

（4）及时报警，请求救助，可拨打 110、119、120 报警。

（5）听从相关人员的指挥。

（6）不要回家或到人员多的地方，以免扩大病源污染。

（7）配合相关部门做好后续工作。

6.在报警时应当注意的问题

（1）保持镇静，不能因为恐慌而影响正常的判断。

（2）首先报告最重要的内容，包括地点、时间、事件、后果等。

7.紧急撤离危险现场的注意事项

（1）保持镇静，判明所处位置，及时撤离。

（2）善选通道，不要使用电梯。

（3）迅速撤离，不要贪恋财物，严禁重返危险现场。

（4）防护自身，注意避险。如用物品遮掩身体易受伤部位和不靠近窗户，不要逆着人流前进，以免被推倒在地。

（5）紧抓固定物体，巧避藏身，溜边前行。拥挤时，如有可能，抓住牢靠的东西如楼梯，暂时躲避，待人群过去后迅速离开现场。

三、自救、互救方法

（1）止血：降低血流速度，防止大量血液流失，导致休克昏迷。具体方法如下。

①先将伤者转移到安全或安静的地方，检查伤势，判断出血性质，如动脉出血、静脉出血、毛细血管出血。

②可采取直接用手指压出在出血部位上或出血的动脉上进行止血。

③对四肢受伤出血的，可使用腰带、领带、证件带、粗布条、丝巾，也可将衣服撕成条状，在大臂上 1/3 处和大腿中间进行绑扎止血。

（2）固定。对骨折、关节受伤处进行固定，避免骨折端对人体造成新的伤害，减轻疼痛，便于搬运抢救，具体方法如下。

①先包扎开放性伤口再固定，不要复位刺出的骨折端。

②垫高或抬高受伤部分，以减慢流血及减少肿胀。

③不要移动脊柱有损伤或怀疑有脊柱损伤者。

④固定时必须将骨折端上下两个关节一起固定，如小腿骨折应将踝、膝两个关节固定。

（3）烧伤急救。

①用大量洁净的水清洗伤口，除非伤口烧黑、变白或太深。

②不要直接将冰敷在伤口上。

③不要刺破水疱。

④轻轻除下戒指、手表、皮带或者紧身衣服。

⑤用干净、无黏性的布盖住伤口。

（4）休克急救。

①避免伤者过冷或过热，用毛毯或大衣保暖。

②若无骨折，将伤者双脚抬高 30cm 左右。

③不要给伤者饮水或者喂食。

④留意伤者的清醒程度。

⑤向救护人员报告。

（5）呼吸受阻的急救。如果胸部受伤出现呼吸障碍，维护胸腔压力与外界大气压的压力差，是保障呼吸顺畅的关键。具体方法如下。

①可使用身份证或其他非吸水性卡片紧贴身体压住伤口。

②也可以使用保鲜膜类的薄膜，撕下约 20×20 cm，贴住伤口，用胶带固定住上、左、右三个边，留出下方，以便排出伤口流出的血水。

③也可以用手掌紧贴身体压住伤口。

（6）腹部受伤的急救。

①止血。如果是闭合性伤口，应及时压住伤口，进行止血。

②保鲜。如果是开放性伤口，小肠外露时，应用水浸湿上衣，包住小肠，不使其外露于空气中，避免细菌感染，失水干燥坏死。千万不要把沾染污物的内脏回填腹腔，以免内脏在腹内相互感染，产生粘连，加速内脏坏死。

③等待救援。受伤后尽量不要移动，应采取卧或平躺姿势等待救援。

（7）心肺复苏。

①一拍、二按、三呼叫。使伤者仰卧，立即拍打其双肩并呼叫。也可以同时压其人中穴并呼叫。如其没有反应，可判定为神志丧失。

②人工呼吸。抬起伤者的下颌角使其呼吸道畅通。如果伤者仍不能呼吸，进行口对口的人工呼吸。如果上述人工呼吸不起作用，要检查伤者口腔和咽喉内是否有异物，并设法排除，继续进行人工呼吸。

常用的人工呼吸方法有口对口人工呼吸、口对鼻人工呼吸、仰卧压胸法或俯卧压胸法人工呼吸等。其中以口对口人工呼吸最有效。

口诀：头部后伸向后推，紧托下颌向上提。深吸口气嘴对嘴，有时需要嘴对鼻。注意捏鼻吹气，每分钟 16～18 次。

③心脏按压。一旦发现伤者心脏停搏，立即在其心前区胸骨体上急速叩击 2～3 次。若无效，则立即进行胸外心脏按压。

方法：先让伤者仰卧，在其背部垫上一块硬木板。或者将伤者连同床褥移到地上，跪在伤者身旁，将一手手掌根部放在患者胸骨体的中下 1/3 交界处，另一手重叠于前手的手背上，两肘伸直，借助体重，急促向下压迫伤者的胸骨，使其下陷 3 cm（对于儿童伤者，所施力量要适当减少），然后放松，使胸骨复位。如此反复进行，每分钟约 70 ～ 80 次。按压时不可用力过大或部位不当，以免引起肋骨骨折。胸外心脏按压如果不能让伤者有效进行气体交换，则要同时配合人工呼吸。

四、公共场所的"保护神"

公共场所一般都有完善的防火、灭火设施和紧急出口。

（1）在公共场所，均有红底黄字的"报警开关"标志，箭头指向位置即按钮位置，下推按钮即可报警。

（2）走廊配有干粉灭火器箱，上面贴有红色"灭火器"标志。

（3）楼层内设有事故照明灯，可见清晰的"紧急出口"标志。

（4）在走廊或者楼梯有消防栓，附近配有消防带。切记，处在陌生的环境时，如入住酒店或进入商场娱乐场所时，务必留心疏散通道、灭火设施、紧急出口和楼梯的方位等，以便遇险时尽快逃离现场。

第二十二讲　有效控制饮酒，避免醉酒

典型案例 1

2001 年秋，某高校一名学生在家中死亡。当地公安机关侦查后，排除了他杀和自杀可能，经解剖病理查明，该学生系乙醇中毒而死。

典型案例

1999 年 11 月，某高校一名学生在饭店过量饮酒，且不听劝阻，将该饭店的桌椅砸坏，用手将隔断玻璃打碎。结果该学生右手腕被玻璃扎伤，血流不止，缝合 10 余针。该学生不但受到了治安处罚而且需要赔偿饭店 1 100 元。

【案例分析】

近年来，大学生醉酒、酗酒现象日趋严重，而且，酒后滋事造成伤害的不乏其人，给学校和大学生都造成了不良影响。以上两个案例都是因为醉酒引起。醉酒后由于神经受到刺激，会导致行为失常，丧失理智，或直接为酒所害（中毒），或间接为酒所害（醉酒滋事）。很多大学生人身伤害的案件，都是因为当事人醉酒引起的，或酒后自残，或失手将他人打伤、致死。醉酒事小，但因醉酒滋事，醒来后追悔莫及。

正因为饮酒有上述危害，为了保证大学生健康成长，维护正常校园秩序，有关部门规定，大学生在校园内一般不允许喝酒，更不允许酗酒。

一、过量饮酒会给身体造成极大的伤害

酒是一种能够刺激和麻痹神经系统的物质。饮酒过量，会不同程度地造成心率加快、神经麻木、神志不清、自控能力减弱、动作不协调，或出现疲劳、恶心、呕吐，严重者还会出现酒精中毒。

醉酒后，由于神志不清，原始的冲动会使醉酒者变得野蛮、愚昧、粗暴，异常兴奋；又能诱导醉酒者为所欲为，做出迷离恍惚而又扬扬自得的行为。醉酒者在失去理智的状态下很容易对周围的人破口谩骂、动手殴打，或者从事一些莫明其妙、超出常规的破坏活动。

经常喝酒会导致大学生荒废学业，一个沉迷于喝酒的人是无法潜心于钻研学业的。醉酒的程度与智力恢复所需的时间大致成正比，在当今知识飞速更新的信息化时代，不难推算出，一个经常醉酒的人在工作和学习上的损失到底有多大。

　　醉酒后，神经处于高度亢奋状态，稍许刺激都可能导致醉酒者做出反常的举动。醉酒的人动辄摔倒、撞伤，酒后开车酿成大祸的事件比比皆是，酒后溺水身亡之类的悲剧不乏其例，酒后打架斗殴、寻衅滋事、伤害他人过"铁窗生活"的屡见不鲜，教训极为深刻。为此，我国有关法律规定，醉酒的人违法犯罪，应负相应的法律责任。

二、在饮酒问题上应注意纠正的错误观念和做法

　　引起人们酗酒的原因是多方面的，但对于大学生来说，要特别注意克服以下错误观念和错误做法。

　　（1）"今朝有酒今朝醉""借酒消愁"。这里表现的实际是逃避现实、自暴自弃的消极情绪。"药能医假病，酒不解真愁"。

　　（2）自命风流高雅，试图借酒引发冲动，产生某种灵感，到头来灵感未寻到，自己却烂醉如泥，失去理智。

　　（3）片面理解"酒逢知己千杯少"，以为交朋结友离不开饮酒。事实上好多例子说明，"酒肉朋友"未必靠得住。

　　（4）错误地认为"男子汉天生应当会喝酒"。其实，用这种标准来衡量"男子汉"未免有失偏颇。"会酒未必真豪杰，忌酒如何不丈夫？"

　　（5）为达到某种目的而特地设酒摆宴，饮酒为名，交易是实。

　　（6）逢场作戏，为"助兴"而即席端杯，或出于好奇而饮酒，这种人最容易成为被捉弄的对象。

　　（7）故意饮酒滋事，耍酒疯，实则是出于报复和宣泄的目的，以醉酒状态掩盖自身不当的言行。

　　（8）硬着头皮充好汉，在酒桌上"舍命陪君子"，"为知己即便是'敌敌畏'也喝下去，一醉方休"。这种人总想得到他人的臣服，而最终往往成为别人的笑柄。

　　凡此种种，其中不乏陈腐观念和陈规陋习，有些则是嗜酒者自欺欺人的贪杯"口实"。当举起酒杯时，不妨反复思忖，自己是"为何而饮""为谁而饮""事出哪桩""今朝饮酒又是为哪桩"。

三、合理控制饮酒，预防酗酒

　　国家教育行政部门明文规定，校园里不准经营烈性酒，学生守则里有严禁酗酒的规定。为了合理控制饮酒，预防酗酒，可尝试如下方法。

　　（1）不要把不会喝酒当作一种遗憾，人群中，滴酒不沾者毕竟是大多数。要做到始终如一地禁酒，最难过的关是亲朋相聚、朋友相约的场合。不要被"今天难得一聚""不同寻常的聚会"之类的言语打动，要注意以下几点：

　　一是开席即声明自己不会喝酒。谢绝要有礼貌，但态度要坚决，不要给人以"在客气"的错觉；二是主动倒上一杯饮料或茶水作陪；三是不喝酒是一种权利，态度要大方得体。

　　（2）无论自斟自饮还是群饮，都不要忘记节制、适度，同时要注意以下细节。

　　①饮酒之前先吃点东西，空腹饮酒容易醉倒。

②"干杯"本是礼节性辞令，演化到"一饮而尽"，实属一种错觉。要尽量避免"干杯"，低斟浅饮并不失风雅。

③记住自己的酒量，量力而行、适可而止。

④喝酒已感到不适或产生反应时，联想一下自己和他人醉酒时难堪的情景。

（3）多人在一起喝酒，最容易发生酗酒和醉酒。醉酒往往有一个过程，从语言上看，大体经历如下四个阶段，饮酒时要注意掌握。

①直言快语。饮酒者相互之间好言劝酒，不时也有怀抱某种目的，选中某个特定对象甜言蜜语集中相劝的。

②豪言壮语。酒过数巡，有了几分醉意，往往出言不逊，漫天夸海口，大话不绝于耳。有此征兆，最明智的选择就是停止继续饮酒。

③胡言乱语。当喝酒过度，不胜酒力时，酒劲开始发作，神志不清，思维紊乱，语无伦次。然而，无休止地"再干最后一杯"，恰巧在这个时候最容易出现，此时的鼓动行为无异于落井下石。

④不语不行。这是醉酒后无可奈何、身不由己的一种表现形式，情况严重的，必须采取治疗救护措施。

一个真诚的人是不忍看到自己的同窗和好友酒后出洋相的。同学、朋友之间应该相互关照，当止则止。"己所不欲，勿施于人"，以免失节、失当、失度，造成不应有的后果。

第二十三讲　抵制和拒绝参与赌博

典型案例

某高校同宿舍四名学生，入学时学习成绩名列前茅。后来受到社会上赌博风气的影响，他们开始打麻将，赌博逐渐上瘾，经常围坐在一起赌博至凌晨两三点，兴起时还通宵。他们平时作业不做，更无心钻研学术。上课时间到了，他们来不及洗漱，空着肚子，慌慌张张、恍恍惚惚冲地进教室，在课堂上打瞌睡，鼾声大作。有一次四人中一个忘了戴眼镜的学生脱口而出："哎呀，我的两筒（眼镜）丢了！"时间一长，四个人的学习成绩全面下降，考试不及格，同时留级。

【案例分析】

参与赌博是一种丧失理性，对人生缺乏信心的表现。一个人对生活、学习和前途缺少足够的认识，生活中缺少积极向上的动力和信心，游手好闲、无所事事，一旦迷恋赌博便难以自拔，无端地耗费大好的时光。赌博者往往是赢了之后还想再赢，输了之后想捞回损失，结果越陷越深，即便是万贯家财，最终也难逃一空。大学生在经济上并不独立，更缺少足够的经济实力作为赌资。甚至有些大学生输钱后，连生活都无法维系，从而在现实的窘迫和无奈下走上犯罪的道路。如为筹集赌资，不惜偷盗、抢夺。

【安全防范】

赌博是一种丑恶的社会现象，是利用赌具，以钱财作赌注，以占有他人财产为目的的违纪违法的犯罪行为。

一、大学生参与赌博有百害而无一利

（1）经常赌博会荒废学业，违反校规校纪。赌博很容易上瘾，既花费精力又浪费时间，因而，参与赌博的大学生不可能遵守学校正常的作息时间，不可避免地会违反校纪。有的大学生因长期熬夜，精神萎靡不振，难免迟到、早退、旷课，即使勉强进了课堂，注意力也不可能集中。有的大学生干脆白天在宿舍蒙头大睡，晚上继续"挑灯夜战"。参与赌博的大学生将学业放置一旁，导致学习成绩下降，甚至因多门功课不及格而被迫退学。

（2）破坏同学关系。赌博是群体性的违法犯罪活动，直接牵涉人际关系。一旦参与赌博，赢了的不满足，输了的总想"翻本"（把输的捞回来），长此以往，无休止地继续下去，势必会影响同学关系，同学之间的互助、友爱之情往往会被利益关系所替代。同时，赌博活动不可避免地影响周围环境，绝大多数不愿意参与赌博的大学生碍于情面又不便或不敢出面直接制止，往往忍气吞声。时间一长，不满意、不信任的氛围必然产生。

（3）容易走上违法犯罪的道路。有关部门的统计资料表明，大学生因参与赌博被学校给予开除学籍、留校察看等处分的事时有发生，因赌博走上违法犯罪道路的现象也屡见不鲜。

二、大学生应抵制和拒绝参与赌博

大学生抑制和拒绝参与赌博必须做到以下五点：

（1）要自觉遵守校规校纪，提高遵纪守法意识。

（2）充分认识赌博的危害，自觉培养高尚的情操，积极参加健康有益的文体活动，充实自己的业余生活。

（3）要防微杜渐，分清娱乐和赌博的界限。很多赌博成瘾的人都是从"赢饭""多点刺激""不能空手玩"等开始的，久而久之，胆子壮了，胃口也大了，从而陷入了赌博的泥潭。

（4）思想上要警惕，不要因为顾及朋友、同学的情面而参与赌博。遇到他人相邀，要设法推托，决不参与。

（5）要从关心和爱护同学出发，及时制止他人参与赌博，必要时要向老师和学校有关部门报告。

第二十四讲　预防毒品侵袭

📖 **典型案例 1**

某校三名大学生吸毒成瘾后，生理发生了极大变化，身体虚弱，精神萎靡不振，经常缺课、旷课，无法继续就读，对自己和家庭都造成了极大的损害。

📖 **典型案例 2**

某高校学生吸毒成瘾后，债台高筑，无法继续就读，退学后先后利用某银行网站诈骗公款20余万元，被判处死刑。

【案例分析】

吸毒者大都精神空虚，为寻求刺激而沾染上毒品，继而对毒品产生极大的依赖性，精神和身体上都产生对毒品的渴望，追求吸毒后的快感，理想、事业、前途也随着吸毒次数的增多而灰飞烟灭。毒品是非常昂贵的，经济上并不独立的大学生根本无法支付如此巨大的开销。为寻找毒资，有些大学生不惜出卖自己的身体，或偷或抢，想尽一切办法筹集毒资。吸毒成了其生活的中心，使其丧失了人的本性，成为危害社会的"毒魔"。

正因为如此，国家对从事毒品违法犯罪活动的处罚是非常严厉的，《刑法》第三百四十七条规定：凡是走私、贩卖、运输、制造毒品的，无论数量多少，都依法追究刑事责任，予以刑事处罚。对吸食、注射毒品者，无论数量多少，都依法追究刑事责任。对吸食、注射毒品的违法人员处以拘留和罚款。吸毒成瘾者予以强制戒毒；屡教不改者对其进行劳动教养，在劳动教养中强制戒毒。

【安全防范】

毒品是指鸦片、海洛因、吗啡、大麻、可卡因、冰毒以及国家规定管制的其他能够使人成瘾癖的麻醉药品和精神药品。吸食（包括注射）毒品或欺骗、容留、强迫他人吸食毒品，以及非法从事制造、贩毒已成为全世界的社会公害。每个大学生都不可染指毒品，应充分认识到毒品的危害。

一、毒品的危害

1. 吸食毒品会严重危害人体健康

吸食毒品成瘾后，人体会产生强烈的病态反应，如烦躁不安、失眠、疲乏、精神不振、腹痛、腹泻、呕吐、性欲减退或丧失。毒品在人体内达到一定剂量后会刺激脊髓，造成惊厥乃至神经系统抑制，导致个体因呼吸衰竭而死亡。静脉注射毒品是肝炎、肺炎、性病及艾滋病等多种传染病的重要传染途径。

2. 摧残意志和精神，荒废学业

吸食毒品会使大学生逐渐懒惰无力，意志衰退，智力和主动性降低，记忆力减退，导致学业荒废。

3. 吸毒是诱发犯罪的重要原因

（1）毒品不仅危害人的身体，摧残人的意志，而且能使人丧失理智和人格。

（2）吸毒耗资巨大，诱发吸毒者为解决毒资走上盗窃、抢劫、诈骗、杀人、贪污、受贿、卖淫等犯罪道路。

（3）有些吸毒者以贩养吸，从害己转为既害己又害人。

二、预防毒品的侵袭的方法

（1）充分认识毒品违法犯罪活动的危害性，加强自身的学习和法律意识修养，培养高尚的情操和伦理道德观念。

（2）积极参加有益健康的文体活动，增强集体观念，培养广泛的兴趣和爱好，避免孤僻的生活方式。

（3）提高对毒品的防御能力，不要结交有吸毒恶习的朋友或听信其谗言。

（4）决不可因好奇而尝试毒品，防止上瘾而难以自拔。

（5）一旦沾染毒品，要积极主动地向老师和学校报告，自觉接受学校、家庭及社会有关部门的监督戒除及康复治疗。

第二十五讲　抵制黄色淫秽物品的危害

典型案例1

大学生李某，沉迷于黄色网页不能自拔，并以恋爱为名与女同学发生性关系，使其怀孕。为给女同学筹钱打胎，竟然盗窃了同学的 4 000 元现金，沦为盗窃犯，最终被绳之以法。

典型案例2

广东省广州市某学校大学生冯某，从 2000 年 1 月 23 日开始，利用郑州市商都信息港提供的免费个人空间建起一个色情主页，并且把该主页与其在江阴信息港建立的主页进行链接。截至 2002 年 3 月 4 日该色情网页被查封时，一共有 107 304 人次浏览。2002 年 9 月，冯某因为利用网络传播淫秽物品牟利，被判处有期徒刑 10 年，并处罚金 2 万元。

【案例分析】

大学生正处于生理成熟的初级阶段，对自身和异性都很好奇。由于我国的教育内容在性教育方面还存在很大不足，大学生对自身及异性生理方面的认识存在很大的欠缺；又由于大学生具有接受新鲜事物的天性，对出现的和能够出现在其视野内的异性产生极大兴趣，所以会希望能一探究竟。愈久弥深，会自觉或不自觉地受到黄色淫秽物品的毒害，轻则精神萎靡，产生性幻想，荒废学业；重则按照淫秽图书、图片或录像中的内容实施行为，而触犯法律。利用黄色淫秽物品牟取利益者，更为法律所不容。

【安全防范】

1. 所谓黄色淫秽制品，是指具体描绘性行为或者露骨地宣扬色情的淫秽性书刊、影片、录像带、录音带、图片及其他淫秽物品。

2. 黄色淫秽制品及黄色网页对大学生危害严重。大学生正处于青春发育成熟期，青春萌动，愿意探索新知。由于西方腐朽的意识形态和黄色淫秽制品对个别大学生的影响甚大，他们通过涉足淫秽物品和浏览黄色网页寻求刺激，以达到摆脱内心空虚的目的。有的深陷泥潭不能自拔，整日精神萎靡，心神不定，荒废学业以致污染社会风气。有的堕入违法犯罪的深渊，葬送了自己的前程。

3. 大学生要坚决抵制黄色淫秽制品。

（1）大学生对黄色淫秽制品要坚决做到不看、不传，更不能走私、制作和贩卖。

《刑法》第三百六十四条规定："传播淫秽的书刊、影片、音像、图片或者其他淫秽物品，情节严重的，处二年以下有期徒刑、拘役或者管制。组织播放淫秽的电影、录像等音像制品的，处三年以下有期徒刑、拘役或管制，并处罚金；情节严重的，处三年以上十年以下有期徒刑，并处罚金。向不满十八周岁的未成年人传播淫秽物品的，从重处罚。"

（2）要洁身自爱，读好书、结好友，积极参加健康有益的文体娱乐活动。

（3）树立正确的人生观，培养高尚的道德情操，做"四有"新人。

第二十六讲　正确处理与同学、与学校管理之间的矛盾

一、丢了钱物之后的处理办法

📖 典型案例

某高校学生公寓一宿舍内经常丢东西，该宿舍内的刘同学被其他5人怀疑，于是这5名同学在一个晚上熄灯后，对刘某进行"询问"，并做了记录，还偷偷地录了音。被怀疑的刘同学一时想不开，认为自己"跳进黄河也洗不清这不白之冤"，遂产生轻生念头，去药店买来安眠药，在宿舍写了遗书，离开宿舍，一夜未归。老师和其他同学闻讯后到处寻找，最终在学校教学楼的地下室楼梯处将刘同学找到，当时她已奄奄一息，送到医院抢救数小时才免于一死。事后该生家长到法院起诉，要求追究上述5名学生的法律责任。

【案例分析】

大学生活是一种松散型的集体生活，其中出现的很多问题都要依靠有关组织来解决。发生在同学之间的物品被盗、打架斗殴等治安案件，应当通过学校安全保卫部门和学生管理部门共同解决。以上案例中的大学生，由于缺乏法律意识，缺乏组织纪律性，无视学校管理部门的存在，甚至无视法律，私自对被怀疑对象进行讯问，造成严重后果。对此，大学生必须有清醒的认识。

【安全防范】

学生公寓是学生生活、学习和休息的地方，一般情况下，生活、学习、娱乐、通信等用品及部分生活费等大都存放在公寓内。当发现自己的钱款、物品被偷时，气愤之余必然要做一番分析，周围的人也可能成为怀疑对象。如遇此类情况，千万不可感情用事。如果处理时方法简单、生硬、粗暴，甚至私设公堂，自行搜查，不仅影响团结，使同学之间关系紧张，而且有可能因此酿成大祸。丢了钱物，又确实觉得周围的人可疑，首先，应当分清盗窃与贪图小利、小便宜，小偷小摸的界限。被盗物品价值较高、现金数额较大，符合公安机关立案标准的，要及时向有关领导反映或直接向公安部门报案，提供线索，积极协助公安部门侦破案件；如果损失的数额不大，明显是占小便宜，则属于道德品质问题，可通过学校有关部门协商解决，相信学校各级组织会做出正确的处理。其次，对怀疑的人要进行客观分析，不可因平时某某同学在这方面犯过错误，就主观臆断。若确实发现一些迹象，应及时向组织汇报，供其处理问题时参考。

二、正确反映学校管理工作中出现的问题

📔 典型案例 1

某高校学生宿舍年久失修，屋面防水破损，经常漏雨，部分墙皮脱落，学生对此意见很大。后来学生干部和辅导员一起向学校领导反映情况，学校立即进行维修。同时，对失职的工作人员进行严肃批评，使问题得到了圆满的解决。

📔 典型案例 2

某高校一男生宿舍的厕所漏水，流入宿舍，水房临近的宿舍墙壁潮湿。部分同学找维修部门要求维修，但出语过于激烈，与维修工人发生争执，双方厮打起来，双方人员都有受伤，动手打人者均受到学校处分。

【案例分析】

大学期间，大学生不仅要学习文化知识，还要锻炼自己的社会生存能力。社会交际能力的高低与一个人是否具有良好的道德素质和文化修养有着密切的关系。在待人接物过程中，讲究文明礼貌会增强个人的魅力。在交往过程中要善于寻求最佳方法，以解决问题为根本。

【安全防范】

学校人多事杂，在管理上难免出现各种各样的问题，给大学生造成一定的影响。在这种情况下，部分大学生对学校管理工作产生意见是很正常的，也是可以理解的，但在反映问题时一定要讲究方式、方法。

1. 通过正常途径和程序向学校有关方面积极反映意见。学校管理工作是为广大学生服务的，学校希望和欢迎大学生提出改进工作的意见和建议。不少学校为了更好地了解情况，加强与师生的联系，倾听师生的意见，建立了"校（院）长接待日"制度，以认真听取师生的意见。因此，当对学校某一方面的工作有意见时，可通过以下渠道反映：

（1）通过班级干部及时转告自己的意见和想法。

（2）向辅导员和院系党政领导反映自己的意见和要求。

（3）直接找学校有关部门的负责人处理自己迫切需要解决的问题。

（4）利用校、院领导群众来访接待日，直接向学校最高领导反映意见。

2. 在向有关领导或有关人员反映意见和要求时，态度要谦逊，注意文明礼貌。

3. 要积极反映意见，也要谅解领导的难处。学校管理工作面广量大，由于各级各类学校近些年来发展较快，人力、财力、物力严重不足，因此，大学生的一些合情合理的要求会因学校条件的限制一时无法满足。在这种情况下，要谅解领导，以主人翁的态度和学校领导一起克服暂时的困难。

三、大学生对于不利于学校稳定事件的应对方法

📔 典型案例

某高校一名学生因与其他班级学生在食堂发生口角而大打出手，该学生认为辅导员一贯与

自己过不去，邀约两位老乡帮他"整治"一下辅导员。两位老乡不但不劝阻以化解矛盾，还帮其出主意，最后导致该学生因打人而被开除学籍。事后该学生追悔莫及，与两位老乡断交。

【案例分析】

大学生对待周围的事物都有很高的热情，遇有不公平的事件往往也会挺身而出，打抱不平。然而，单凭一时的冲动，并不能解决根本性的问题，有时会适得其反，造成遗憾终身的后果。理智的做法应该是，遇到困难或问题时，首先要保持清醒的头脑，理智地想一想，有什么办法可以解决问题，这样做会产生什么样的后果。遇到处理不公或个人无法化解的问题时，要找上一级组织出面解决。切不可盲目冲动，不顾后果，引祸上身。

【安全防范】

社会稳定是国家发展的前提条件之一，也是办好学校的前提条件之一。珍惜来之不易的学习机会，自觉维护学校稳定，是当代大学生义不容辞的责任。当有人邀自己做有妨害学校稳定的事件时，应自觉抵制。但是有相当一部分同学认为这句话说起来容易，做起来难。是的，大部分大学生都是很有正义感的青年，同学的邀约合情合理，自己义不容辞；一些大学生可能是特别重感情的人，对朋友的邀约于情难拒。那么，如何妥善处理呢？

1. 正确判别事件的是非曲直。如果邀请自己的是一位挚友，不妨直接向其指出不对的地方。尽管他可能一时听不进去，甚至伤了和气，但将来他想通了或许还会感谢自己，至少自己作为他的朋友、同学问心无愧。

2. 遇事要头脑冷静和理智思考，帮助邀约你的同学或朋友权衡利弊，提出忠告。一方面要劝阻其过火的行为，另一方面帮助其出主意、想办法，通过正常渠道和途径解决问题。

3. 为了避免矛盾激化，应主动向学校各级组织反映情况。在想要采取过火举动的同学情绪激动、劝阻无效、有可能发生对学校稳定和其本人前途都不利的情况时，当机立断，及早向组织反映情况，因为由组织出面做工作要有效得多。

4. 如果发现有极少数别有用心的人进行恶意煽动、闹事，破坏学校稳定，要敢于与其斗争。遇到各类别有用心的人窜入校园，张贴标语传单进行反动宣传，散布谣言、煽动闹事等，大学生，尤其是党员、团员和学生干部，不仅要及时向学校组织报告、反映情况、提供线索，而且要敢于与进行违法犯罪活动的人做正面的斗争。

第二十七讲　远离邪教

📖 典型案例 1

2001 年 1 月 23 日下午，中央音乐学院学生陈果，因痴迷"法轮功"在天安门广场自焚，造成终身残疾的严重后果。陈果练习"法轮功"之前在学校是品学兼优的学生，在国内的小提琴大赛中多次获奖。1998 年，她在母亲的影响下开始练习"法轮功"，被李洪志的歪理邪说蒙骗，且越陷越深，不能自拔，以至于最后走上自残的道路。

📖 典型案例 2

赤峰市克什克腾旗芝瑞乡的史燕，在内蒙古大学上学期间，不幸患上了精神性头疼。其母马素华不让其去大医院检查治疗，反而动员其信邪教。马素华对史燕采取引诱、威胁、恐吓、不让吃饭等手段，逼她就范。史燕终被逼疯，患上精神分裂症。

📖 典型案例 3

2014 年 5 月 28 日，山东招远一麦当劳餐厅，邪教"全能神"犯下了一桩血淋淋的惨案。该案 6 名犯罪嫌疑人中有 3 名为青少年。18 岁的主犯张航，使用拖把、椅子等殴打被害人，并对前来制止的顾客进行恐吓。参与这次故意杀人案的还有年仅 13 岁的少年张舵，他们成为"全能神""当砍之杀之"的忠诚履行者。在绚烂奔放的季节里，张航等人却在邪教"全能神"的蛊惑下步入歧途，他们将家庭、世界、前途都抛到九霄云外，把全部的精力都献给了邪教"全能神"。这些心智尚未完全成熟的青少年，被邪教"全能神"的歪理邪说控制，视恶为善，视"常人"为"邪灵"，最终造成了杀人的恶性事件。

📖 典型案例 4

辽宁省凤城市宝山镇历家村的马宁，在读大学期间，从网上认识了一位"高富帅"男友，在其诱惑下，她加入了"全能神"，流窜东北三省"传福音"。为了"拉人头"，马宁不惜抛弃尊严与不认识的男人发生性关系，最终怀孕后被人扔到自家门前的柴火垛旁边。

典型案例 5

杭州市余杭区黄湖镇的蒋霞金，是浙江中医药大学针灸推拿学专业的毕业生。2011年11月，她在备考执业医师资格期间，因出去找工作接触了"全能神"，从此成了其忠实信徒。蒋霞金留书离家出走，给家里打过几个电话后就再也没了音信。

【案例分析】

大学生因为对社会认识尚浅，思想比较单纯，且处于性格的叛逆期，容易接受新鲜事物，也容易接受愤世嫉俗的思想和理论。再加上其经济上比较独立，闲暇和可自由支配的时间较多，在精英思想和面临就业压力的双重考量之下，容易接受邪教思想的诱惑。在目前社会处于转型期、多元化思想通过网络极易传播的情况下，大学生的思想状况有了新的变化，特别是其价值观和心态环境发生了新的变化，如较为普遍地存在以自我为中心的成才观。新形势下，大学生面对新的学习压力、经济压力和就业压力等，价值观（即价值取向）出现了主体性、兼容性、多样性和不稳定性等特点。在大学生的思想素养稍有松动的情况下，一些反动的、腐朽的、迷信的思潮便会乘虚而入，占据他们的思想阵地，玷污他们的灵魂，使大学生做出一系列愚蠢的事情。邪教是人类社会的公害，随着社会教育和防控打击力度的逐步加强，邪教组织转而将罪恶的黑手伸向了大学校园，企图将在校大学生作为重点发展对象。现在警钟已经敲响，大学生一定要警惕校园里的邪教魅影！

【安全防范】

邪教组织是指冒用宗教、气功或者其他名义建立，神化首要分子，利用制造、散布迷信邪说等手段盅惑、蒙骗他人，发展、控制成员，危害社会的非法组织。如美国的"人民圣殿教"和"大卫教"、日本的"奥姆真理教"、法国和比利时的"太阳圣殿教"、俄罗斯的"最后的圣约书神庙"、乌克兰的"大白兄弟会"及我国的"法轮功"等，均属于邪教组织。

一般而言，邪教组织主要具有教主崇拜、精神控制、编造邪说、敛收钱财、秘密结社和危害社会等特征。

一、邪教和宗教的区别

（1）在宗教中，神、人是有别的，再有权威、再德高望重的神职人员（僧侣、主教、神父、牧师、道士等）也不得自称为神。邪教主却自称为神。如"法轮功"的头目李洪志自称为神，日本"奥姆真理教"的头目麻原彰晃也自称是佛的转世。麻原彰晃还有一张合成的上有光环、双腿盘坐、飘浮在空中的"飘浮神功图"照片。

（2）宗教的传教活动是公开的，僧侣在寺庙中公开讲经，主教、神父在教堂中公开布道。而"法轮功"等邪教组织的传教活动则比较隐秘。

（3）宗教并不反社会、反人类，邪教则反社会、反人类。如"法轮功"和"人民圣殿教"等。再如日本的"奥姆真理教"，在1995年3月20日制造了东京地铁沙林毒气案，导致12人死亡、5 000人受伤，其反社会、反人类的性质十分明显。

（4）宗教不允许神职人员个人骗财敛财，而邪教头目如李洪志则以大肆敛财为目的。美国"人民圣殿教"的教主吉姆·琼斯和我国南方破获的邪教组织的头目也是以敛财为目的。

（5）宗教有自己的典籍和教义，邪教所谓的教义都是危言耸听的歪理邪说。

二、"法轮功"是邪教组织

"法轮功"完全符合邪教组织的基本概念和重要特征。

1."法轮功"是冒用宗教、气功或其他名义设立的

冒用气功的名义设立，利用科学术语拼凑了一整套"法轮大法"的歪理邪说。

2."法轮功"大搞"教主崇拜"

"教主崇拜"是一切邪教组织的共同特征，"法轮功"也不例外。该组织大搞对李洪志的神化和"教主崇拜"。李洪志吹嘘自己是"佛祖转世"，"有搬运、定物、思维控制、隐身"等功能，有推迟地球爆炸时间的神通，是"把整个人类超度到光明世界中"的"救世主"。他从精神上主宰和操纵练功者，并从中聚敛钱财。

3."法轮功"实行严格的精神控制

一般通过引诱、"洗脑"和恐吓达到对练功者精神控制的目的。李洪志先以祛病健身为诱饵，以"真、善、忍"为幌子，引诱练习者练习"法轮功"，接着要求练功者不断"学法"，达到非"法轮功"不练、非"法轮大法"不信的痴迷状态。

4."法轮功"编造了形形色色的歪理邪说

李洪志编造了如"地球末日论""地球爆炸论"等歪理邪说，人为地制造恐慌心理和恐怖气氛，以使练习者膜拜和追随他这个万能的"救世主"。此外，李洪志还编造了荒诞的"消业说"，使无数练功者贻误治疗时间，造成或死或伤或精神失常的事故，酿成了一幕幕惨剧。

5."法轮功"大肆敛取钱财

邪教教主大都是非法敛取钱财的暴发户和吸血鬼，李洪志亦不例外。现已查明，"法轮功"为敛取信徒的钱财，大量组织书籍、画像、音像制品、练功服、徽章等"法轮功"系列产品的非法出版、生产和销售。李洪志及其他"法轮功"核心人物从中聚敛了巨额财富，成为名副其实的"暴发户"。

6."法轮功"属于秘密结社性质的非法组织

与其他邪教组织一样，"法轮功"建立了一套严密且诡秘的活动及闹事规则，不仅外界难知其内幕，一般练习者也不得其详。李洪志在国外发布一道秘密"指令"，几天内即可通过严密的组织系统和先进的通信手段传给所有练功者。

7."法轮功"危害社会

"法轮功"是一个对抗现实社会，给我国社会造成严重危害的典型邪教组织，具有强烈的反社会性。该组织策划非法聚集，煽动和组织练功者围攻学校、个人住宅、报社、电视台、政府机关，甚至聚集在中南海周围进行非法示威。事实证明，"法轮功"的所作所为严重扰乱了正常的社会秩序，影响了社会稳定，具有极大的社会危害性。

三、大学生要远离邪教"法轮功"

高校既是"法轮功"的主攻目标，也是"法轮功"危害较大的"重灾区"。有极少数教职员工和大学生参加了"法轮功"组织，练习"法轮功"，传播"法轮功"，其中一些人甚至参加"4.25"聚集事件，参加示威和"护法"活动。有的大学生中毒较深，在"法轮功"被定为邪教后，仍然执迷不悟，参与上访和非法集会示威活动，不惜荒废学业。李洪志操纵的"法轮功"邪教组织，祸国殃民，少数大学生深受其害。

四、教训与警示

1. 邪教首要的危害是破坏家庭

陈果和史燕都是在母亲的影响下加入邪教的，陈果是乖乖女，对母亲的安排百依百顺，而史燕则是在表示反对后被威逼加入（案例1、2）。案例3中的张航加入"全能神"后，抛弃家庭、视恶为善，成为血案的罪魁祸首。由此可以看出邪教的无孔不入以及其对家庭的危害。邪教往往在家庭成员之间互相传播，一人信邪教殃及整个家庭，家破人亡的惨剧屡见不鲜。史燕受威逼一案例更能反映出邪教的残暴本质。家庭是组成社会的细胞，撕裂家庭危及的必然是整个社会。

2. 提高识别邪教歪理邪说的能力

张航成为"全能神"的狂热信徒，是被其歪理邪说所迷惑；陈果加入"法轮功"也是因为误认为找到了真理。惨痛的现实，都在提醒我们，绝不可低估邪教毒害青少年的手段和能力。两个案例说明，要反思现行教育的薄弱环节，以及重智育轻思想教育的缺陷。一本漏洞百出、充满谎言的邪教书籍竟能使这些天之骄子——大学生感到新奇，认为是"找到了真理"，说明现存的教育的方法、理念、内容诸方面都有需要改进之处。

3. 必须时刻保持警惕之心，拒绝各种诱惑

马宁深陷邪教是因为迷恋"高富帅"；仅仅是为了找工作，蒋霞金却被拉进邪教组织（案例4、5）。这些案例都提示我们：涉世未深的大学生一定要有健康的追求，摒弃投机取巧、不劳而获的心理，时刻保持警惕，拒绝邪教的各种诱惑。

4. 遭受打击或遇到挫折时尤应提防邪教的侵入

大学生中，也有失恋后寻求感情刺激、心愿未实现受挫折以及不适应大学生活投入邪教组织的，从这些人身上可以看到对大学生进行挫折教育的重要性。在大学生遭受打击或遇到困惑时，家人、朋友、社会应该及时介入，给予必要的开导与关爱。

对于家长、学校及广大社会来说，要重视对邪教危害的宣传，形成高压态势，使邪教失去生存的土壤；要注重对大学生的教育和关爱，当他们遭受挫折、打击、情绪失落时，及时予以帮助和开导。

五、大学生要坚决抵制邪教的侵害

（1）大学生应当参加合法的社会组织，参与健康向上、有益身心的社会活动，包括体育健身活动。大学生不能参加邪教组织、会道门或其他打着祛病健身、修身养性的幌子的

非法组织，要经常保持政治警惕性，凡事多问几个为什么，防止上当受骗或做有违法律的事。

（2）警惕境内外反动宗教组织对我国的宗教渗透。对于披着宗教的外衣进行的违法破坏活动，需要高度警觉。如一个学校的几位学生上街遇到一些人在散发宗教宣传品，其中附有圣经讲习班的听课证，他们认为听听《圣经》增加点知识也未尝不可，便报名参加了，却没想到自己参加的是非法宗教组织的活动。大学生在日常生活中千万要提高警惕，切不可因为一时的好奇陷入反动宗教组织挖好的陷阱。

（3）如果接到了散发或邮寄的宗教宣传品或宗教组织活动的邀请信，切不可轻易参加或将宗教宣传品在同学、朋友中散发，而应主动报告学校保卫部门或党组织，并配合学校进行工作。另外，我国不允许教徒在家里聚会举行宗教活动，如果有人邀请参加家庭宗教聚会，应该婉言谢绝。

如果做到了以上几点，在大学期间一定能够避开宗教问题对学习的干扰，顺利完成大学学业。

第二十八讲　国家安全知识和保密知识教育

📖 典型案例

中央某部委某研究所工作人员李某，1991 年于东北某工业大学毕业，由于被金钱侵蚀，主动把我国《机械工业"九五"分行业规划》出卖给某国商社驻京机构。该文件是中央某委对"九五"期间各个分行业的发展起指导作用的指导性规划，涉及我国在"九五"期间机械工业领域的技术开发、技术改造、设备研究、设备引进等共 1 685 个项目，其中含有外汇额度的设备引进项目就有 416 项，机械工业领域的秘密一目了然。后我国国家安全机关开展工作将文件追回，李某受到了法律的制裁。

【案例分析】

作为一名科研人员，保守科研机密是最起码的职业道则。然而李某为了个人私利，却知法犯法，置国家利益于不顾，出卖国家重大行业机密，严重触犯了法律。金钱蒙蔽了他的心智，铜臭将他引向罪恶的深渊。

一、在大学生中进行国家安全知识教育的意义

（1）国家安全一般指作为社会政治权力组织的国家及其建立的社会制度的生存和发展保障，包括国家独立主权和领土完整以及人民生命财产不被外来势力侵犯；国家政治制度、经济制度不被颠覆；经济发展、民族和睦、社会安定不受威胁；国家秘密不被窃取；国家工作人员不被策反；国家机构不被渗透等。任何境外机构、组织、个人实施或者指使他人实施的，或者境内组织、个人与境外机构组织、个人相勾结实施的危害中华人民共和国国家安全的行为均可视为危害我国国家安全的行为。国家安全主要内容包括国民安全、领土安全、经济安全、主权安全、信息安全等 10 个方面。

（2）国家安全是国家的根本所在，国家利益高于一切。维护国家的利益和安全，是每个公民的神圣义务，任何情况下都不得做有损国家安全的事情，并自觉与一切损害国家安全的行为做斗争。《中华人民共和国宪法》第五十四条规定："中华人民共和国公民有维护祖国的安全、荣誉和利益的义务，不得有危害祖国安全、荣誉和利益的行为。"

（3）作为 21 世纪的大学生，维护国家安全是义不容辞的责任，是党和国家对大学生的基本要求。随着对外开放步伐的不断加快，我国在政治、经济、科技、文化等领域都有了飞跃式的发展。境外一些间谍情报机关和各种敌对势力把我国作为他们进行颠覆、渗透和破坏的主要目标，从没有停止过危害我国安全的活动。他们一方面打着"人权""民主"等

旗号，对我国进行政治思想渗透，扶植、资助境内外敌对分子和"法轮功"等邪教组织，企图颠覆我国家政权，甚至煽动支持"台独"及其他民族分裂势力，破坏祖国统一；另一方面，他们正在并将继续利用我国扩大开放、加入世界贸易组织等时机，以公开的、合法的身份，通过各种渠道和途径，广泛收集、窃取、刺探我国经济、科技等情报，从事危害我国国家安全和利益的活动。与此同时，国内极少数敌视社会主义的分子，也极力寻求境外一些间谍情报机关和其他敌对势力的支持，与其相互勾结，在我国从事破坏活动。

二、危害国家安全的行为

《中华人民共和国国家安全法》（以下简称《国家安全法》）及其实施细则所称危害国家安全的行为，是指境外机构、组织、个人实施或者指使、资助他人实施的，或者境内组织、个人与境外机构、组织、个人相勾结实施的下列危害中华人民共和国国家安全的行为：

（1）阴谋颠覆政府、分裂国家，推翻社会主义制度的。

（2）参加间谍组织或者接受间谍组织及其代理人的任务。

（3）窃取、刺探、收买、非法提供国家秘密的。

（4）策划、勾引、收买国家工作人员叛变的。

（5）进行危害国家安全的其他破坏活动的。

三、公民维护国家安全的义务和权利

1. 义务

由法律规定的公民和组织的义务，是国家运用法律的强制力保障实施的，是不能放弃、必须履行的。若违反，可能要负法律责任。《国家安全法》及《中华人民共和国反间谍法》（以下简称《反间谍法》）对公民和组织维护国家安全做了如下七个方面的义务规定。

（1）教育和防范、制止的义务。

（2）提供便利条件和协助的义务。

（3）及时报告的义务。

（4）如实提供情况和协助的义务。

（5）保守秘密的义务。

（6）不得非法持有属于国家秘密的文件、资料和其他物品的义务。

（7）不得非法持有、使用窃听器等专用间谍器材的义务。

2. 权利

公民的一切法律权利都受国家保护，一旦受到侵害，公民有权向有关部门申诉和请求保护，情节恶劣者，可要求追究侵害者的刑事责任。

《反间谍法》规定："任何公民和组织对国家安全机关及其工作人员超越职权、滥用职权和其他违法行为，都有权向上级国家安全机关或者有关部门检举、控告。""对协助国家安全机关工作或者依法检举、控告的公民和组织，任何人不得压制和打击报复。"权利是法律赋予的，只有依法行使，才能受到保护；如果故意捏造或者歪曲事实进行诬告、陷害，要依法惩处，构成犯罪者，会被追究刑事责任。

四、大学生维护国家安全的做法

有国家就有国家安全工作，无论处于什么社会形态，或者实行怎样的社会制度，都要视国家利益为最高、最根本的利益，将维护国家安全列为首要任务。所以，每位大学生都应当成为国家安全和利益的自觉维护者。

1. 要始终树立国家利益高于一切的观念

邓小平指出："国家的主权、国家的安全要始终放在第一位。"另一位政治家也说过："没有永久不变的国家友谊，只有永久不变的国家利益。"国家安全涉及人们社会生活的方方面面，是国家、民族生存与发展的首要保障。科学技术是没有国界的，但知识分子不能没有自己的祖国。所以，把国家安全放在高于一切的地位，是国家利益的需要，也是个人安全的需要，还是世界各国的一致要求。

2. 要努力熟悉有关国家安全的法律、法规

据统计，涉及国家安全和保密工作的法律、法规、规章制度有 100 多种，大学生都应该有所了解，弄清什么是合法的，什么是违法的，可以做什么，不能做什么。其中，应特别熟悉以下法律、法规：宪法、国家安全法、保密法、刑法、刑事诉讼法、科学技术保密规定、出国留学人员守则等，对遇到的法律界限不清的问题，要肯学、勤问、慎行。

3. 要善于识别各种伪装

从理论上讲，有关国家安全的常识、规定现今都已比较完善，依规行事不会出问题，但是，实际生活比人们想象的要复杂得多。比如，有的间谍情报人员采用各种各样的手段，套取国家秘密、科技政治情报和内部情况，如果丧失警惕，就可能上当受骗，甚至违法犯罪。因此，在对外交往中，既要热情友好，又要内外有别、不卑不亢；既要珍惜个人友谊，又要牢记国家利益；既要争取各种帮助、资助，又不可失国格、人格。识别伪装既难又易，关键就在淡泊名利，对发现的别有用心者，要依法及时举报，进行斗争，决不准其恣意妄行。

4. 要克服妄自菲薄等不正确思想

每个国家都有自己的安全与利益，也有别国没有的政治、经济、文化、军事、科技、资源和秘密，还有独具特色的传统工艺等。也就是说，再富有的国家也不可能应有尽有，再贫穷的国家也不可能没有一点别国没有的东西。我国是发展中国家，但也是不可小视的国家。所以，作为中国人要挺直腰板，决不妄自菲薄、悲观失望。要看到我国也有许多世界第一的"中国特色"，有一系列国家秘密和单位秘密。对这一切，如果没有正确的认识，就可能在许多问题上产生错误的看法，乃至做出违法的事情。个别误入歧途的大学生的教训，已成前车之鉴，千万别重蹈覆辙。

5. 要积极配合国家安全机关的工作

国家安全机关是国家安全工作的主管机关，是与公安机关同等性质的司法机关，与其他机关分工负责间谍案件的侦查、拘留、预审和执行逮捕工作。当国家安全机关需要大学生配合工作时，在其表明身份和来意之后，每个大学生都应当按照《国家安全法》规定的公民和组织维护国家安全的七条义务，认真履行职责，尽力提供便利条件或其他协助，如实提供情况和证据，做到不推、不拒，更不以暴力、威胁方法阻碍执行公务，还要切实保守好已经知晓的国家安全方面的秘密。

五、在大学生中进行保密教育的原因

国家秘密是关系国家安全和利益，依照法定程序确定在一定时间内，只限一定范围人员知悉的事项。国家秘密按其秘密程度划分为绝密、机密、秘密三级，按其工作对象分为科学技术保密、经济保密、涉外保密、宣传报道保密、公文保密、会议保密、政法保密、军事军工保密、通信保密、电子计算机保密等。

（1）有国家就有秘密，就需要保密工作。保密工作是国家一项十分重要的工作，上至国家机关，下至单位、个人都有不可推卸的责任。随着改革开放的深入和经济的飞速发展，我国国内各高校与国外组织或外籍人士的交流、合作更加广泛，这同时意味着失密、泄密的机会增多。因此，保密工作就显得更加重要。

（2）高校是科研的集中地，许多重大科研项目都是在高校进行的。因此，国外一些谍报组织和人员经常利用参观、旅游、讲学、合作研究等借口在高校内行走，伺机对一些科研技术、科学成果进行窃密、收买。一些意志薄弱的师生，禁不住金钱和物质的诱惑，帮助谍报组织进行窃密活动，造成重大科研、科技泄密，给国家带来巨大损失。

六、防止失密、泄密的方法

（1）学习保密常识，接受保密知识教育，正确认识保密与窃密的斗争，增强保密意识，严格遵守保密制度。既要对外开放，扩大对外交流，又要确保国家机密不被泄露，正确处理两者的关系，克服有密难保、无密可保的错误认识。

（2）提高防范意识，在对外交往中坚持内外有别。在对外交往中，凡涉及国家机密的内容，要么回避，要么按上级的对外口径回答，不要随便公开内部的人事组织、社会治安状况、科技成果、技术诀窍和经济建设中各种未公开的数据资料。

（3）在与境外人员接触时不带秘密文件、资料和记有秘密事项的记录本，若对方直接索取科技成果、资料、样品或公开询问我方内部秘密，要区别情况，灵活予以拒绝。

（4）不经主管部门批准，不带境外人员参观或进入非开放区。不准境外人员利用学术交流、讲课的机会进行系统的社会调查。不经有关部门批准，不得填写境外人员的各种调查表，或替其撰写社会调查方面的文章。

（5）在新闻出版工作中，注意保密原则，不随意刊载有关国防、科研等事关国家机密的事项。参加国际学术会议或在国外刊物上发表文章，要按规定办理审查手续。不为境外人员提供或代购内部读物和资料。

（6）自觉遵守保密的有关规定，做到：不该说的机密，绝对不说；不该问的机密，绝对不问；不该看的机密，绝对不看；不该记录的机密，绝对不记录；不在普通电话、明码电报、普通邮局传达机密事项；不携带机密材料游览、参观、探亲、访友和出入公共场所；不在通信中谈及国家机密；不在普通邮件中夹带任何保密资料。

保密是公民的义务，也是大学生的社会责任。每个大学生都应该自觉贯彻遵守保密法规，自觉履行保密义务，坚决与失密、泄密行为和窃密行为做斗争。

附录一　中华人民共和国国家安全法

第一章　总　则

第一条　为了维护国家安全，保卫人民民主专政的政权和中国特色社会主义制度，保护人民的根本利益，保障改革开放和社会主义现代化建设的顺利进行，实现中华民族伟大复兴，根据宪法，制定本法。

第二条　国家安全是指国家政权、主权、统一和领土完整、人民福祉、经济社会可持续发展和国家其他重大利益相对处于没有危险和不受内外威胁的状态，以及保障持续安全状态的能力。

第三条　国家安全工作应当坚持总体国家安全观，以人民安全为宗旨，以政治安全为根本，以经济安全为基础，以军事、文化、社会安全为保障，以促进国际安全为依托，维护各领域国家安全，构建国家安全体系，走中国特色国家安全道路。

第四条　坚持中国共产党对国家安全工作的领导，建立集中统一、高效权威的国家安全领导体制。

第五条　中央国家安全领导机构负责国家安全工作的决策和议事协调，研究制定、指导实施国家安全战略和有关重大方针政策，统筹协调国家安全重大事项和重要工作，推动国家安全法治建设。

第六条　国家制定并不断完善国家安全战略，全面评估国际、国内安全形势，明确国家安全战略的指导方针、中长期目标、重点领域的国家安全政策、工作任务和措施。

第七条　维护国家安全，应当遵守宪法和法律，坚持社会主义法治原则，尊重和保障人权，依法保护公民的权利和自由。

第八条　维护国家安全，应当与经济社会发展相协调。

国家安全工作应当统筹内部安全和外部安全、国土安全和国民安全、传统安全和非传统安全、自身安全和共同安全。

第九条　维护国家安全，应当坚持预防为主、标本兼治，专门工作与群众路线相结合，充分发挥专门机关和其他有关机关维护国家安全的职能作用，广泛动员公民和组织，防范、制止和依法惩治危害国家安全的行为。

第十条　维护国家安全，应当坚持互信、互利、平等、协作，积极同外国政府和国际组织开展安全交流合作，履行国际安全义务，促进共同安全，维护世界和平。

第十一条　中华人民共和国公民、一切国家机关和武装力量、各政党和各人民团体、企业事业组织和其他社会组织，都有维护国家安全的责任和义务。

中国的主权和领土完整不容侵犯和分割。维护国家主权、统一和领土完整是包括港澳同胞和台湾同胞在内的全中国人民的共同义务。

第十二条　国家对在维护国家安全工作中做出突出贡献的个人和组织给予表彰和奖励。

第十三条　国家机关工作人员在国家安全工作和涉及国家安全活动中，滥用职权、玩忽职守、徇私舞弊的，依法追究法律责任。

任何个人和组织违反本法和有关法律，不履行维护国家安全义务或者从事危害国家安全活动的，依法追究法律责任。

第十四条　每年4月15日为全民国家安全教育日。

第二章　维护国家安全的任务

第十五条　国家坚持中国共产党的领导，维护中国特色社会主义制度，发展社会主义民主政治，健全社会主义法治，强化权力运行制约和监督机制，保障人民当家做主的各项权利。

国家防范、制止和依法惩治任何叛国、分裂国家、煽动叛乱、颠覆或者煽动颠覆人民民主专政政权的行为；防范、制止和依法惩治窃取、泄露国家秘密等危害国家安全的行为；防范、制止和依法惩治境外势力的渗透、破坏、颠覆、分裂活动。

第十六条　国家维护和发展最广大人民的根本利益，保卫人民安全，创造良好生存发展条件和安定工作生活环境，保障公民的生命财产安全和其他合法权益。

第十七条　国家加强边防、海防和空防建设，采取一切必要的防卫和管控措施，保卫领陆、内水、领海和领空安全，维护国家领土主权和海洋权益。

第十八条　国家加强武装力量革命化、现代化、正规化建设，建设与保卫国家安全和发展利益需要相适应的武装力量；实施积极防御军事战略方针，防备和抵御侵略，制止武装颠覆和分裂；开展国际军事安全合作，实施联合国维和、国际救援、海上护航和维护国家海外利益的军事行动，维护国家主权、安全、领土完整、发展利益和世界和平。

第十九条　国家维护国家基本经济制度和社会主义市场经济秩序，健全预防和化解经济安全风险的制度机制，保障关系国民经济命脉的重要行业和关键领域、重点产业、重大基础设施和重大建设项目以及其他重大经济利益安全。

第二十条　国家健全金融宏观审慎管理和金融风险防范、处置机制，加强金融基础设施和基础能力建设，防范和化解系统性、区域性金融风险，防范和抵御外部金融风险的冲击。

第二十一条　国家合理利用和保护资源能源，有效管控战略资源能源的开发，加强战略资源能源储备，完善资源能源运输战略通道建设和安全保护措施，加强国际资源能源合作，全面提升应急保障能力，保障经济社会发展所需的资源能源持续、可靠和有效供给。

第二十二条　国家健全粮食安全保障体系，保护和提高粮食综合生产能力，完善粮食储备制度、流通体系和市场调控机制，健全粮食安全预警制度，保障粮食供给和质量安全。

第二十三条　国家坚持社会主义先进文化前进方向，继承和弘扬中华民族优秀传统文化，培育和践行社会主义核心价值观，防范和抵制不良文化的影响，掌握意识形态领域主导权，增强文化整体实力和竞争力。

第二十四条　国家加强自主创新能力建设，加快发展自主可控的战略高新技术和重要领域核心关键技术，加强知识产权的运用、保护和科技保密能力建设，保障重大技术和工程的安全。

第二十五条　国家建设网络与信息安全保障体系，提升网络与信息安全保护能力，加强网络和信息技术的创新研究和开发应用，实现网络和信息核心技术、关键基础设施和重要领域信息系统及数据的安全可控；加强网络管理，防范、制止和依法惩治网络攻击、网络入侵、网络窃密、散布违法有害信息等网络违法犯罪行为，维护国家网络空间主权、安全和发展利益。

第二十六条　国家坚持和完善民族区域自治制度，巩固和发展平等团结互助和谐的社会主义民族关系。坚持各民族一律平等，加强民族交往、交流、交融，防范、制止和依法惩治民族分裂活动，维护国家统一、民族团结和社会和谐，实现各民族共同团结奋斗、共同繁荣发展。

第二十七条　国家依法保护公民宗教信仰自由和正常宗教活动，坚持宗教独立自主自办的原则，防范、制止和依法惩治利用宗教名义进行危害国家安全的违法犯罪活动，反对境外势力干涉境内宗教事务，维护正常宗教活动秩序。

国家依法取缔邪教组织，防范、制止和依法惩治邪教违法犯罪活动。

第二十八条　国家反对一切形式的恐怖主义和极端主义，加强防范和处置恐怖主义的能力建设，依法开展情报、调查、防范、处置以及资金监管等工作，依法取缔恐怖活动组织和严厉惩治暴力恐怖活动。

第二十九条　国家健全有效预防和化解社会矛盾的体制机制，健全公共安全体系，积极预防、减少和化解社会矛盾，妥善处置公共卫生、社会安全等影响国家安全和社会稳定的突发事件，促进社会和谐，维护公共安全和社会安定。

第三十条　国家完善生态环境保护制度体系，加大生态建设和环境保护力度，划定生态保护红线，强化生态风险的预警和防控，妥善处置突发环境事件，保障人民赖以生存发展的大气、水、土壤等自然环境和条件不受威胁和破坏，促进人与自然和谐发展。

第三十一条　国家坚持和平利用核能和核技术，加强国际合作，防止核扩散，完善防扩散机制，加强对核设施、核材料、核活动和核废料处置的安全管理、监管和保护，加强核事故应急体系和应急能力建设，防止、控制和消除核事故对公民生命健康和生态环境的危害，不断增强有效应对和防范核威胁、核攻击的能力。

第三十二条　国家坚持和平探索和利用外层空间、国际海底区域和极地，增强安全进出、科学考察、开发利用的能力，加强国际合作，维护我国在外层空间、国际海底区域和极地的活动、资产和其他利益的安全。

第三十三条　国家依法采取必要措施，保护海外中国公民、组织和机构的安全和正当权益，保护国家的海外利益不受威胁和侵害。

第三十四条　国家根据经济社会发展和国家发展利益的需要，不断完善维护国家安全的任务。

第三章 维护国家安全的职责

第三十五条 全国人民代表大会依照宪法规定，决定战争和和平的问题，行使宪法规定的涉及国家安全的其他职权。

全国人民代表大会常务委员会依照宪法规定，决定战争状态的宣布，决定全国总动员或者局部动员，决定全国或者个别省、自治区、直辖市进入紧急状态，行使宪法规定的和全国人民代表大会授予的涉及国家安全的其他职权。

第三十六条 中华人民共和国主席根据全国人民代表大会的决定和全国人民代表大会常务委员会的决定，宣布进入紧急状态，宣布战争状态，发布动员令，行使宪法规定的涉及国家安全的其他职权。

第三十七条 国务院根据宪法和法律，制定涉及国家安全的行政法规，规定有关行政措施，发布有关决定和命令；实施国家安全法律法规和政策；依照法律规定决定省、自治区、直辖市的范围内部分地区进入紧急状态；行使宪法法律规定的和全国人民代表大会及其常务委员会授予的涉及国家安全的其他职权。

第三十八条 中央军事委员会领导全国武装力量，决定军事战略和武装力量的作战方针，统一指挥维护国家安全的军事行动，制定涉及国家安全的军事法规，发布有关决定和命令。

第三十九条 中央国家机关各部门按照职责分工，贯彻执行国家安全方针政策和法律法规，管理指导本系统、本领域国家安全工作。

第四十条 地方各级人民代表大会和县级以上地方各级人民代表大会常务委员会在本行政区域内，保证国家安全法律法规的遵守和执行。

地方各级人民政府依照法律法规规定管理本行政区域内的国家安全工作。

香港特别行政区、澳门特别行政区应当履行维护国家安全的责任。

第四十一条 人民法院依照法律规定行使审判权，人民检察院依照法律规定行使检察权，惩治危害国家安全的犯罪。

第四十二条 国家安全机关、公安机关依法搜集涉及国家安全的情报信息，在国家安全工作中依法行使侦查、拘留、预审和执行逮捕以及法律规定的其他职权。

有关军事机关在国家安全工作中依法行使相关职权。

第四十三条 国家机关及其工作人员在履行职责时，应当贯彻维护国家安全的原则。

国家机关及其工作人员在国家安全工作和涉及国家安全活动中，应当严格依法履行职责，不得超越职权、滥用职权，不得侵犯个人和组织的合法权益。

第四章 国家安全制度

第一节 一般规定

第四十四条 中央国家安全领导机构实行统分结合、协调高效的国家安全制度与工作机制。

第四十五条 国家建立国家安全重点领域工作协调机制，统筹协调中央有关职能部门推进相关工作。

第四十六条　国家建立国家安全工作督促检查和责任追究机制，确保国家安全战略和重大部署贯彻落实。

第四十七条　各部门、各地区应当采取有效措施，贯彻实施国家安全战略。

第四十八条　国家根据维护国家安全工作需要，建立跨部门会商工作机制，就维护国家安全工作的重大事项进行会商研判，提出意见和建议。

第四十九条　国家建立中央与地方之间、部门之间、军地之间以及地区之间关于国家安全的协同联动机制。

第五十条　国家建立国家安全决策咨询机制，组织专家和有关方面开展对国家安全形势的分析研判，推进国家安全的科学决策。

第二节　情报信息

第五十一条　国家健全统一归口、反应灵敏、准确高效、运转顺畅的情报信息收集、研判和使用制度，建立情报信息工作协调机制，实现情报信息的及时收集、准确研判、有效使用和共享。

第五十二条　国家安全机关、公安机关、有关军事机关根据职责分工，依法搜集涉及国家安全的情报信息。

国家机关各部门在履行职责过程中，对于获取的涉及国家安全的有关信息应当及时上报。

第五十三条　开展情报信息工作，应当充分运用现代科学技术手段，加强对情报信息的鉴别、筛选、综合和研判分析。

第五十四条　情报信息的报送应当及时、准确、客观，不得迟报、漏报、瞒报和谎报。

第三节　风险预防、评估和预警

第五十五条　国家制定完善应对各领域国家安全风险预案。

第五十六条　国家建立国家安全风险评估机制，定期开展各领域国家安全风险调查评估。

有关部门应当定期向中央国家安全领导机构提交国家安全风险评估报告。

第五十七条　国家健全国家安全风险监测预警制度，根据国家安全风险程度，及时发布相应风险预警。

第五十八条　对可能即将发生或者已经发生的危害国家安全的事件，县级以上地方人民政府及其有关主管部门应当立即按照规定向上一级人民政府及其有关主管部门报告，必要时可以越级上报。

第四节　审查监管

第五十九条　国家建立国家安全审查和监管的制度和机制，对影响或者可能影响国家安全的外商投资、特定物项和关键技术、网络信息技术产品和服务、涉及国家安全事项的建设项目，以及其他重大事项和活动，进行国家安全审查，有效预防和化解国家安全风险。

第六十条　中央国家机关各部门依照法律、行政法规行使国家安全审查职责，依法做出国家安全审查决定或者提出安全审查意见并监督执行。

第六十一条 省、自治区、直辖市依法负责本行政区域内有关国家安全审查和监管工作。

第五节 危机管控

第六十二条 国家建立统一领导、协同联动、有序高效的国家安全危机管控制度。

第六十三条 发生危及国家安全的重大事件，中央有关部门和有关地方根据中央国家安全领导机构的统一部署，依法启动应急预案，采取管控处置措施。

第六十四条 发生危及国家安全的特别重大事件，需要进入紧急状态、战争状态或者进行全国总动员、局部动员的，由全国人民代表大会、全国人民代表大会常务委员会或者国务院依照宪法和有关法律规定的权限和程序决定。

第六十五条 国家决定进入紧急状态、战争状态或者实施国防动员后，履行国家安全危机管控职责的有关机关依照法律规定或者全国人民代表大会常务委员会规定，有权采取限制公民和组织权利、增加公民和组织义务的特别措施。

第六十六条 履行国家安全危机管控职责的有关机关依法采取处置国家安全危机的管控措施，应当与国家安全危机可能造成的危害的性质、程度和范围相适应；有多种措施可供选择的，应当选择有利于最大程度保护公民、组织权益的措施。

第六十七条 国家健全国家安全危机的信息报告和发布机制。

国家安全危机事件发生后，履行国家安全危机管控职责的有关机关，应当按照规定准确、及时报告，并依法将有关国家安全危机事件发生、发展、管控处置及善后情况统一向社会发布。

第六十八条 国家安全威胁和危害得到控制或者消除后，应当及时解除管控处置措施，做好善后工作。

第五章 国家安全保障

第六十九条 国家健全国家安全保障体系，增强维护国家安全的能力。

第七十条 国家健全国家安全法律制度体系，推动国家安全法治建设。

第七十一条 国家加大对国家安全各项建设的投入，保障国家安全工作所需经费和装备。

第七十二条 承担国家安全战略物资储备任务的单位，应当按照国家有关规定和标准对国家安全物资进行收储、保管和维护，定期调整更换，保证储备物资的使用效能和安全。

第七十三条 鼓励国家安全领域科技创新，发挥科技在维护国家安全中的作用。

第七十四条 国家采取必要措施，招录、培养和管理国家安全工作专门人才和特殊人才。

根据维护国家安全工作的需要，国家依法保护有关机关专门从事国家安全工作人员的身份和合法权益，加大人身保护和安置保障力度。

第七十五条 国家安全机关、公安机关、有关军事机关开展国家安全专门工作，可以依法采取必要手段和方式，有关部门和地方应当在职责范围内提供支持和配合。

第七十六条 国家加强国家安全新闻宣传和舆论引导，通过多种形式开展国家安全宣传教育活动，将国家安全教育纳入国民教育体系和公务员教育培训体系，增强全民国家安全意识。

第六章　公民、组织的义务和权利

第七十七条　公民和组织应当履行下列维护国家安全的义务：

（一）遵守宪法、法律法规关于国家安全的有关规定；

（二）及时报告危害国家安全活动的线索；

（三）如实提供所知悉的涉及危害国家安全活动的证据；

（四）为国家安全工作提供便利条件或者其他协助；

（五）向国家安全机关、公安机关和有关军事机关提供必要的支持和协助；

（六）保守所知悉的国家秘密；

（七）法律、行政法规规定的其他义务。

任何个人和组织不得有危害国家安全的行为，不得向危害国家安全的个人或者组织提供任何资助或者协助。

第七十八条　机关、人民团体、企业事业组织和其他社会组织应当对本单位的人员进行维护国家安全的教育，动员、组织本单位的人员防范、制止危害国家安全的行为。

第七十九条　企业事业组织根据国家安全工作的要求，应当配合有关部门采取相关安全措施。

第八十条　公民和组织支持、协助国家安全工作的行为受法律保护。

因支持、协助国家安全工作，本人或者其近亲属的人身安全面临危险的，可以向公安机关、国家安全机关请求予以保护。公安机关、国家安全机关应当会同有关部门依法采取保护措施。

第八十一条　公民和组织因支持、协助国家安全工作导致财产损失的，按照国家有关规定给予补偿；造成人身伤害或者死亡的，按照国家有关规定给予抚恤优待。

第八十二条　公民和组织对国家安全工作有向国家机关提出批评建议的权利，对国家机关及其工作人员在国家安全工作中的违法失职行为有提出申诉、控告和检举的权利。

第八十三条　在国家安全工作中，需要采取限制公民权利和自由的特别措施时，应当依法进行，并以维护国家安全的实际需要为限度。

第七章　附则

第八十四条　本法自公布之日起施行。

附录二　中华人民共和国计算机信息系统安全保护条例

第一章　总　则

第一条　为了保护计算机信息系统的安全，促进计算机的应用和发展，保障社会主义现代化建设的顺利进行，制定本条例。

第二条　本条例所称的计算机信息系统，是指由计算机及其相关的和配套的设备、设施（含网络）构成的，按照一定的应用目标和规则对信息进行采集、加工、存储、传输、检索等处理的人机系统。

第三条　计算机信息系统的安全保护，应当保障计算机及其相关的和配套的设备、设施（含网络）的安全，运行环境的安全，保障信息的安全，保障计算机功能的正常发挥，以维护计算机信息系统的安全运行。

第四条　计算机信息系统的安全保护工作，重点维护国家事务、经济建设、国防建设、尖端科学技术等重要领域的计算机信息系统的安全。

第五条　中华人民共和国境内的计算机信息系统的安全保护，适用本条例。

未联网的微型计算机的安全保护办法，另行制定。

第六条　公安部主管全国计算机信息系统安全保护工作。

国家安全部、国家保密局和国务院其他有关部门，在国务院规定的职责范围内做好计算机信息系统安全保护的有关工作。

第七条　任何组织或者个人，不得利用计算机信息系统从事危害国家利益、集体利益和公民合法利益的活动，不得危害计算机信息系统的安全。

第二章　安全保护制度

第八条　计算机信息系统的建设和应用，应当遵守法律、行政法规和国家其他有关规定。

第九条　计算机信息系统实行安全等级保护。安全等级的划分标准和安全等级保护的具体办法，由公安部会同有关部门制定。

第十条　计算机机房应当符合国家标准和国家有关规定。

在计算机机房附近施工，不得危害计算机信息系统的安全。

第十一条　进行国际联网的计算机信息系统，由计算机信息系统的使用单位报省级以上人民政府公安机关备案。

第十二条　运输、携带、邮寄计算机信息媒体进出境的，应当如实向海关申报。

第十三条　计算机信息系统的使用单位应当建立健全安全管理制度，负责本单位计算机信息系统的安全保护工作。

第十四条　对计算机信息系统中发生的案件，有关使用单位应当在 24 小时内向当地县级以上人民政府公安机关报告。

第十五条　对计算机病毒和危害社会公共安全的其他有害数据的防治研究工作，由公安部归口管理。

第十六条　国家对计算机信息系统安全专用产品的销售实行许可证制度。具体办法由公安部会同有关部门制定。

第三章　安全监督

第十七条　公安机关对计算机信息系统安全保护工作行使下列监督职权：

（一）监督、检查、指导计算机信息系统安全保护工作；

（二）查处危害计算机信息系统安全的违法犯罪案件；

（三）履行计算机信息系统安全保护工作的其他监督职责。

第十八条　公安机关发现影响计算机信息系统安全的隐患时，应当及时通知使用单位采取安全保护措施。

第十九条　公安部在紧急情况下，可以就涉及计算机信息系统安全的特定事项发布专项通令。

第四章　法律责任

第二十条　违反本条例的规定，有下列行为之一的，由公安机关处以警告或者停机整顿：

（一）违反计算机信息系统安全等级保护制度，危害计算机信息系统安全的；

（二）违反计算机信息系统国际联网备案制度的；

（三）不按照规定时间报告计算机信息系统中发生的案件的；

（四）接到公安机关要求改进安全状况的通知后，在限期内拒不改进的；

（五）有危害计算机信息系统安全的其他行为的。

第二十一条　计算机机房不符合国家标准和国家其他有关规定的，或者在计算机机房附近施工危害计算机信息系统安全的，由公安机关会同有关单位进行处理。

第二十二条　运输、携带、邮寄计算机信息媒体进出境，不如实向海关申报的，由海关依照《中华人民共和国海关法》和本条例以及其他有关法律、法规的规定处理。

第二十三条　故意输入计算机病毒以及其他有害数据危害计算机信息系统安全的，或者未经许可出售计算机信息系统安全专用产品的，由公安机关处以警告或者对个人处以 5 000 元以下的罚款、对单位处以 15 000 元以下的罚款；有违法所得的，除予以没收外，可以处以违法所得 1 至 3 倍的罚款。

第二十四条　违反本条例的规定，构成违反治安管理行为的，依照《中华人民共和国治安管理处罚法》的有关规定处罚；构成犯罪的，依法追究刑事责任。

第二十五条 任何组织或者个人违反本条例的规定,给国家、集体或者他人财产造成损失的,应当依法承担民事责任。

第二十六条 当事人对公安机关依照本条例所作出的具体行政行为不服的,可以依法申请行政复议或者提起行政诉讼。

第二十七条 执行本条例的国家公务员利用职权,索取、收受贿赂或者有其他违法、失职行为,构成犯罪的,依法追究刑事责任;尚不构成犯罪的,给予行政处分。

第五章 附 则

第二十八条 本条例下列用语的含义:

计算机病毒,是指编制或者在计算机程序中插入的破坏计算机功能或者毁坏数据,影响计算机使用,并能自我复制的一组计算机指令或者程序代码。

计算机信息系统安全专用产品,是指用于保护计算机信息系统安全的专用硬件和软件产品。

第二十九条 军队的计算机信息系统安全保护工作,按照军队的有关法规执行。

第三十条 公安部可以根据本条例制定实施办法。

第三十一条 本条例自发布之日起施行。

参考文献

[1] 教育部高等学校社会科学发展研究中心. 大学生思想政治教育前沿问题研究（高校德育创新发展研究 2012）[M]. 北京：高等教育出版社，2012.

[2] 韩全辉. 移动互联网环境下手机个人信息安全问题研究 [J]. 民营科技，2015（4）：65-66.

[3] 赵连庆. 公民个人信息安全的刑法保护——以电信网络诈骗案件频发为视角 [J]. 学习与探索，2017（9）.

[4] 张国军. 地方高校安全管理的问题与对策 [J]. 大庆师范学院学报，2014（04）.

[5] 任学兵. 试论高校如何加强安全保卫工作 [J]. 网络财富，2010（07）.

[6] 邹勇. 大学生安全意识教育研究 [D]. 西南大学，2014.

[7] 薛金侠. 大学生安全意识及其培养路径探析 [D]. 河北师范大学，2014.